LÍMITES

MÍRIAM TIRADO

Límites

Cómo educar con límites conscientes y crecer juntos

URANO

Argentina – Chile – Colombia – España
Estados Unidos – México – Perú – Uruguay

A mis padres,
con gratitud infinita.

ÍNDICE

CAPÍTULO 4:
LÍMITES Y ETAPAS

CAPÍTULO 5:
CUÁNTOS Y CUÁLES

CAPÍTULO 6:
CÓMO

CAPÍTULO 7:
¡BOOM!

CAPÍTULO 8:
CRUZAR LA LÍNEA

CAPÍTULO 9:
TOCANDO EL SUELO

CAPÍTULO 10:
EMPODERÁNDOLOS

CAPÍTULO 11:
EL GRAN OBJETIVO

ANTES DE EMPEZAR...

Antes de que empieces la lectura de este libro, quiero comentarte algunas cosas. La primera es que en él hablaré y pondré ejemplos de niños y niñas de distintas edades. A veces verás que hablo de peques de cuatro años, y otras, de niños preadolescentes o directamente de adolescentes; y lo más importante: también hablaré mucho de ti, que me lees. Porque tú has llegado a este libro con tu propia historia en cuanto a límites. Así que este libro quiere ayudar no solo a los niños y las niñas, sino también a las madres, a los padres, a los docentes y a los adultos que tal vez no tengan hijos, pero sí problemas con sus propios límites. Permítete leerlo como un viaje a tu pasado y a tu presente, tanto en tu vida personal como en tu relación con los demás, sean tus hijos o no.

Otra cosa importante que quiero decirte: para no andar todo el rato repitiendo niños y niñas, utilizaré cualquiera de las dos palabras, y quiero que quede claro que cuando diga solamente «niños» o «niñas», no estoy excluyendo a nadie. Doy por supuesto que se entiende, y el objetivo es hacer la lectura más amena y menos repetitiva. Además, cuando hable de madres, quiero que se entienda también que hablo de padres y viceversa. Cuando quiera concretar, lo especificaré claramente.

Leerás muchos ejemplos e historias que te voy a contar, algunas personales y otras que forman parte de mi experiencia profesional. Los nombres no son reales y algunos casos son el *mix* de muchos casos similares de personas que he atendido a lo largo de mis años de profesión como consultora de crianza consciente.

Al final de la mayoría de los capítulos encontrarás el apartado «**Explora**», que tiene el objetivo de «bajar» al nivel corporal y tomar conciencia de cómo resuena todo lo que has leído física, mental y emocionalmente. Te recomiendo que los hagas a conciencia, porque los resultados pueden ser reveladores cuando nos zambullimos en la escucha de nuestro aquí y ahora, con la respiración como guía.

En esta ocasión, he querido ayudarte a ir a un nivel todavía más profundo, permitiéndote que, si no quieres, no tengas que leer los «**Explora**» y puedas cerrar los ojos y escucharlos en audio. En el QR que encontrarás en este libro, tienes todos los apartados de conciencia corporal y autoexploración por capítulos; así, cuando llegues al primero, puedes dar *play* en tu móvil, cerrar los ojos y dejarte llevar hacia el momento de pausa y de conexión contigo mismo al que te voy a guiar. Ojalá esta fórmula te sea agradable y te permita ir más adentro y darte cuenta de muchas cosas que quizás, de otra forma, no podrías ver.

Te recomiendo que tengas a mano papel y bolígrafo, Post-it o lo que quieras, para marcar, apuntar, escribir todo aquello que quieras integrar mejor, o todo aquello que haga clic en ti. Está comprobado que cuando subrayamos algo —o lo escribimos después de leerlo— lo retenemos con mucha más fuerza. No te dé miedo dejar el libro hecho polvo; será una buena señal. ;)

Este libro quiere ser un mapa que te vaya aportando luz en muchos aspectos, no solo en relación con la crianza y la educación, sino también sobre ti: de lo vivido, del momento en el que estás y, especialmente, de la relación que tienes con los límites. Los tuyos, los más profundos, los que están y que a veces no vemos porque nunca hemos sentido que merecieran ser vistos.

Lo merecen. Lo mereces. Ojalá resuene cada página en ti, haciendo eco en todas las partes de tu cuerpo. ¡Feliz y consciente lectura!

PRÓLOGO

Un día, mi hija Míriam me dijo: *«Mamá, quiero que escribas el prólogo del libro que estoy escribiendo»*. *«¿De qué trata el libro?»*, le pregunté. *«De límites»*. *«¿Quieres que yo escriba sobre límites? ¿Estás segura?»* y me respondió: *«¡Precisamente!»*.

Mi pregunta y mi sorpresa tienen razón de ser —no en vano es el aspecto de la crianza que más me costó y, como no puede ser de otra manera, también en la vida en general— y Míriam, que me conoce, lo sabe y me pone en una tesitura totalmente fuera de mi zona de confort.

La mayoría de las personas que hemos crecido en las décadas de 1950 a 1970 sabemos de límites autoritarios, arbitrarios e irrespetuosos, impuestos desde los ámbitos domésticos a los públicos. Los límites dentro de la familia eran impuestos, en general, con severidad, y estaban ligados a la agresividad y a los castigos, a menudo incluso corporales. En las escuelas, se practicaba la ridiculización y el castigo de manera habitual. La crianza respetuosa solo era ejercida por alguien que milagrosamente se hubiera escapado de tanta agresividad y le surgiera así, de manera natural; pero a menudo era algo visto como una debilidad que podría dañar a los niños a la larga.

Desde *«La letra con sangre entra»* a las bondades de *«Un cachete a tiempo»* como lema, generación tras generación, se ha tratado a niñas y niños con autoritarismo y crueldad.

Cuando fui madre tuve claro que esa no iba a ser mi forma de actuar, y su padre y yo quisimos ofrecer a nuestra hija un acompañamiento abierto y libre, alentados por la fantasía de que ella sabría autorregularse y encontraría sus límites de manera natural. Las cosas no eran tan fáciles y, a mi entender, siguen sin serlo, aunque algunas corrientes actuales así lo consideren.

El problema es actuar desde la reacción, ir de un extremo a otro sin depurar ni tomar conciencia de cómo nos ha afectado la educación recibida, de cuáles son nuestras heridas y de cómo siguen activas, aprisionando nuestra vitalidad y nuestra autoestima.

Cuando nos convertimos en madres y padres, se activa el contacto con lo vivido en nuestra infancia, muchas veces de manera inconsciente: el malestar aparece en cada situación en la que no fuimos entendidos ni acompañados. Allí donde no tuvimos lo que necesitábamos, creamos una defensa, una tensión reprimida que despierta con facilidad en cada escenario de la vida cotidiana donde se nos representa nuestro pasado. Solemos actuar de tres maneras:

La primera: repitiendo lo que han hecho nuestros padres, sin reflexión, normalmente bajo el lema «*No hemos salido tan mal*».

La segunda: situándonos en el lugar opuesto, como una reacción directa a lo recibido, también sin reflexión; ahí es donde me situé yo en mi primera maternidad.

La tercera: parte de la autoexploración, del contacto con la niña y de sus necesidades y del conocimiento de sus etapas evolutivas. Hay un trabajo con una misma, con uno mismo, y una toma de conciencia. De esto va este libro. Qué duda cabe que es la forma más complicada y exigente con una misma; requiere de un gran compromiso y de valentía para escucharse y sanarse, y así poder acompañar la infancia desde un lugar adulto y sereno.

Sin duda, me hubiera venido muy bien leerlo en su momento, pero la que lo tenía que escribir estaba creciendo entre nuestros desatinos y nuestra inconsistencia; suerte que también con nuestro amor y nuestra energía de padres muy jóvenes.

Ahora Míriam, que lleva años comprometida con la tercera vía, trabajando en sí misma y acompañando a familias en la crianza respetuosa y consciente de sus hijos, está lista para ofrecernos este libro. De manera clara y didáctica nos acompaña en este camino difícil y controvertido, el de poner los límites necesarios a nuestros pequeños —hijos, nietos, alumnos— desde el amor y el respeto; unos límites que tienen que ver con su seguridad y el respeto a sí mismos y a los demás, que están desligados del autoritarismo y la agresividad, con lo que permiten la expresión de su frustración o enfado cuando se encuentran con esos sentimientos.

Es un libro ameno que entra de manera amorosa y amable. No te juzga y te acompaña en esta tarea de criar a tus hijos de manera respetuosa y consciente. Verás cuánta luz arroja en cada capítulo y cómo hace fácil y comprensible cada concepto.

Estoy segura de que nos encontramos ante otro libro de Míriam muy importante que, como su libro *Rabietas*, te va a ayudar muchísimo. Te animo a adentrarte en su lectura, con la mente abierta a tus recuerdos y a tus vivencias, de manera que aplicar lo que aprendas no surja de las ideas de un manual, sino de la transformación que este libro, si te dejas, operará en ti.

Te deseo una feliz lectura y una feliz crianza.

Àngels Torras
(Madre y abuela. Terapeuta psicocorporal. Acompaña a madres
y parejas en el proceso de gestación consciente).

CAPÍTULO 1:
MI HISTORIA

TODO EMPEZÓ AQUÍ

20 de noviembre de 1976. Ese día exacto se cumplía un año de la muerte del general Francisco Franco y España intentaba salir, como podía, de una dictadura que había durado casi cuarenta años. Mientras en las noticias hablaban del primer aniversario sin Franco, mi madre —con diecinueve años y cuatro meses— me paría en un hospital de Manresa, cerca de Barcelona.

Asustada y desinformada de lo que era un parto y de lo que iría sintiendo y haciendo su cuerpo, me parió mientras mi padre, de veintitrés años, esperaba en otra sala. Eran otros tiempos y las parejas no podían entrar en el paritorio. Así que sola, asustada y muy joven, me sostuvo en brazos por primera vez en una época muy muy gris.

Pongámonos en situación: muchos jóvenes de esa época anhelaban la libertad y lo hacían todo con este valor por bandera. Mis padres eran unos de ellos. Ambos provenían de familias en las que las restricciones eran muchas y el choque con sus necesidades de expansión personal en todos los sentidos, constantes.

En ese contexto nazco yo, con unos padres con mucha ilusión y ganas, pero también muchísima desinformación, y con una lucha por delante con la que los dos estaban muy comprometidos: contribuir a que el país ganara en libertades.

Habían sufrido. Habían vivido la infancia y la adolescencia en un ambiente social, cultural y global de ira contenida, de mucha represión y de un autoritarismo brutal y, a menudo, absolutamente arbitrario, que hacía crecer, dentro de uno mismo, la sensación de injusticia permanente. El control de la población —entre ellos también niños y niñas— a través del miedo.

Ese 1976, ¿quién imaginaba que habría que poner límites, algún día, a esa niña que poco a poco iría creciendo? ¿Límites? Eso era todo lo que mis padres habían tenido durante toda su joven vida: restricciones, prohibiciones y muchos, demasiados, límites. Muchos de ellos incluso les impedían ser quienes eran y hacer lo que sentían. Eran límites que chocaban con su propio ser más esencial.

Por aquel entonces, mis padres no pensaban en limitarme nada, al contrario: «*Que sea libre*», seguramente pensaban, «*todo lo libre que no hemos podido ser nosotros*», «*lo haremos de distinta forma*».

Y de un extremo se fueron al otro. Una causa-efecto inevitable, comprensible y de manual.

Ahora, visto desde la perspectiva que dan los años, le veo sentido a todo, también a los límites que no hubo. Porque eso me ha obligado a aprender muchísimas cosas de mí que luego me han permitido ayudar a muchísimas familias de todo el mundo en los retos que la crianza de sus hijos e hijas les iban planteando.

Pero, madre mía, no ha sido nada fácil.

De hecho, quiero confesarte una cosa: el tema de los límites es para mí el más complicado y profundo de la crianza y educación conscientes y a menudo ha sido, también, el que peor he llevado. Por eso, cuando decidí escribir sobre este tema, al cabo de un segundo pensé: «*Teniendo en cuenta de dónde vengo y lo que me está costando, quizás no soy la más indicada para hablar de eso*». ¿Quién era yo, con lo difícil que me parecía este tema, para hablar de límites? ¿Quién era yo, con lo que me había costado aprender a decir «no», para escribir sobre eso? Pero luego sentí, muy dentro de mí, que justo por esos mismos motivos era importante que escribiera este libro. Era justo por eso que debía hacerlo.

Créeme si te digo que te comprendo profundamente si estás hecha un lío con los límites, si no sabes casi ni lo que son y los confundes con las normas, que tampoco tienes nada claras. Te comprendo si te cuesta fijarlos y sostenerlos. Te comprendo si no sabes qué límites tienes tú misma, dónde están tus síes y dónde están tus noes. Te comprendo si a ratos te sientes inconsistente o incluso incoherente y piensas que estás liando más a tus hijos con tus acciones. Te comprendo si aguantas carros y carretas hasta que explotas. Te comprendo si consigues tratarlos con amor menos cuando fijas un límite, porque entonces te sale todo el autoritarismo del que te has intentado alejar. Te comprendo si, intentando huir de la forma en que te trataron, lo permites todo con tal de que tus hijos o hijas no se enfaden contigo. Te comprendo si tienes miedo a poner límites y si tienes miedo a no poner los suficientes.

Te comprendo.

En este libro te voy a contar mi historia. Me voy a desnudar para contarte mis dificultades, mis retos, mis carencias, mis aprendizajes y mis logros en este camino hacia unos límites conscientes que pudieran dar una estructura a mis hijas y también una armonía en casa. Y, no te creas, me asusta un poco estar escribiendo estas palabras porque sé que me expongo; pero creo que, si quiero contarte lo profundo que es este tema que nos ocupa, tengo que bajar un poco al fondo de lo que he vivido. Solo así mis palabras podrán resonar en ti como verdaderas y no como un simple manual teórico lleno de consejos que luego, como ya sabemos, cuesta un mundo seguir.

Estoy dispuesta a desnudarme y a removerme para conseguir que algo en ti se remueva también y consigas, con esta lectura, importantes *insights* sobre lo que ha sido tu vida y tu manejo de los límites propios y con los demás. Porque solo a través de la resonancia y de momentos de comprensión profunda podrás llevar a la práctica lo que voy a proponerte más adelante. Solo así verás un verdadero cambio en ti y en tu casa.

Sabemos lo mucho que se acumulan los libros de crianza sin leer en la mesita de noche. No quiero que este sea uno de ellos, así que estoy lista para poner toda la carne en el asador. Voy a gozarlo: es la única manera de conseguir que tú también lo disfrutes, y ya estoy lista.

Para poder hacer este camino te recomiendo que tengas a mano una libreta y un bolígrafo. A menudo te voy a proponer unos ejercicios de introspección porque, ya sabes: cuando la lectura toca teclas de nosotros mismos, es importante que a ratos nos paremos a escuchar. El silencio es tan importante como la palabra, así que sí, este libro también está lleno de silencios que deberás rellenar tú con tu respiración profunda y tu conexión interior, para que investigues y busques en ti algunas respuestas. Sin trabajo interior no hay avance, así que te guiaré para que este libro sea más que un conjunto de páginas que lees para saber algo más.

Los altos en el camino para darte ese espacio de autoexploración, reflexión y conexión interior conseguirán que vayas mucho más allá de la lectura: implican una toma de conciencia, aprendizaje y evolución.

Pero no nos adelantemos a los acontecimientos. Por ahora, respira y ponte cómoda para empezar este viaje. Gracias por aceptar este reto.

¡Vamos allá!

«LO QUE TÚ QUIERAS»

Esta es una frase que he escuchado muchas veces cuando era pequeña: *«Lo que tú quieras»*. Cuando yo solicitaba un poco de guía, me decían que decidiera yo, que era mi vida y que confiaban en mí. Es fantástico que confiaran en mí, claro que sí, y se lo agradezco muchísimo, sé que me amaban y me aman con toda su alma. Y yo a ellos.

Dejando a un lado eso, «*Lo que tú quieras*» me desorientaba infinitamente y me hacía sentir muy pero que muy insegura. Había veces que esa frase cambiaba por un «*Tú misma*», aunque el significado era idéntico: que decidiera yo, a unas edades en las que decidir según qué me producía muchísima inseguridad.

Me costaba horrores decidirme por lo que fuera, porque no sabía *qué sí y qué no*, y a menudo me perdía porque me sentía profundamente responsable de mis decisiones con ese miedo eterno al «*¿Y si me equivoco?*». Recuerdo que cuando era pequeña (no sabría decirte qué edad tenía) lo pasaba mal cuando me preguntaban qué quería hacer, si quería ir con papá o con mamá ese fin de semana (mis padres se separaron cuando yo tenía cinco años y, como tenían muy buen rollo, no estaba muy estipulado qué tenía que hacer yo los fines de semana). Recuerdo sentirme mal decidiera lo que decidiera. Temía decepcionar a mis padres, aunque ninguno se decepcionaba por mis decisiones; sin embargo, yo sentía que con ellas siempre fallaba a alguno de los dos.

También me costaba decidirme en cosas más livianas. Ese «*Míriam es súper responsable*», a mí me suponía un peso que me costaba sobrellevar y deseaba profundamente (aunque creo que no era del todo consciente) que me dijeran qué tenía que hacer. Y ya.

Durante mi adolescencia pasaba algo que me resulta muy cómico cuando lo recuerdo, pero que en su momento me hacía sufrir. Preguntaba a qué hora tenía que llegar por la noche después de quedar con mis amigos y amigas y me respondían «*Cuando quieras*». Yo insistía y ellos también: «*Cuando dejes de pasarlo bien, o ya tengas suficiente, te vienes a casa*».

Yo me enfadaba porque sentía que les daba igual lo que hiciera y que, por lo tanto, no se preocupaban por mí. Entonces yo respondía: «*Jolín, ¿no podéis responder como todos los padres del mundo y decirme una hora?*» y entonces ellos me decían: «*Ok, pues a las doce en casa»*, Yo protestaba y decía: «*¡No! ¡A las doce no!*» Ellos no comprendían nada y me decían: «*¿Lo ves? ¡Pues cuando tú quieras!*», y vuelta a empezar. Era como el día de la marmota. Ahora lo cuento y me río, sinceramente, y comprendo por qué ellos alucinaban con mis respuestas y no entendían por qué yo no me sentía feliz y especial por todo el apoyo y la confianza que ellos depositaban en mí. Seguramente es lo que a ellos les hubiera gustado recibir de sus padres: más confianza en sus decisiones y más apoyo.

Pero yo necesitaba el límite y lo buscaba por dos cosas: por un lado, para sentir que se preocupaban por mí, que me miraban y me querían; por otro, para poder protestar y tener la oportunidad de rebotarme con ellos para empezar a distanciarme. La adolescencia tiene estas contradicciones, ¡qué le vamos a hacer! Con su insistencia en que fuera yo quien lo decidiera todo, no veía satisfechas ninguna de esas dos necesidades que sentía en esa etapa tan removida como es la adolescencia.

Así que fui creciendo en ese rol de chica súper responsable, pero que se siente muy insegura cuando tiene que dar pasos en su vida y que, además, no tiene nada claros cuáles son sus propios límites: qué *sí* aceptará y qué *no* no aceptará nunca. A esto se le unía, además, una alta sensibilidad —y, por consiguiente, mucha empatía— cosa que me hacía empatizar más con las necesidades y los deseos de los demás, de forma que dejaba casi siempre a un lado los míos propios. A menudo me desconectaba de mí misma para ayudar, complacer, o incluso «salvar» (¡qué ilusa era entonces!) a los demás, mientras olvidaba dónde estaban mis líneas rojas o lo que yo necesitaba y deseaba.

Tras años de terapia y crecimiento personal, llegó la maternidad a mi vida. Primero, a nivel teórico, leyendo un montón de libros que tenía mi madre por su trabajo de acompañar a parejas en el camino de tener hijos, y luego, a nivel práctico con la llegada de Laia a mi vida. La teoría de poco me sirvió en cuanto a los límites porque, oh sorpresa, era un tema al que no le había prestado ninguna atención.

«*Quizás, como tengo claro lo que viví, no será tan difícil poner límites conscientes*», pensé. Y nada más lejos.

A sus tres años me di cuenta de que a menudo yo actuaba de una forma totalmente incoherente. Me costaba la vida mantener un límite claro y, si ella protestaba con fuerza (es decir, siempre), llegaba un punto en el que yo sucumbía y le decía… adivina: «*Pues lo que tú quieras*». En ese entonces yo ya veía que tenía que ponerme las pilas urgentemente en este tema, empezando por mí. No era capaz de sostener ni los límites con ella ni tampoco los que me ponía a mí misma para, por ejemplo, cuidarme o sentirme mejor. Decía que necesitaba descanso y autocuidado y acordábamos con su padre que esa tarde yo tendría tiempo para mí; pero ese límite de integridad (que necesitaban mi cuerpo, mi mente y mi alma) se iba al garete porque de repente yo decía: «*Bueno, da igual, es que ¿y si me echa de menos?*» o «*Bueno, ya lo haré otro día*» o cualquier cosa similar. Pisoteaba el límite que tanto necesitaba y que horas antes yo misma me había impuesto. Luego, iba tanto al límite que a veces estaba de mal humor porque no me dedicaba el autocuidado que necesitaba y me volvía a quejar, «*Es que no tengo tiempo para mí*», y mi pareja entonces me decía: «*¿Te das cuenta de que cuando lo tienes, lo rechazas?*». Y así era.

Nuestros límites como padres tenían fisuras por doquier. Procurábamos dar a nuestra hija una alimentación sana, equilibrada y libre de dulces, pero cuando la acostábamos nos comíamos algo dulce que escondíamos en un cajón que ella desconocía. Hasta que lo descubrió, obvio.

En fin, ahora entiendes el porqué de mis dudas a la hora de escribir este libro, ¿verdad? *I know*. Pero el momento clave que me hizo cambiar radicalmente hacia ella y hacia mí misma fue el día en el que tomé conciencia profunda de que de esa forma no íbamos bien. Su hermana todavía no había nacido cuando escuché que ella le contaba a una amiga: «*Tú insiste mucho, mucho, y luego te dirán que sí. Con mis padres funciona*». Fue como si me hubieran quitado una venda de los ojos. Y yo que creía que ella no se había enterado mucho de que su padre y yo, en el tema de límites, íbamos bastante cojos...

Esa noche le conté a mi pareja lo que había dicho nuestra hija a su amiga, y hablamos largo y tendido de cuáles eran nuestros fallos en lo que a límites se refería. Finalmente, abordamos de forma consciente el tema y empezamos a ser consistentes y coherentes, algo a lo que ella respondió con un descenso brutal de sus rabietas, con mejor humor y sintiéndose muchísimo más segura.

Ese fue el empujón que me ayudó a seguir haciendo algo que yo, al principio, ni sabía cómo se hacía porque no lo había vivido. Ese fue el empujón que me ayudó a mantenerme firme en los límites que le poníamos y a ayudarla a respetar unas normas que habíamos acordado. Ese fue el empujón que yo necesitaba para empezar a cambiar muchísimas cosas, no solo en la crianza de Laia, sino especialmente en la relación que yo mantenía conmigo misma y con los demás.

Entonces empezó en mí la revolución interior.

LA REVOLUCIÓN

La revolución en mí llegó a raíz de esa conversación que mi hija tuvo con su amiga y de descubrir que yo era una persona con alta sensibilidad. Ya sabía que siempre había sido muy sensible, pero lo veía como algo negativo hasta que descubrí —y pude integrar profundamente— que no era ni una *tara* ni algo malo, sino que era un don. Un don que te proveía de una empatía desmesurada. El problema es que a veces podía jugarte muy malas pasadas al hacer que conectaras más con los demás que contigo misma.

En ese momento me di cuenta de que no era capaz de sostener los límites con Laia porque conectaba tanto con su frustración, con su dolor, con su emoción, que me dejaba llevar por ellos, y entonces era incapaz de mantenerme en la adulta consciente que podía ser. Me enganchaba totalmente a sus emociones, hasta el punto de que las acababa sintiendo como mías. La empatía, en esos casos, me desequilibraba de tal forma que no podía darle lo que necesitaba, ni a ella ni a mí misma.

Empecé a tirar del hilo y me di cuenta de por qué me costaba tantísimo decir que «no» a alguien. De por qué necesitaba complacer a los demás más que a mí misma. Descubrí y destapé mis miedos a no ser querida si dejaba de ser la chica responsable que ayuda a todos y que dice siempre que *sí*. ¡Benditas maternidades que nos destapan cajas de Pandora que lo vuelan todo por los aires!

Luego llegó Lua, mi segunda hija, y con ella todo fue muy distinto a como había sido con su hermana en lo que a límites se refiere. Fuimos capaces de ponerlos y mantenerlos, de ser coherentes, de no sentirnos culpables ni tampoco dejarnos llevar por sus emociones, especialmente yo, ya que ese era mi talón de Aquiles. Al fin fuimos capaces de ir encontrando nuestro lugar. A pesar de que tanto mi pareja como yo (nuestras historias se parecen bastante) fuimos hijos del «*lo que tú quieras*», conseguimos —no sin esfuerzo, errores y muchas conversaciones— poner límites conscientes a nuestras dos hijas.

Eso no significa que ya no haya dificultades o retos: las hijas crecen y aparecen nuevos desafíos en cuanto a límites y a normas se refiere, pero personalmente ya me siento en otro punto muy distinto del que había estado. Soy también infinitamente más capaz de respetar las líneas rojas que hay en mí, y en esto me ha ayudado muchísimo pensar que los *síes* indiscriminados a los demás eran *noes* hacia mí. Amarme fue la clave. Amarme de verdad y sin fisuras, un proceso que me llevó años y en el que todavía estoy inmersa, porque el del amor propio es un jardín que hay que seguir regando cada día, toda la vida.

La sigo cagando a veces en cuestión de límites, claro que sí, soy humana. No creas que las revoluciones terminan nunca ni tampoco que te dejan indemne al error, pero es distinto. Sé de qué pie cojeo, sé mi historia, está más que reflexionada, integrada y sanada, y puedo volver a mi centro muchísimo más rápidamente que antes. Es decir, detecto mi fisura en el límite (ya sea hacia ellas o hacia mí) pero soy capaz de volver a mi rumbo; y eso me da seguridad y fuerza.

Porque, cuando has cojeado siempre del mismo lado, hay que tener mucha fuerza para seguir remando en esa dirección que quieres; porque a la mínima que te despistas, el timón se tuerce y te ves dando tumbos otra vez, pasando por los mismos sitios por los que ya habías pasado antes.

Esta es mi historia y ojalá haya resonado en ti. ¿Te parece si hacemos un alto en el camino? Vendrá bien para coger aire y seguir...

Explora

https://www.miriamtirado.com/audios-limites-explora/

Llevamos algunas páginas dando una información que quizás haya tocado algunas teclas en ti. Ahora te propongo que recurramos al silencio del que te hablaba antes, y activemos la autoescucha y la exploración, para que puedas seguir de forma más consciente y con algunos *insights*. Como esta es la primera vez que hacemos este ejercicio, te recuerdo que puedes leer y hacer lo que te propongo, o puedes escanear el código QR que viene con el libro y poner el primer audio: así te limitas a cerrar los ojos, a escucharme y a dejarte guiar.

Empecemos. Te invito a que seas consciente de tu respiración. Inspira por la nariz y saca el aire despacio por la boca. Si quieres, después de inspirar, quédate un par de segundos en pausa (sin inhalar ni exhalar) y, mientras vas situando tu atención en la respiración, ve relajando todo tu cuerpo. Obsérvalo... ¿Hay alguna parte donde notes tensión? Si es así, llévale el aire de tu inspiración y, al sacar el aire por la boca, deja que esa parte de tu cuerpo se relaje. Suelta la tensión, los bloqueos, y sigue respirando profunda y lentamente.

Mientras mantienes esta respiración lenta y consciente, te invito a que centres tu atención en la actividad de tu mente. ¿Han venido muchos pensamientos mientras leías? ¿Los tienes ahora? ¿Estás pensando en cosas que nada tienen que ver con el ahora y el aquí? Observa y respira. Procura no engancharte a esos pensamientos, recuerda que solo los estamos observando...

Ahora te propongo que vayas un poco más allá y centres tu atención en cómo te sientes. Respira profundamente e intenta responder estas preguntas:

¿Qué emoción dirías que se ha despertado leyendo este capítulo?

¿Has recordado algunas cosas de tu infancia que quizás han resonado en tu mente? A veces aparecen recuerdos, *flashes*, algunas frases o simplemente sensaciones corporales. ¿Qué ha venido a ti? Observa y respira, para que, poco a poco, puedas escuchar qué han venido a contarte esos recuerdos, *flashes*, frases o sensaciones físicas. Dales espacio para que pueda llegar lo que ha venido a verte.

Procura no desconectarte de la respiración y mira si ahora eres capaz de poner nombre a la emoción o emociones que han nacido en ti mientras estabas leyendo este capítulo o ahora mismo. No te aferres a ello y, simplemente, obsérvalo.

Te recuerdo que cada emoción, cada sensación, cada recuerdo, es algo que viene a ti para que lo escuches y lo tengas en cuenta. Es información que, además, te puede ayudar a conocerte mejor, a tomar más conciencia o a sanar heridas que quizás no habías visto en tu interior. Ábrete a este regalo que es tenerte en cuenta y darte espacio y silencio. Escúchate.

Observa ahora cómo te sientes después de estar un rato respirando profunda y conscientemente, poniendo atención en tu cuerpo, en tu mente y en tus emociones... Te invito ahora a que inspires, visualizando cómo entra una agradable sensación de paz en ti, y exhales, visualizando cómo sale todo lo que ya no sirve y que no te hace estar bien. Inhala paz y exhala lo que ya no es para ti (tensiones, pensamientos, sensaciones...), y ve quedándote cada vez que respiras con una agradable sensación de conexión contigo mismo, de haber estado unos instantes recargando tus pilas.

Te recuerdo, antes de terminar, que para hallar tus propios límites es indispensable conectar con uno mismo. Quédate, si quieres, unos minutos en pausa y en silencio, y deja aflorar lo que venga. Todo está bien. Respira y goza de estar contigo.

Resumiendo

- *Lo que hemos vivido en nuestra infancia nos marca de una forma inconsciente. Hacerlo consciente nos ayuda a comprender, sanar e integrar lo vivido.*
- *El patrón de crianza que vivimos cuando éramos pequeños aflora de forma inconsciente cuando criamos a nuestros hijos e hijas, estemos de acuerdo con él o no.*
- *Saber cómo se ponían los límites en tu casa te ayudará a comprender las dificultades, o la ausencia de ellas, que tienes ahora criando a tus hijos.*
- *Los momentos históricos, sociales y culturales afectan también a la crianza. Observa en qué momento naciste y en qué momento viven tus hijos y verás qué distinto es todo. Te ayudará a encajar las piezas del puzle.*

CAPÍTULO 2:
LA BASE

QUÉ SON LOS LÍMITES

Creo que no exagero si digo que tener claros los límites es de las cosas más importantes de la vida. O, por lo menos, para mí lo es, porque los límites nos salvan. Nos salvan cuando somos pequeños pero también nos salvan cuando somos adultos, luego verás por qué.

Los límites son esenciales para vivir: los necesitamos porque, sin ellos, nos perdemos. Nos ayudan a mantenernos a salvo toda la vida a nivel físico, pero también a nivel emocional e incluso espiritual. Pero ¿te parece si empezamos por el principio?

Los límites son esas líneas rojas que protegen la integridad física, psíquica y emocional, la nuestra y la de los demás, y que también protegen todo aquello que compartimos y que nos permite vivir en sociedad. Son importantes porque aseguran la integridad y nos permiten compartir nuestra vida con otras personas y mantenernos a salvo. Si tenemos esto en cuenta, los límites no variarán en función de si estamos en China, en Nueva York o en Tombuctú, porque son tan esenciales que no dependen de la cultura, la sociedad en la que vives o en qué familia naces.

Ninguna familia de ningún país del mundo que se ocupa de sus hijos y le importan dejaría a un niño beberse una botella de lejía, ni permitiría que se asomara a un lugar sin protección a treinta metros del suelo. Tampoco permitiría que este niño pegara a otro o que rompiera a propósito los vasos de un restaurante, por poner algunos ejemplos.

En realidad, lo más difícil en el tema de los límites no es saber cuáles son (ya has visto que seguramente en cuanto a líneas rojas nos pondríamos todos de acuerdo), sino cómo ponerlos, cómo lidiar con el enfado de los hijos cuando no comprenden que ese límite es importante para ellos y cómo mantenerlos en todo momento libres de arbitrariedades sobre cómo nos sentimos o qué día es hoy.

Sobre todo, es difícil lidiar con nuestra propia historia, con nuestra mochila, que nos remueve una y otra vez cuando no hemos hecho las paces con nuestro pasado. Porque eso tienes que saberlo: hasta que no somos conscientes de lo vivido y encajamos las piezas del puzle de quiénes somos, la maternidad y la paternidad es una removida tremenda que va sacando a la luz emociones, sensaciones y recuerdos de lo que un día ocurrió y dejó herida.

Los límites que debemos poner las madres y los padres están escritos en piedra, es decir, no los borra nada y, además, son pocos. Luego hay otros límites, los naturales. Estos no los ponemos las madres y los padres, sino que la vida misma los pone delante del niño. Es decir, el peque quiere llegar a algo, pero resulta que es algo que está más elevado que él, y no puede. O quiere poder atarse los cordones, pero no sabe porque es demasiado pequeño para poder hacerlo. O una niña de ocho años quiere ir a la playa, pero llueve y tiene que quedarse en casa. La vida misma nos pone delante un montón de límites naturales que cada cual acepta como puede; los niños, también. Estos límites también son clarísimos y evidentes.

Más allá de que los límites protejan la integridad física de uno mismo y de los demás, estos también tienen que ver con los valores que tenemos y que transmitimos a nuestros hijos e hijas, y que para nosotros son muy importantes. Valores como el del respeto, que iremos transmitiendo poco a poco a medida que nuestros hijos vayan creciendo, por ejemplo. Valores como el de la amistad, o el del amor, etc., que iremos transmitiendo con nuestro ejemplo pero también a través de los conflictos que vayan surgiendo, en los que habrá también líneas rojas de las que tendremos que hablar y educar al respecto.

Ahora bien, hay otra cosa que sí es más flexible y que ya está muchísimo más condicionada por la sociedad, la cultura y la familia: las normas.

QUÉ SON LAS NORMAS

Las normas son reglas que marcamos para poder entendernos en el entorno en el que vivimos: la familia, la sociedad y la cultura que compartimos. Las normas sí son mucho más arbitrarias y no serán las mismas en cada casa, ni en cada país, ni en cada cultura. Pero son igualmente necesarias para poder relacionarnos, compartir y vivir en sociedad.

Si los límites estuvieran escritos en piedra, las normas estarían escritas en arena y podrían ir cambiando en función de muchas cosas. En el caso que nos ocupa —criar a nuestros hijos e hijas— podrían modificarse dependiendo de las circunstancias: del día de la semana, de si ha ocurrido algo excepcional, de si tenemos visitas en casa, etc.

Las normas nos ayudan a que la convivencia sea más fácil y llevadera, porque todos sabemos qué reglas compartimos para que el ambiente sea más armonioso. Como siempre, lo importante será cómo transmitimos esas normas, qué hacemos para que nuestros hijos e hijas las cumplan y qué coherencia tiene esa norma dentro de nosotros.

Si sabemos qué son los límites, por qué son tan importantes y qué son las normas y para qué sirven, no debería de ser muy difícil criar a los hijos de una forma coherente teniendo en cuenta todo eso,

¿verdad? Pues lo es. Y lo es porque en la crianza de los hijos, la teoría se desvanece como por arte de magia y todo aquello que desde fuera se veía tan claro, de repente se nubla y a menudo empezamos a dar palos de ciego en un terreno absolutamente pantanoso y delicado.

¿Por qué nos ocurre eso? Por nuestros orígenes.

TODO TIENE UN ORIGEN

Vaya por delante que a todos nos han criado y educado tan bien como han sabido y podido según la información que tenían, las circunstancias, su historia, su mochila y un largo etcétera. Exactamente igual que ahora lo hacemos las madres y los padres de hoy. Amamos profundamente a nuestros hijos e hijas y esto es algo que no debía de ser muy distinto en cualquier otra época de la humanidad. Han pasado muchos siglos desde que el mundo es mundo y, en lo esencial, hay cosas que no cambian: la gran mayoría de hombres y mujeres aman a sus hijos y los crían y educan tan bien como pueden y saben.

A la vez que reconocemos esto, también podemos decir que todos erramos. Somos humanos, nadie es perfecto, así que en la crianza también nos equivocamos; y no pocas veces. Mirar hacia nuestros orígenes nos ayuda a tomar conciencia de quiénes somos hoy y por qué, también en cuanto a los límites. He oído alguna vez que madurar es poder comprender profundamente y sin dramas que tus padres te amaron y la cagaron a la vez. Quizás es también muchas otras cosas, pero esta me parece crucial porque de alguna forma es poder mirar a nuestro pasado de una manera consciente y madura.

Si algo ha evolucionado poco en la historia de la humanidad ha sido la forma de establecer límites a la infancia. Llevamos siglos de crianza tradicional que ha estado marcada por el adultocentrismo y el control de la infancia a través del miedo. El adulto era el que mandaba, exigía, ordenaba, y los niños obedecían sin rechistar, aunque fuera un límite arbitrario y carente de lógica. Las «herramientas» para conseguir ese control sobre otro ser humano (en este caso más vulnerable y dependiente) eran el grito, el chantaje, el soborno, el castigo, el daño físico o emocional, etc. Es decir, provocar miedo en el otro para que acabara haciendo lo que el adulto quería. ¿Cuántas veces hemos escuchado *«Con una sola mirada de mi padre yo ya iba recto»*? ¿Qué implicaba esa mirada exactamente? Miedo.

Imagina esta forma de criar y educar durante siglos. SIGLOS. Duele, ¿verdad? Pues esto se ha estado haciendo a los niños y niñas desde tiempos pretéritos y ha tenido unas consecuencias enormes a la hora en la que, ya adultos, empezaron a criar y a educar a sus propios hijos. Y se sigue haciendo. De hecho, provocar miedo para controlar a los niños se hace hoy en día en la gran mayoría de las familias en la mayor parte del mundo. ¿Cómo no hacerlo cuando llevamos esta información grabada a fuego durante generaciones? ¿Cómo hacerlo de distinta forma?

El mundo ha evolucionado: tecnológicamente estamos a años luz de hace treinta años, sin ir más lejos. Viajamos al espacio, se han hecho descubrimientos brutales y se han conseguido grandes hitos, sabemos muchísimas cosas sobre cómo son los niños y cómo funciona su cerebro… pero aun así… el paradigma dominante en la crianza de los hijos e hijas sigue siendo el de siempre: el tradicional, basado en el control a través del miedo, la jerarquía, el adultocentrismo, el autoritarismo y el *«porque lo digo yo»*. Muchas cosas avanzan, pero, en este sentido, seguimos en pañales.

Seguramente estás aquí, leyéndome, porque quieres hacerlo de distinta manera. Porque quieres saber, quieres cambiar el paradigma de crianza en tu casa y a veces te sientes perdida y lo que haces no concuerda con lo que quieres hacer y anhelas. Es normal. Nuestros orígenes nos han marcado de una forma inconsciente y tremenda, y es habitual que, cuando queremos hacerlo distinto, la información que de forma subconsciente tenemos integrada en el fondo de nosotros nos tire hacia otro lado: el familiar, el conocido, el que hemos vivido. Por eso, solamente siendo conscientes de ese pasado que quizás te da pereza o miedo recordar, podrás comprender profundamente cuál es la raíz de esa incoherencia entre lo que quieres y lo que te sale, especialmente en momentos de tensión.

Piensa que el ser humano, de manera inconsciente, tiende siempre a ir hacia lo que le es familiar. Si la forma de criar y educar que le es familiar está basada en el paradigma tradicional, en muchos momentos —en los que el adulto no pueda tomar conciencia porque está cansado, estresado o en tensión— lo que saldrá y cómo reaccionará ante la situación que esté ocurriendo se parecerá bastante a lo que vivió en su niñez.

Cuando los límites en tu infancia se han puesto de forma arbitraria, autoritaria y desde el miedo, es probable que, de adulto, pasen algunas de estas cosas:

- No quieres hacer lo mismo porque recuerdas todavía la herida que eso te provocó, pero que no tienes referentes y te cueste la vida hacerlo de distinta manera...
- Como no quieres hacerlo igual, aguantas y aguantas hasta que estallas y haces justamente lo mismo que te hicieron pero con una culpa infinita...
- Quieres alejarte tanto de lo que te hicieron que te vas al otro extremo y entonces, antes de encontrarte con el conflicto interno que te genera poner límites, evitas hacerlo...
- Como no sabes cómo hacerlo para no repetir el viejo patrón que viviste, te tambaleas y unos días eres más estricta y otros, menos, yendo de un lado a otro con poca coherencia y consistencia...

Las consecuencias de cómo nos han educado en el tema de los límites no acaban aquí. Porque resulta que si nos los han puesto de una forma autoritaria, desde el *«porque lo digo yo»*, es probable que, siendo pequeños como éramos, tuviéramos miedo. Ver a papá o a mamá enfadados no gusta a ningún niño. Así que, de alguna forma, empezamos a integrar que eso que hacíamos no gustaba y, como no distinguíamos lo que hacíamos de lo que éramos, pensamos e integramos que quienes no gustábamos éramos nosotros. Así, empezamos a buscar su validación: que mamá o papá estuvieran contentos, que no se enfadaran…, aunque eso significara dejar de conectar con lo que necesitábamos, sentíamos o queríamos.

Los niños nacen absolutamente conectados consigo mismos. Un bebé reclama, sin ningún reparo, lo que quiere, que es justamente lo que necesita. Pero si va creciendo y se da cuenta de forma inconsciente que cuando se comporta tal como siente y necesita cada momento (explorando, reclamando, tocando, moviéndose, llorando, enfadándose, etc.) resulta que le riñen, le gritan o se enfadan con él, puede empezar a desconectarse de sí mismo (de lo que necesita, de sus propios límites, de lo que le gusta, de lo que no…), para buscar eso que tanto anhela: la mirada y validación de sus adultos de referencia.

Ahora imaginemos que a ese bebé, a medida que va creciendo, nadie le pone límites (ni autoritariamente ni respetuosamente). Va creciendo sin saber muy bien qué puede hacer y qué no, sintiendo, de alguna forma, que no importa a los demás, porque integra que a sus padres les trae sin cuidado lo que haga o deje de hacer. Poco a poco va calando la inseguridad, la duda y la poca autoestima: *«Si no me miran ni se interesan por mí, es que no debo de ser ni digno ni merecedor de ello»*.

Un día, estos niños que han vivido límites autoritarios, o incoherentes, o desconectados —o que simplemente ni los han vivido porque no los había—, crecen y tienen hijos. ¿Crees que teniendo este historial va a ser coser y cantar poner límites a sus hijos de una forma serena, consciente, coherente y conectada? No, y por eso tú y yo estamos aquí. Para poder tirar del hilo y darnos cuenta de dónde venimos, y así poder reconstruirnos siendo plenamente conscientes de quienes somos, de qué queremos y de qué necesitamos; y desde ahí, como adultos conscientes, ayudar a nuestros hijos a desarrollarse dentro de unos límites y normas que les permitan crecer con seguridad, permitiéndoles ser quienes han venido a ser.

¡Menuda empresa tenemos por delante! ¿No te parece emocionante e importantísimo? A mí me motiva, me fascina y me empuja a seguir adelante. Antes de seguir y para que no entres en la desesperanza o el agobio: de lo que se trata a partir de ahora es de hacer cada vez más familiar una forma de actuar con tus hijos e hijas que sea consciente, conectada y respetuosa. Así, y a base de repetición, la nueva actitud irá calando y nuestro cerebro irá haciendo nuevas conexiones neuronales que, a su vez, nos llevarán a comportamientos más asertivos, Cuanto más los repitamos, más familiar se nos hará, y cuanto más familiar, más fácilmente nos saldrán esos comportamientos respetuosos, conscientes y conectados. Quédate con lo importante: es posible y puedes hacerlo. Pero para conseguirlo, antes tengo que presentarte a alguien...

CONOCE A TU NIÑO INTERIOR

Llegados a este punto, es importante que empieces a conectar con otra *persona* que habita en ti. A lo mejor ya te has dado cuenta de que, a veces, esa persona consciente y sensata que puedes ser desaparece y toma las riendas de ti otra a quien le dirías *«¡Sal de mi cuerpo!»* Es decir, a veces puedes ser superconsciente, madura y adulta, mientras que otras eres irracional, impulsiva y absolutamente inconsciente. Nos pasa a todos. A TODOS. Ya sé que no consuela, pero está bien saber que esta dualidad es muy habitual, especialmente cuando vivimos de espaldas a nuestra niña o niño interior.

¿Pero qué pasa exactamente? Digamos que dentro de ti, ese niño —que quizás no fue atendido como merecía, que a ratos no podía expresar su opinión, que otras veces no fue tratado como necesitaba, etc.— ha quedado atrapado en ti. Atrapado, escondido y sin dejarse ver demasiado. Quizás ni siquiera sabías que existía y lo que te estoy contando te suena a chino. Hay quien lo llama «ego», otros, «la herida»... A mí me gusta hablar del «niño interior» porque, como trabajo con familias, es muy fácil identificar esa forma que tenemos de actuar inconsciente, desconectada y automática, como un niño pequeño cabreado porque nadie lo escucha. Yo me lo imagino pataleando y tirado en el suelo. ;)

Así que debes imaginar que tienes dos *yoes*: tu yo adulto —que mayoritariamente toma las riendas cuando te sientes bien, centrada, conectada y puede tomar decisiones conscientes, con perspectiva, empatizar con los demás— y tu yo niño, el que fuiste y vuelve para coger las riendas y tomar el mando cuando no estás bien (cansada, estresada, te encuentras mal, estás sobrepasada, etc.). Es entonces cuando tu niña interior salta porque no puede más y puede acabar haciendo todo aquello que odias: hablar mal a tu pareja, gritar a los niños, tomar decisiones impulsivas de las que te arrepientas...

Nuestro yo niño suele estar más o menos bajo control cuando no tenemos hijos. Dormimos bien, tenemos nuestros propios espacios de autocuidado, de ocio, solemos darnos más lo que necesitamos... Pero, ¡ay cuando tenemos hijos! Resulta que entonces dormimos menos, vamos más cansados, no tenemos tiempo para nosotros, y la maternidad o la paternidad nos pone en contacto directo con nuestras infancias, con lo vivido; y, aunque no lo recordemos, aflora de nuevo. Por eso, a menudo es con nuestros hijos, que nos hacen las veces de espejo de nuestra infancia, con quienes aparece nuestro niño interior y somos incapaces de gestionar ciertas situaciones desde el ser adulto que también somos. Porque en momentos de tensión, cuando el niño monta el pollo en el súper o cuando nuestro preadolescente nos contesta mal, resuena demasiado lo que vivimos; y si de niños nuestra ira no fue comprendida y acompañada, y si nuestro malestar no fue visto ni atendido, cuando son nuestros hijos los que requieren atención y comprensión, salta nuestro niño interior, nuestro inconsciente, como si dijera: *«¿Cómo te atreves? Estoy agotada cuidándote, ¿no ves toda mi entrega? ¿No ves mi necesidad de ser vista, de ser tratada bien? ¡A mí no me dejaron enfadarme y ahora vas tú y osas enfadarte! ¡Con lo mucho que me desvivo por ti! ¡Desagradecido!».*

Obviamente, si lo miramos desde un punto de vista adulto y consciente, esto no tiene ningún sentido. Pero así nos sentimos muchas veces cuando nuestros hijos no hacen aquello que queremos o no cumplen nuestra expectativas en determinado momento.

La clave para ser madres y padres conscientes reside en comprender que debemos ayudar a crecer a nuestros hijos, pero que, mientras, también tenemos que acompañar y atender al niño que fuimos. Tendremos que ir sanando nuestras heridas para ir comprendiéndonos mejor, tratando a nuestro yo niño con la escucha y la compasión que necesitaba, dándosela nosotros mismos. Ahora no toca que nuestra mamá o nuestro papá venga a acompañarnos o a mecernos... Es un trabajo que tiene que nacer de nosotros mismos. Darnos cuenta de que dentro habita nuestro yo niño y abrazarlo profundamente como diciéndole: *«Sé que estás ahí y que a ratos necesitarás de mi ayuda. Te prometo que no voy a dejarte, que voy a verte, voy a atender tus heridas y voy a ayudarte a crecer».* Desde aquí podremos ir siendo conscientes de todo lo sucedido y también de por qué a veces saltamos con el automático y reaccionamos de formas que odiamos. Comprenderemos mejor cuál es el mecanismo que resonó en nuestro interior y que nos hizo responder de una forma automática e inconsciente.

Así, con paciencia, tiempo y poco a poco, podremos ir pausando antes de responder, parando antes de reaccionar impulsivamente con nuestros hijos para, así, poder comprender todo lo que se está moviendo en esa situación y, después, poder responder de una forma consciente y asertiva.

Me acuerdo de Mari. Me contaba que ella podía ser consciente y estar muy conectada a sus hijos menos cuando llegaba la noche. En ese momento, muchos días dejaba de ser una madre empática y comprensiva y se convertía, según sus palabras, en un «ogro». Vino a verme porque no comprendía por qué no podía ser siempre igual y porque odiaba tratar mal a sus hijos a la hora que más la necesitaban, que era cuando estaban más cansados y se les activaban los miedos de la noche. Cuando ellos empezaban a saltar en la cama, a jugar o a pedir agua o más cuentos, ella de repente empezaba a gritar y liaba la de San Quintín. Muchos días acababan los tres llorando. Era incapaz de salir de ese bucle, así que empezamos a analizar por qué su niña interior saltaba cada día a esas horas. Poco a poco empezó a recordar que, de pequeña, a esas horas era cuando llegaba su padre de trabajar y era el encargado de poner «orden» en casa. Jamás le habían dejado saltar en la cama y a ella la ponía muy nerviosa que lo hicieran sus hijos. Cuando conectó con su niña interior y le pregunté qué creía que la irritaba más, me contó que sentía una sensación de injusticia. Si a ella no la habían dejado saltar en la cama o jugar con sus hermanos por la noche, veía injusto que sus hijos sí lo hicieran y le entraba mucha rabia. Rabia de ver que ellos se lo pasaban bien. Eso la desmontaba porque cuando podía decirlo en voz alta le entraba mucha culpa, y la sensación de ser mala persona. *«¿Cómo pueden darme rabia mis propios hijos por pasárselo bien? ¿Por qué no me alegro de que puedan hacer cosas que a mí jamás me dejaron hacer?»*

Pero además, sentía que no la escuchaban. Ver que tardaban en acostarse, que hacían el remolón cada día a la hora de ir a la cama la hacía sentir ignorada, no tenida en cuenta. ¡Y ella estaba muy cansada ya! De correr todo el día, de tener que gestionar mil cosas... Lo que quería era que durmieran y descansar, al fin. Cuando ponía palabras a lo que su niña interior sentía (agotamiento, sensación de no ser tenida en cuenta, etc.), lloraba. Lloraba porque podía conectar con esa niña que también se había sentido ignorada en su casa porque llegaba papá y jamás le preguntaba qué tal le había ido el día. Porque su padre les gritaba y los trataba mal y su madre nunca los defendía. Poder conectar con su niña interior y poder abrazarla y comprender de dónde venía ese «ogro» que se activaba en ella por las noches, permitió también que empezara a ver la situación desde otra perspectiva. Empezó a comprender que era normal que los peques se activaran a la hora de acostarse y que hicieran el remolón: porque querían estar más rato juntos con ella, porque era un momento chulo de conexión antes de «separarse» y dormir. Y que también era normal lo que sentía su yo niña, teniendo en cuenta la rectitud que ella había vivido de pequeña.

A medida que conectaba más con su infancia y encajaba las piezas del puzle, también podía ir conectando más con sus hijos y hacer que fuera su yo adulto quien llevara las riendas a esas horas de la noche. A medida que ella fue gestionándolo mejor, también ellos fueron colaborando más, haciendo ese rato del día un momento más bonito y divertido.

¿Cómo podemos empezar a conocer a nuestro niño interior ahora que ya sabemos que lo tenemos todos dentro? Pues te invito a que a partir de ahora tengas tu propio diálogo con tu niño interior cuando venga a visitarte. Cuando te sientas inquieto, cuando actúes de una forma totalmente inconsciente y desproporcionada al respecto de lo que acaba de ocurrir, dile: «*Vaya. tú por aquí otra vez... ¿qué has venido a decirme? ¿De dónde viene esto? ¿Qué te ha removido? ¿A qué recuerdo te ha remontado?*» Y lo más importante: «*¿Qué necesitas?*». Deja que tu parte inconsciente responda estas preguntas y permítete ir conociéndote, descubriendo rincones de ti que tal vez no conocías. Ve poniendo luz en esas partes de sombra y oscuridad donde tu yo niño estaba solo y escondido, y así no necesitará ir reaccionando de formas totalmente fuera de lugar.

Puede que te suene todo un poco raro. Lo sé... por ahora, solo te pido que sigas leyendo con la mente abierta y que dejes penetrar todo lo leído a ver qué acaba resonando dentro de ti.

Explora

https://www.miriamtirado.com/audios-limites-explora/

Llega el momento de parar un instante e ir hacia dentro. Has leído muchas páginas y en ellas había contenido muy profundo que quizás ha tocado algunas partes de ti que necesitan ser escuchadas. Quizás lo que has leído te ha resonado dentro de alguna forma o te ha traído imágenes de tu infancia. A lo mejor no te apetece hacerlo, o te da pereza, o miedo ir ahí y mirar atentamente esas imágenes, pero es importante hacerlo.

Sea como sea, te invito a respirar profundamente e ir conectando conscientemente con el aire que entra y sale de tu cuerpo. Deja que la respiración sea tu guía para ir entrando en contacto profundo contigo. Ha llegado el momento de integrar todo lo leído y prestar atención al cuerpo para escuchar sus señales...

Mientras respiras lentamente, te propongo observar qué te dice ahora tu cuerpo: ¿Cómo estás? ¿Sientes alguna zona con tensión, alguna incomodidad? Si es así, préstale atención y deja que el aire que inhales vaya hacia esa parte, y que la libere de ese exceso de tensión. Con cada exhalación, suelta, deja que tu cuerpo se vaya relajando. Dale permiso para aflojarse, descansar, soltar..., quizás lleva aguantando mucho y ahora, que lo escuchas y atiendes, dile que puede usar la respiración para irse liberando de posibles tensiones.

Mientras sigues en conexión con tu respiración, te invito a que ahora conectes con tu mente... ¿Te han llegado muchos pensamientos mientras leías? ¿Sientes que hay mucha actividad en tu mente o más bien la notas en calma? Observa qué dice tu mente sin engancharte ni a sus palabras ni a sus discursos. La mente hace lo que tiene que hacer y para lo que está programada: pensar. Pero eso no significa que todo el rato tengamos que estar haciéndole caso... Simplemente observa y respira...

Te propongo que sigas inhalando y exhalando lentamente y que fijes tu atención en cómo te sientes ahora. ¿Hay alguna emoción? Si puedes, intenta identificarla y, luego, respírala. Lo único que hay que hacer con las emociones que vienen a vernos es darles espacio y permitir que se manifiesten. Sentirlas y acogerlas, porque han venido a contarte algo de ti que tal vez no habías atendido antes. Permítete sentir y respira.

Con cada exhalación, suelta también cualquier tipo de tensión emocional que pueda haber... Observa las emociones, no te enganches a ellas..., simplemente siéntelas y déjalas pasar. Como las olas del mar, las emociones vienen y van. Permite que las emociones, que quizás están ahora contigo, fluyan... Observa qué ocurre y respira. Y poco a poco, visualiza cómo inhalas calma y serenidad y cómo exhalas todo aquello que supone un peso, una incomodidad, un agobio... Suelta para sentir cada vez más ligereza, más liviandad y más conexión contigo misma.

Ahora, para poder hacer un trabajo de autoexploración más rico, te invito a que intentes recordar y que respondas estas preguntas: ¿Qué recuerdas de tu infancia en cuanto a límites? ¿Tienes la sensación de que los pusieron de una forma respetuosa? ¿O más bien arbitraria y autoritaria? Si la respuesta es afirmativa, ¿recuerdas cómo te sentías después? ¿Qué emoción venía a ti? ¿Impotencia, sensación de injusticia, rabia? ¿Sientes que has necesitado buscar la validación de los demás? ¿Sientes que todavía hoy necesitas complacer a los otros?

Recuerda y ve respirando lo que vaya aflorando. Es importante dar espacio a lo que habita en ti para ir liberándolo, para que soltarlo te permita, poco a poco, ir criando a tus hijos libres de esa carga del pasado.

Ya no eres esa niña indefensa. Ahora ya eres una adulta consciente. Confía... Poco a poco podrás ir sanando las heridas que afloren y lo harás acogiéndolas, abrazándolas y repitiendo lo siguiente:

Soy merecedora de amor.
Soy suficiente.
Soy adulta y puedo sanar a mi niña interior.

Porque puedes y porque lo estás haciendo.

Resumiendo

* *Los límites son imprescindibles y necesarios. Aportan un entorno seguro en el que el niño se pueda desarrollar.*
* *Los límites tienen que ver con el respeto a la integridad propia, a la ajena y a todo lo que compartimos como sociedad. Los límites están escritos en piedra.*
* *Las normas son más flexibles porque dependen de la familia, la cultura, la sociedad, el país en el que habitamos... Las normas están escritas en arena y se van adaptando según las circunstancias.*
* *El entorno en el que hemos crecido y la forma como nos han educado en cuanto a los límites (cómo se transmitían, cuáles eran, etc.) nos ha marcado; a menudo nos impide criar y educar de una forma respetuosa y consciente.*
* *La educación en límites inconscientes, arbitrarios y autoritarios —o la falta de límites— empuja al niño a sentir miedo, inseguridad y a buscar la validación del otro y a complacerlo, aunque eso signifique desconectarse de lo que necesita, de lo que quiere e incluso de quién es.*
* *Dentro de nosotros habitan nuestro yo adulto y nuestro yo niño. Este último toma las riendas cuando lo que ocurre en el presente lo conecta con alguna vivencia del pasado que no está sanada. Salta de forma inconsciente y actúa de forma impulsiva y reactiva.*
* *Darnos cuenta y atender al niño que fuimos nos permitirá sanar nuestras heridas y ser capaces de actuar conscientemente, también en momentos de tensión y conflicto, sin reaccionar mal y desde un lugar adulto y conectado con nosotros mismos.*

CAPÍTULO 3:
TODO EMPIEZA EN TI

EL VACÍO

La inseguridad y el miedo que se puede haber sentido en la infancia cuando los límites han llegado de una forma autoritaria, arbitraria e inconsciente, o cuando no los ha habido, hacen que se busque de forma inconsciente complacer al adulto. Complacerlo para dejar de tener miedo y para sentirse un poquito más seguro. Complacerlo para sentir que recibe ese amor que tanto anhela. Si no ha habido límites, es posible que busque la validación en todo lo que hace, porque por sí mismo no sabe si eso está bien o no lo está, y para sentir que importa. Complacencia, necesidad de validación, búsqueda de mirada, y especialmente desconexión de lo que uno quiere y necesita.

Cuando este niño crece y se convierte en adulto, si no es consciente del pasado, es probable que esa necesidad de complacer y de buscar la validación de los demás siga absolutamente activa e intacta. Eso y la desconexión de las propias necesidades y deseos. Es muy probable que ese adulto no sepa muy bien qué le hace bien y qué no —y si lo intuye, es probable que tampoco sepa decir «no»—, así que aguanta, traga y sigue intentando complacer para encontrar esa validación y esa mirada del otro que le llenará, un poco, ese vacío primario de su infancia.

Se trata de un vacío que debía llenarse cuando éramos pequeños. ¿Cómo? Con mucha atención, con mucha mirada de nuestros adultos de referencia, con mucho respeto y comprensión, con mucho mimo y con muchísima validación. Pero, si no lo hubo, habita en nosotros ese hoyo profundo y negro que asusta si lo miramos de verdad.

De forma inconsciente, esperamos que los demás nos llenen ese vacío como por arte de magia y seguimos sin darnos cuenta. Con nuestra necesidad de ser validados, esperamos, cómo no, que nuestros hijos nos tengan en cuenta, se pongan en nuestro lugar, nos comprendan y estén muy contentos con los padres y madres que les han tocado. Pero claro, los niños, ¿cómo nos van a validar? Y entonces, cuando se enfadan con nosotros, montan un gran pollo o están mal, nos enfurecemos.

El error es buscar eso que tanto necesitamos donde no nos lo pueden dar. El error es intentar llenar ese vacío desde fuera, desde los demás. El error es pensar que nuestro vacío lo llenará algo o alguien que no seamos nosotros mismos.

Porque tienes que saber que absolutamente todo empieza en ti. Los límites, también.

EL LÍMITE NACE EN TI

Te contaré muchas cosas sobre los límites y también te daré muchas herramientas para que puedas ponerlos de forma consciente a tus hijos, pero siento que es imprescindible que sepamos, antes, dónde empieza todo, para no empezar la casa por el tejado. El límite nace en ti. Si no lo hace, el límite es blando, sin consistencia, con lo cual deja de ser un límite. El límite debe nacer desde tu cuerpo como una necesidad y un deseo imperioso de proteger y validar aquello que es importante, no solo en ti y para ti, sino también para los demás.

Pero ¿cómo hacerlo si hay en nosotros un vacío que nos produce inseguridad en la toma de decisiones, poca claridad a la hora de criar, más esa necesidad de complacer a los demás (en este caso, a nuestros hijos) y de encontrar la validación que nos faltó?

Es imprescindible darnos cuenta. Darnos cuenta de que eso que nos faltó entonces fue real, pero que ahora ya no somos esos niños indefensos, inseguros e inmaduros, sino que somos adultos de pleno derecho, capacitados, que queremos vivir vidas plenas y conscientes. Darnos cuenta de nuestras flaquezas y carencias para ponerles remedio y empezar, nosotros mismos, a llenar cada día nuestro vacío interior.

¿Cómo? Amándonos un poquito cada día. Elevando esa autoestima que no pudo construirse fuerte y con estructura en la infancia porque estuvo a expensas de un amor condicionado. Informándonos y dándonos cuenta de que —para que los demás nos respeten, nos amen y nos traten como merecemos— tenemos que respetarnos, amarnos y tratarnos como merecemos nosotros mismos. Legitimando lo sentido y adueñándonos también de la responsabilidad de ayudar a crecer al niño que fuimos y que sigue pidiendo *«mírame, ámame, permíteme ser»;* y en este proceso, mirarnos, amarnos y permitirnos ser aquí y ahora. Cada día un poquito para ir sanando, para ir creciendo e ir curando las heridas del pasado que hasta ahora se abrían en nuestro presente.

Voy a ponerte ahora unos ejemplos que me ayudarán a contarte de una forma más gráfica lo que intento decirte.

Tienes una hija de tres años y, como sabes que el descanso es importante porque le permite estar y desarrollarse mejor, pones mucho empeño en que se respeten unas rutinas horarias y duerma su siesta, se acueste temprano, etc. Pero ese límite que aparentemente tienes claro que hay que ponerlo, cuando se trata de ti se desvanece y ni siquiera te permites descansar cuando estás agotada. Te pasas el día haciendo cosas y, cuando te sientas un segundo, te sientes culpable de no estar haciendo más cosas que crees que «deberías» hacer.

Como si fueras una *superwoman* que no necesita ni descansar ni dormir. Cuando alguien te propone echarte un cable lo rechazas diciendo «*Ya me apaño*», o «*Es que me sabe mal*», o «*No tranquila, gracias, estoy bien*», pero luego estás exhausta y con esa sensación tan desagradable de vivir al límite del agotamiento.

Tu hija no es consciente de ello y por el momento hace lo que le dices, pero a medida que crezca irá integrando que no es necesario descansar, que lo «bueno» es estar todo el rato ocupada, haciendo algo sin parar ni un segundo. Es lo que ve, es lo que integra. Un día no querrá acostarse y tú le contarás la importancia de descansar el cuerpo, respetar las señales que indican cansancio y la necesidad de dormir, pero será algo teórico que resonará poco porque no lo ve en ti. Tú tampoco lo ves en ti, es algo que no nace de tu sentir profundo y del conocimiento integrado. Lo que le cuentas será verdaderamente coherente cuando ese límite nazca de ti y sea tan válido para tu hija como para ti misma. Cuando tú te permitas descansar y le des la importancia que merece a tu cuerpo, a tu salud, etc., el límite empezará a tener consistencia y llegará a ella de una forma más natural y orgánica.

No estoy diciendo que si tú duermes poco, tu hija dormirá poco también o que será imposible que se acueste a su hora. No, nada de eso. Lo que intento decir es que para poner límites conscientes de una forma asertiva y conectada con nuestros hijos, que puedan realmente integrarlos de una forma natural y orgánica, nuestra energía debe estar en sintonía con lo que queremos transmitir; y eso será posible cuando seamos ejemplo de lo que queremos que nuestros hijos comprendan.

Otro ejemplo: Supongamos ahora que tu hijo te cuenta que hoy en el cole un niño lo ha tratado mal, y cuando le preguntas qué ha hecho para defenderse, te dice que nada. Te hierve la sangre e intentas, de forma calmada, decirle que si ocurre otra situación similar, le diga al niño un «no» rotundo y que ponga el límite a quien le quiera tratar mal. Pero cuando vais a casa de tus padres él se percata de cómo te hablan ellos a ti cuando desaprueban tu forma de criar, por ejemplo. El tono de voz que utilizan, cómo te desautorizan, cómo menosprecian tu forma de actuar... Y ve cómo no dices «*Hasta aquí*», ni pones ningún límite a los que te tratan mal. Nota tu energía, que es de baja autoestima, y cómo no te defiendes y no te sientes realmente merecedora de un buen trato, e integra de una forma inconsciente que es así como se debe obrar en situaciones similares.

Los límites, si no nacen en uno, llegan al otro vacíos y sin consistencia, también para uno mismo. Digamos que hay que alinear el límite que ponemos con nuestra alma. Cuando todo está alineado, tanto transmitirlo como comprenderlo (aunque sea de una forma inconsciente) es muchísimo más fácil.

A veces olvidamos que somos energía y que, cuando nos comunicamos, lo que más fuerza tiene no son las palabras sino la energía que desprendemos cuando las decimos. Lo que transmite nuestra piel, nuestra mirada, nuestro calor corporal, nuestra respiración y el latido de nuestro corazón. Cuando el límite nace en nosotros, se transmite y se comunica de forma orgánica y entonces, como es algo sobre lo que no tenemos ninguna duda, nos es más fácil ser asertivos y que el otro entienda y respete el límite que acabamos de ponerle.

María, una mamá de un niño de tres años, me vino a ver un día muy preocupada a mi consulta. Estaba harta de que su hijo le pegara, cosa que pasaba frecuentemente, pero no sabía cómo parar la dinámica en la que los dos estaban metidos. «*¿Qué haces tú cuando te pega?*», le pregunté. «*Le digo que no me gusta, que me pongo triste y que no lo haga*». «*¿Y deja de hacerlo?*», «*No. Me sigue pegando*». Parar a un niño de tres años no es muy difícil. Es molesto, sí, y puede incomodar la situación, pero con tres años, podemos pararlos. ¿Por qué entonces esta mamá no lo paraba?

Cuando empezamos a hablar más profundamente de cómo se sentía ella cada vez que su hijo le pegaba, empezó a salir el fondo de la cuestión: en su casa siempre se había sentido ninguneada. De todos sus hermanos, ella era la del rol complaciente que aguanta carros y carretas. De alguna forma, durante su infancia, había integrado que no era merecedora de un buen trato y que su hijo le pegara, en su fuero interno, resonaba como algo «normal». Lloró a mares cuando se dio cuenta de que ella no le ponía límites porque jamás había puesto ninguno a nadie y, antes de afrontar el conflicto de cogerle los brazos para impedirlo y verlo enfadarse más con ella, prefería dejarse pegar. A partir de ahí y no sin esfuerzo y cierta dificultad, María empezó a sentir que ella no merecía que nadie le pegara ni la tratara mal y empezó a quererse un poco más y a serle más fácil poner límites conscientes a su hijo y a los demás.

Un día que mi marido sacó a pasear a nuestra perra, se encontraron con un perro que fue directo a atacar a Skadi. Él intentaba pararlo pero no llevaba ni collar, ni arnés, con lo cual no era fácil conseguirlo. El perro estaba enfurecido y, cada vez que mi marido conseguía apartarlo, él volvía a por Skadi. Cuando me lo contó, agobiado, al llegar a casa, le pregunté asustada: «*¿Y cómo has conseguido que dejara de atacarla y se fuera?*», y me respondió: «*Pues cuando me he repuesto del susto inicial, he sentido tal rabia que me he colocado delante de ella con gesto de "a Skadi no la vuelves a tocar" y creo que se ha dado cuenta y se ha largado*». Claro que se dio cuenta. La energía la notamos las personas, los animales y la tierra entera.

Así que somos energía, no lo olvides, y cuando el límite no nace de nosotros profundamente —sino de un aprendizaje teórico o de una comprensión más racional anclada en ese vacío lleno de inseguridad y de baja autoestima—, costará muchísimo transmitirlo de una forma clara, orgánica y asertiva.

Y aquí llegamos a lo más profundo de este tema y lo que te puede hacer crecer de una forma que jamás habías imaginado: darte cuenta de que cualquier límite que pongas a tu hijo tiene que haber nacido antes en ti, también por y para ti.

Cuando antes te contaba que los límites aseguran la integridad de nuestros hijos, de los demás y de lo que compartimos, me refería a que aquí también entráis tú y tu integridad. Así que ahora vienen preguntas importantes que ojalá respondas con total sinceridad:

- ¿Te respetas?
- ¿Te amas?
- ¿Sabes cuáles son tus líneas rojas?
- ¿Permites que alguien las cruce contigo?
- ¿Sabes comunicarlas a los demás?
- ¿Sabes qué vas a aceptar y qué no aceptarás jamás en la relación con los demás?
- ¿Sabes cuáles son tus límites en la relación de pareja?
- ¿Y cuáles son en la relación con tus padres, hermanos u otros familiares?
- Y con las amistades, ¿sabes poner los límites si lo necesitas?
- ¿Dices «hasta aquí»?
- ¿Te sientes mal cuando lo haces?
- ¿Y con tus hijos o hijas? ¿Lo sientes y lo vives más difícil que con otras personas o al revés?

Solo respondiendo a estas preguntas ya debes de haber sentido cuál es el estado de la cuestión en tu caso. Te animo a que las mantengas en tu mente unos días y las vayas respondiendo sinceramente y sin tapujos, para que las respuestas puedan traer luz en lo que necesitas trabajar y ahondar.

Puede ser doloroso darnos cuenta de que no nos amamos, que no nos respetamos y que no somos para nada coherentes con lo que decimos y lo que hacemos. Es normal sentirnos revueltos e incómodos cuando nos damos cuenta de ello sin intentar tapar lo evidente. Pero hacerlo es el principio del cambio. Hacerlo implica abrir una puerta y traer más conciencia a tu vida para que pueda ir hacia la dirección que tanto anhelas. Hacerlo te ayudará a que cada vez estés más segura, más conectada y sea más fácil y llevadero poner límites, y no solo a tus hijos. Porque lo mereces: respetarte, amarte, tener claros tus límites y transmitirlos de una forma orgánica, serena y asertiva para que los demás puedan respetar tu integridad a todos los niveles.

TUS NECESIDADES

Estabas en el vientre materno y todas tus necesidades estaban cubiertas. Tenías comida que llegaba sin esfuerzo, una temperatura constante, la contención y la protección del útero, el latido constante del corazón de tu madre, su calor, su voz, etc. De algún modo, el vientre materno es el paraíso, la abundancia total, donde se integra, de alguna forma, un *«tengo todo lo que necesito»*.

Pero naciste, y esas necesidades que seguías teniendo tal vez ya no estaban tan garantizadas. Fuiste creciendo y a ratos necesitabas a mamá y no estaba, o estaba pero no todo lo presente y disponible que tú necesitabas. Y entonces, de algún modo, fuiste integrando que no tenías lo que necesitabas.

En edades tempranas, si uno integra que no tiene lo que necesita de una forma inconsciente, integra también que es porque no es merecedor de tenerlo. Que no lo tiene porque no es suficiente como para merecer tenerlo, que le falta algo.

En este momento de tu vida en el que quizás tienes un hijo o más, es importante que prestes atención a tus necesidades. ¿Sabes cuáles son? ¿Las tienes cubiertas? Porque, si no es así, a menudo lo que nos produce es inquietarnos, molestarnos y empujarnos a actuar de una forma totalmente inconsciente e impulsiva en cuanto a los límites se refiere.

Esto es muy común porque, especialmente a las mujeres, nos cuesta horrores comprender que nuestras necesidades son tan válidas como las de cualquier otra persona. Sin darnos cuenta, y poquito a poco, nos vamos dejando para lo último, haciendo invisibles nuestras necesidades de una forma pasmosa, atendiendo siempre a todos y a todo lo demás, machacando un día tras otro eso que tanto necesitamos, sea lo que sea en cada una. Hasta que llega el día del estallido inconsciente final: «*Estoy tan harta de todo, tan agotada, ahogada y cansada de ser invisible y pisoteada (empezando por mí misma) que estallo y reviento*». Ya sabes, esas ganas de desaparecer, de coger un billete a cualquier parte pero solamente con pasaje de ida que tantas madres comentan... ¿Por qué llegamos a esos niveles de agobio?

Cuando eso ocurre (quizás ya te está viniendo a la mente ese día en el que estallaste porque te sentiste como acabo de describir), los que nos rodean se quedan con cara de «*no sé a qué viene esto*», porque es verdad: no hemos dicho nada acerca de qué necesitábamos ni cuándo, no hemos puesto límites ni nos hemos priorizado, y no comprenden a qué viene tanto alboroto de golpe y porrazo.

Viene de que nuestra niña interior, esa que no tuvo sus necesidades cubiertas ya en días remotos, está harta de aguantar tanto, aunque no es ni consciente de lo que aguanta y tampoco sabe cómo hacer para cambiar ese *modus operandi* del «*aguanta lo que puedas, que tus límites y tus necesidades no valen un pepino*».

Está tan harta y cansada que estalla de forma inconsciente, desconectada e impulsiva. Y lo hace con un comportamiento tan desproporcionado que luego nos sentimos otra vez inválidas y culpables porque la única vez que nos hemos levantado a favor del respeto de nuestras necesidades lo hemos hecho tan mal, que la forma ha sepultado el fondo profundo y legítimo que queríamos mostrar. Y otra vez ese pez que se muerde la cola: me siento muy culpable de haber estallado, pido perdón, vuelvo a ser la mujer que aguanta y se desvive por los demás porque, claro, con lo que me pasé el otro día... hasta que, oh sorpresa, al cabo de un tiempo hay otro estallido.

Cuando mi hija mayor tenía unos dos años adoraba comer y cenar sentada en nuestras rodillas. La trona ya no era ese lugar apasionante que le daba independencia y autonomía para comer hacía un tiempo y dejó de interesarle. Era mucho mejor, según ella, comer encima de nosotros porque así tenía nuestro contacto y también podía ir picando de nuestro plato (todo el mundo sabe que lo de los platos de papá y mamá es mil veces más bueno que lo que hay en el propio, aunque haya salido de la misma olla).

Total, que a mí me encanta comer y es, un poco, «mi momento». Saborear la comida, relajarme, alimentarme y cargar pilas de nuevo. Con la niña encima me era realmente difícil comer relajada, porque se movía y la liaba parda un día sí y otro también. Cuando le decía que no, que se quedara en su trona, ella lloraba y protestaba y a mí me sabía mal y me la volvía a poner sobre las rodillas. Esta forma inconsciente de funcionar en esos momentos duró un tiempo, hasta que me di cuenta de que yo en cada comida acababa enfadada: con ella, por hacer lo que hacen los niños de esa edad (cosa que no tenía ningún sentido); y conmigo, por no haber podido comer como yo deseaba.

Curioso: me enfadaba, pero era incapaz de ser consciente de cuál era mi necesidad y dónde estaba mi límite al respecto. Me parecía algo banal: «*Total, ¿qué me cuesta que coma conmigo? No es para tanto*». Pero sí lo era si cada vez yo terminaba enfadada y ella mirándome con cara de «*¿Qué le pasa a mamá? No entiendo nada*». Ese momento en el que estaba en juego mi necesidad y yo no la respetaba, estaba afectando a nuestra relación en un momento importante en el que es básico estar relajados y disfrutar de la comida.

Un día, mi marido (un poco cansado ya de nuestro rifirrafe a la hora de comer) me dijo seriamente: «*Si no te gusta que coma encima de ti, no la dejes hacerlo y ya*». Y tenía razón, era así de simple y básico, pero yo no lo veía porque en el fondo del fondo lo que me impedía hacerlo era que no me sentía merecedora de tener mi momento tranquilo para comer. Esos diez minutos sin ninguna niña encima. Mi creencia inconsciente, de alguna forma, era que una buena madre de verdad aguanta lo que le echen. Y yo quería ser una buena madre. Pero justamente esa creencia chocaba con mi necesidad y, entonces, la realidad era que acababa enfadada y discutiendo con mi hija que, la pobre, no entendía nada. Normal.

Ese día fue como una revelación para mí. Lloré porque me di cuenta de que ese era mi límite pero que no me lo estaba respetando porque creía que no era merecedora de ello y todo eso me hacía ser poco consistente y coherente y estaba liando, sin querer, a mi hija, el ser que más amaba. ¡Qué duro es darte cuenta de que no te amas y de que no te respetas! ¡Qué duro es darte cuenta de que estás actuando de una forma inconsciente, totalmente desconectada de ti! ¡Qué duro es ver a tu niña interior y atenderla como merece!

A partir de ese día le dije a mi hija que podría sentarse encima de mí cuando yo hubiera terminado, pero no durante mi comida, y lo que le dije salió de un lugar tan profundo y tan verdadero que nunca más fue un problema decirle que esperara un momento a que terminara. Cuánto le agradezco que insistiera en venir a mis rodillas, porque eso acabó provocando el conflicto en mí e hizo que me diera cuenta, al fin, del vacío y de las creencias que habitaban en mi interior. Tener hijos e hijas es, sin duda, el mejor regalo de todos.

Por eso, es importante que revises cuáles son tus necesidades que quizás no están siendo cubiertas. Que explores en qué momentos hay conflictos que se repiten una y otra vez porque no estás siendo clara o porque hay una necesidad tuya inconsciente que no estás respetando. Cuando tengas identificadas tus necesidades y las respetes, podrás conectar más con las de los demás (en este caso, las de tus hijos) y te será infinitamente más fácil poner límites: porque tendrán cuerpo, serán consistentes y nacerán EN ti.

«HAS CAMBIADO»

Una de las cosas que ocurren cuando empiezas a respetarte y sentir cuáles son tus límites es que se lo comunicas a la gente con la que te relacionas. Empiezas a decir *«hasta aquí»* a personas y a situaciones, empiezas a contarles qué *sí* y qué *no* va contigo, y empiezas a dar otro valor a tu tiempo y a lo que tú necesitas.

Si eras de las que siempre se desvivía por todo el mundo aunque eso supusiera dejarte para lo último y acabar quemada en muchos sentidos, ahora te escuchas y pisas el freno antes de acabar haciendo lo mismo. Por lo tanto, comunicas: *«Mira, ya no quiero ocuparme de tal cosa»* o *«Tendrás que hacerlo tú porque yo no puedo, lo siento»*, o *«No iremos esta vez»*, etc.

Entonces, podrás observar cómo algunas personas te dirán *«¿Qué te pasa? ¡Has cambiado!»*, que es un comentario certero y genial porque sí, ¡has cambiado!, pero puedes notar que lo que rechina es el tono de voz con que lo dicen. El «has cambiado» como reproche, porque ya no eres esa persona que iba tan bien a todos porque se ocupaba de complacer a *tutti*. La que decía sí aunque ese *sí* supusiera un *no* a ella misma.

Cuando cambias algo tan profundo en ti y empiezas a amarte, puede que tu entorno se remueva. Te ven cambiar y eso les incomoda porque, aunque sea de forma inconsciente, se sienten inseguros. Es normal. En este proceso habrá personas que quizás se irán distanciando, y otras que aparecerán y con las que podrás tejer nuevos vínculos. La vida es movimiento y el cambio es inevitable. Míralo como algo positivo que te acercará cada día más a tu ser, con lo que podrás vivir una vida más plena y auténtica.

Puede que durante el proceso aparezca un sentimiento de culpabilidad, como si estuvieras haciendo algo mal: es que no estás acostumbrada a no complacer a los demás y no encuentras esa validación que tanto te gustaba cuando sí lo hacías. Estás rompiendo con un patrón de conducta que seguías y al que estás totalmente acostumbrada. Estás yendo hacia algo que no te es familiar y, claro, cuesta, pero estás haciendo nuevas conexiones neuronales importantísimas que te llevarán, sin duda, a un presente mejor.

Habrá un tiempo de adaptación para todo el mundo. Para ti, por supuesto, que irás aprendiendo a escucharte, a serte más fiel y a operar desde la certeza de cuáles son tus límites y qué quieres en tu vida y qué no. Pero también los demás tendrán que adaptarse a la nueva «tú» que ha nacido fruto de esta metamorfosis a la que te ha llevado la toma de conciencia sobre los límites.

Tómatelo como algo natural e inevitable, algo que no es ni bueno ni malo, sino que simplemente es la consecuencia natural del espectacular e importantísimo cambio que estás viviendo en tu propio anclaje con el mundo y con tu ser. Acepta esos *«has cambiado»* como si de un piropo se tratara; aunque no en el tono que te gustaría, te están indicando el camino: te estás escuchando y estás recuperando la conexión contigo misma, que ojalá no hubieras perdido nunca.

No pares. Que tú tengas tu anclaje firme y seguro te ayudará muchísimo a la hora de poner límites conscientes y coherentes a tus hijos. El trabajo en ti es inevitable e imprescindible; aunque te dé pereza, recuerda siempre que revertirá de una forma exponencial en el fluir de la crianza y la educación de tus hijas. Que tú crezcas en conciencia es positivo para tu familia y para todos los que te rodean, aunque *a priori* noten que has cambiado y se sientan un poco incómodos ante tu nuevo «yo».

Que seas más auténtica contigo misma ayudará de forma natural y orgánica a que las relaciones que vas a tener con los demás también lo sean. Que el *«has cambiado»* no aminore tu marcha ni te haga dudar. Es un «daño colateral» inevitable que te viene a decir: *«sigue así: no pares, que vas bien»* ;).

Explora

https://www.miriamtirado.com/audios-limites-explora/

Te invito ahora a parar un momento y a conectar con tu cuerpo para ver qué se ha movilizado en ti durante esta lectura. Respira profundamente, y ve conectando con el presente plenamente. Puedes repetir las palabras *ahora y aquí* mientras observas la temperatura del lugar, cómo sientes tu cuerpo o cómo el aire entra y sale de tu interior.

Desde esta presencia plena en el momento presente que te da conectar con tu respiración, te invito a que, con cada exhalación, vayas relajando tu cuerpo. Observa si hay alguna zona que se ha cargado o donde notas tensión o dolor. Si es así, mándale cada inhalación que hagas, visualizando que ese aire va relajando esa zona. Con cada exhalación, suelta tensión y visualiza cómo los tejidos, las membranas, las fascias de esa parte de tu cuerpo en tensión, se van destensando, y te aportan más relajación y una sensación cada vez más agradable, libre de todo dolor. Respira y observa...

Ahora te invito a que, siguiendo en plena conexión con el aire que entra y sale de tu cuerpo, observes tu mente y los pensamientos que quizás vienen o han venido a ti durante la lectura del capítulo. ¿Te has enganchado a ellos? ¿Te llevan a otros lugares y momentos que no son ahora y aquí? Si es así, vuelve a conectar con la inspiración y la expiración. Regresa al momento presente y simplemente observa tu mente, permitiendo que los pensamientos vengan y pasen, como quien ve en una pantalla pasar una película. No te enganches a ellos y, desde esta distancia, siente cómo ganas más paz y más calma. Respira y observa.

Ahora te invito a que respires y pongas tu atención en cómo te sientes. Observa si sientes alguna emoción que antes no sentías y que puede haber aparecido después de leer estas páginas. ¿Qué se ha removido en ti? ¿Ha habido alguna frase que resuena en tu mente? ¿Por qué crees que te ha removido y adónde te ha llevado esta lectura? Quizá se ha activado algún recuerdo o la percepción clara de algo que no te gusta y quieres cambiar. Observa, respira y trata de identificar qué emoción predomina en ti ahora... Hazle espacio, acógela, obsérvala... no te enganches a ella, simplemente, mírala, atiéndela y respira...

Sigue conectando profundamente con tu respiración, sin permitir que las sensaciones de tu cuerpo, las emociones o los pensamientos se te lleven. No eres ni tu cuerpo, ni lo que piensas, ni lo que sientes: lo que viene a ti (emociones, pensamientos...) te da una información valiosa, pero no son tú. Así que no dejes que se te lleven y solamente obsérvalos y respíralos. Sí, se pueden respirar las sensaciones corporales, el dolor, las emociones, y se puede respirar también lo que nos trae la mente... Hazlo y ábrete a lo que sea que esa información pueda llevar a la luz.

Parar y observar nos ayuda a ser conscientes y, a veces, es entonces cuando las cosas se ven claras de verdad. Respira y conecta profundamente contigo ahora y aquí. Recuerda que lo más importante ocurre siempre en este preciso instante, este momento presente que es lo único que tenemos.

Resumiendo

* *Todo nace en ti, los límites también.*
* *Solamente cuando el límite nazca en ti será corpóreo, tendrá estructura y será transmitido de una forma clara y consistente.*
* *Asegúrate de que los límites que pones a tus hijos los cumples tú también. Si no, notarán las fisuras de lo que les dices.*
* *Respetar tus propios límites conecta directamente con el amor propio que te tengas o del que carezcas. Preguntarte «¿me respeto?, ¿me amo?, ¿qué necesito?» es importante para construir límites conscientes también con tus hijos.*
* *Conectar con nuestras necesidades no cubiertas de la infancia nos ayudará a acogernos a nosotros mismos desde el adulto que somos ahora, y eso nos llevará a poder conectar con las necesidades de nuestros hijos.*
* *Recolocar en nosotros límites conscientes es un trabajo de crecimiento personal que a menudo puede chocar o incomodar a los demás, ya que ven que estamos cambiando y que ya no hacemos o aceptamos lo de antes.*

CAPÍTULO 4:
LÍMITES Y ETAPAS

CUÁNDO EMPEZAR A PONER LÍMITES

A menudo me preguntan cuándo hay que empezar a poner límites. *«¿Tengo un bebé de ocho meses y no sé si ya tengo que marcarle los límites o todavía es pronto?»*, me dicen. O *«con mi hija de dos años y medio, no sé si ya debería ser más estricta con los límites...»*. En todos los años que llevo acompañando a familias, me he dado cuenta de que muchas desconocen bastante las etapas evolutivas de los niños y, por lo tanto, qué necesitan en cada una de ellas. En ese caso, es verdaderamente difícil saber qué podemos esperar en cada etapa y cómo acompañar a nuestros hijos.

Voy a intentar ayudarte en eso para que sepas en qué aguas te mueves. Como ya te he contado, hay unos límites que no dependen de lo que hagas o dejes de hacer. Son los límites naturales que están en la vida de tu peque independientemente de las etapas que atraviese. Son límites tales como que no puede llegar al interruptor debido a su altura, o que no puede ver a la abuela si se ha ido de viaje, o que si hay tormenta no puede jugar en el parque, que si es domingo no hay cole por muchas ganas que tenga de ir, etc. Estos límites naturales que le pondrá la vida misma están y estarán siempre de un modo u otro, y aquí lo único que te tocará hacer es acompañar la frustración que esto acarree, ya tenga tu hijo diez meses o diez años.

Con eso podrás conectar perfectamente porque... ¿será que los adultos no nos frustramos y enfadamos a menudo con los límites naturales que nos impone la vida? Pienso en la muerte, por ejemplo, algo inevitable que sabemos que va a llegar a todo el mundo, que es natural y normal desde que el mundo es mundo, pero aun así, nos enfadamos y hablamos de injusticia cada vez que se va un ser querido. O que estés muy cansada y, aun así, tu bebé se despierte y no puedas dormir. Esa sensación de injusticia también es la que debe de sentir un peque (o no tan peque), cuando los límites naturales le impiden hacer, conseguir o tener aquello que desea. Bueno, supongo que es parte del aprendizaje de la vida: aprender que esta tiene sus propias reglas, tiempos y planes, y que en esto —mal nos pese— nosotros no tenemos ni voz ni voto.

¿Qué te parece si ahora nos centramos un poco más en la etapa bebé? ¿Qué pasa con los límites cuando son tan pequeños? ¿Hay que ponerlos ya?

LOS LÍMITES EN LOS BEBÉS

En la etapa de cero a dos años, tu hijo es un bebé en pleno desarrollo y absolutamente inmaduro y dependiente, que necesita contacto casi permanente contigo. Primero desde la etapa de gestación extrauterina (de cero a nueve meses aproximadamente), y luego, poco a poco, alejándose de ti y dándose un poquito más de autonomía. Tienes un bebé con un cerebro en construcción que básicamente está capitaneado por sus necesidades básicas, que se expresa sin filtros y de una forma totalmente emocional. Sus emociones se expresan claramente y sin fisuras para poder comunicarte lo que le ocurre o lo que quiere, a pesar de no tener todavía desarrollado el lenguaje.

Para que la comunicación bebé-adulto sea más fácil y clara, la naturaleza ha hecho que todo aquello que quieran los bebés sea lo que necesitan para estar bien. De esta forma, como es una necesidad, la expresan a las mil maravillas y a los adultos que los acompañamos se nos hace más fácil saber qué les pasa y qué quieren. Todo ser humano, ya de bebé, nace con la capacidad de saber y sentir qué le gusta, qué no y cómo expresarlo. Como ya debes imaginar, la forma en que estos seres pequeñitos expresan lo que les disgusta, desagrada o no necesitan es (además de gesticulaciones y muecas) el llanto. Su función es comunicarnos su malestar y poner de alguna forma límite a ese sufrimiento que están sintiendo. Llorando nos dicen «*Esto que me ocurre ahora no me gusta. Esto que siento ahora no lo quiero. Ayúdame. Haz algo para que vuelva el bienestar a mí*», porque solos, no pueden.

Así de importante es el llanto de un bebé: siente su límite dentro y nos lo transmite. Atendiendo a ese llanto, le comunicamos que nos importa y que merece ser tenido en cuenta. A medida que va creciendo y va adquiriendo más madurez, tiene otras formas también de comunicarnos lo que no le gusta o lo que no quiere: por ejemplo, con el «*no*».

«*Lo primero que ha aprendido a decir nuestro hijo es no*», dicen algunos, sorprendidos de que su niño tenga las cosas tan claras y se manifieste ya con un «no» sonoro con solo un año y medio, por ejemplo. Este aprendizaje es fácil de integrar por dos motivos: Primero, nos lo han escuchado decir muchas veces y han integrado lo que significa y cuándo se usa, y segundo, siguen sintiendo en su interior dónde está su límite (como cuando eran bebés) y nos lo expresan, ahora ya con lenguaje.

Aunque sea a veces pesado atender su llanto o escucharlos decir muchas veces «*no*», son dos herramientas importantísimas que tienen para transmitir a los demás dónde están sus límites. Que los escuchemos, validemos y comprendamos, los ayudará a integrar de forma inconsciente eso que ellos sienten dentro y que es un «no» válido.

De esta forma crecerán manteniendo la escucha de lo que sienten (porque al atenderles les hemos transmitido que lo que sienten es merecedor de ser escuchado) y les será mucho más fácil identificar cuáles son sus límites, qué les gusta y qué no, qué quieren y qué no en sus vidas. Digamos que quedan de alguna forma más «protegidos» de la necesidad de complacer a los demás y ser validados por ellos.

Estas son las consecuencias buenísimas de no ignorar su llanto, de no pasar por encima de sus *no*, sino escucharlos, tenerlos en cuenta, validarlos, comprenderlos y transmitirles que lo que ellos sienten y comunican es válido e importante para nosotros.

Las veces que he visto que hay conflictos en esta etapa es porque los adultos creen que lo que pide su bebé es un capricho o que les está tomando el pelo. En este caso, las creencias de estos adultos (cosas que han escuchado miles de veces especialmente en su infancia y que les han calado muy hondo sin cuestionarse si eso que piensan es verdad o no) chocan con la naturaleza del bebé, con sus necesidades y con su etapa de desarrollo. Y claro, cuando eso pasa, el adulto suele negarle al bebé eso que tanto necesita. Entonces el bebé lo pide con más fuerza aún: conflicto servido, desconexión y sufrimiento para todos.

Cuando los adultos somos conscientes de cuáles son las necesidades de los bebés, de por qué son tan importantes, y a la vez somos conscientes de nuestra dificultad a veces para atenderlas, poco a poco vamos conectando con el bebé que fuimos y también con el bebé que tenemos delante.

Si un bebé pide brazos, no es un capricho o que esté tomando el pelo a nadie, es que NECESITA brazos para sentir contacto y así sentirse más seguro y tranquilo. Si un bebé quiere tocar la planta que hay en el comedor es porque NECESITA explorar el entorno que lo rodea para poder crecer y aprender de él. Si un bebé pide estar en contacto cuando duerme es porque NECESITA estarlo, porque nuestra presencia lo relaja y desde el estado de quietud puede descansar y desarrollarse mejor. Y así un largo etcétera.

Si tenemos claro que sus deseos y sus necesidades coinciden en esta etapa para hacernos la vida más fácil a todos en un momento de muchísima inmadurez en nuestro bebé, no veremos sus demandas como caprichos o algo que debamos moldear o arreglar. Eso sí, si no queremos que toque la planta del comedor, pongámosla en un lugar al que no llegue o donde no pueda verla. De esta forma dirigirá su necesidad de exploración hacia otras cosas y tú no tendrás que agobiarte porque hace algo que no quieres que haga.

AUTONOMÍA Y AUTOESTIMA

En esta etapa lo ideal es procurarles un entorno seguro y fácil. Un espacio adaptado a su edad para evitar tener que llamarles la atención cada dos por tres cuando gatea porque no queremos que toque tal cosa o que abra ese cajón. Adapta tu casa para que sea un lugar *bebé friendly* y los límites sean naturales. Si lo haces, verás que el *«no»* prácticamente no sale de tu boca porque comprendes la etapa en la que está, has adaptado el espacio y sabes que aquello que quiere es lo que necesita, y siempre que te es posible, se lo das. Así pues, haz que el espacio en el que esté tu bebé pueda ser autónomo, que pueda moverse tranquilamente, tocar lo que le plazca porque es seguro y jugar con las cosas que encuentre porque son adecuadas para su edad. Adecua el espacio a su momento.

Te puede dar la impresión que tu preciosa casa de repente parece un espacio rarísimo sin los objetos decorativos que tenías antes de tener a tu retoño, pero, créeme, es temporal. Tu casa volverá a ser la que era, pero durante un tiempo es muchísimo mejor adaptarla a sus necesidades y estar plenamente tranquilos de que el bebé no puede hacerse daño metiéndose algo en la boca que no debe, ni puede poner los dedos en un enchufe, ni te necesita para llegar a las cosas que le interesan. La otra opción es no hacerlo y andar todo el día controlándolo, diciéndole «no», agobiándolo y coartando su necesidad de exploración, y agobiándoos vosotros por estarle tanto encima. Esta opción no os la recomiendo para nada.

Prepararles un espacio adecuado les ayuda a crecer con cierta autonomía. Obviamente, sigue siendo un bebé y te necesita cerca y disponible, sigue siendo vulnerable y dependiente; pero poder tocar, explorar y tener sus necesidades de movimiento y juego libre satisfechas le permitirán desarrollarse desde un lugar de confianza, plenitud y bienestar que, a su vez, revertirán en su autoestima. Todo esto no ocurre a nivel consciente, claro. Pero son cosas que se van sembrando e integrando en una etapa muy sensible y que le reportarán un gran beneficio.

Así, una vez tenemos claras sus necesidades y deseos y hemos adaptado los espacios a su etapa de desarrollo, realmente es un tiempo bastante fácil en cuanto a límites se refiere. Si el bebé se enfada porque hay un límite natural y no le gusta (quiere coger algo a lo que no llega, por ejemplo), podemos atenderlo, validarlo y distraerlo sin mucha dificultad y en poco tiempo vuelve a estar entretenido con otra cosa, y la calma regresa a casa.

Aun así, es una etapa en la que también tendremos que estar muy atentos a nuestro sentir y a cómo vivimos el conflicto de intereses que a veces se produce cuando sus necesidades básicas chocan con las nuestras. Por ejemplo, supongamos que tengo un bebé de tres meses, que es tan demandante de brazos, de teta y de mi presencia 24/7 que me agoto y empiezo a estar agobiada. Ese agobio me desconecta de la necesidad de mi bebé que, al notar mi malestar, se inquieta y me reclama todavía más y de una forma más impaciente e insistente. Entramos en un círculo vicioso. Es algo que quizás has vivido y que recordarás. Yo, sin duda, lo he vivido y es duro cuando sucede. Debemos tener claro que solo cuando nos hacemos conscientes de la dificultad que nos representa sostener su necesidad y sus demandas (quizás porque las nuestras no fueron sostenidas o porque andamos muy cansadas y sin ayuda) podremos acogernos, pedir ayuda o validarnos y, desde ahí, comprender que lo que pide el bebé es absolutamente legítimo, que somos los adultos y que podemos dárselo. Nos recomponemos, nos sostenemos y luego podremos, ahora sí, conectar con su necesidad y satisfacerla, a la vez que le damos la seguridad y el consuelo que necesita al hacerle saber que mamá está bien, que se ocupa de transitar sus retos y que puede estar tranquilo y seguir creciendo a su ritmo.

Escrito así parece coser y cantar, y no lo es. En realidad, es un trabajo difícil, porque estamos yendo a nuestras heridas más primarias: sostener la demanda, sostener el llanto…, mientras el bebé que tenemos delante despierta el bebé que fuimos y al que quizás no le sostuvieron ni sus demandas ni su llanto. Así que, de alguna forma, sentimos que lo que pedíamos no se dio, con lo que integramos que no éramos merecedores de ello. Eso, de forma inconsciente, va penetrando y entonces, cuando somos nosotros los que tenemos que entregarnos, sostener y dar a un bebé que pide exactamente lo mismo que pedimos nosotros y no tuvimos, cuesta horrores.

Dar lo que no te han dado implica un trabajo de crecimiento personal tremendo por dos razones: no tenemos el referente integrado de dar en esas circunstancias y —porque como no lo recibimos— entendimos que no lo merecíamos, así que quedó una herida ahí que sigue, de alguna forma, abierta. Entonces, cuando nuestro bebé nos lo pide, aparece nuestra herida gritando: «*¡Sí, hombre! A mí no se me dio y ¿ahora tengo que dárselo a este mocoso? ¡¿Y lo que yo necesito, qué?!*».

Así que si en esta etapa en la que has apoyar y sostener a un bebé de cero a dos años te ves removida o la consideras difícil en lo que respecta a los límites, pregúntate si lo que estás viviendo es un choque frontal con tus creencias. Revísalas. Es importante que te cuestiones qué es lo que piensas sobre esta etapa, esta edad, para que vaya saliendo esa parte inconsciente que integraste a una edad muy temprana y que ahora te está impidiendo conectar y relacionarte de una forma consciente con tu bebé.

Pero… ¿y cuando llega el momento de que lo que quiere no puede ser? Ah, ¡la pregunta del millón! Entraremos en eso enseguida.

LA HORA DE LA VERDAD

Llega un momento en el que ese bebé crece y cambia poco a poco de fase evolutiva para convertirse en un niño pequeño que sigue deseando cosas como antes, pero con la particularidad de que ahora desea algunas que no necesita. Esta nueva etapa suele llegar, más o menos, a partir de los dos años. Como he dicho antes, cada niño madura a su ritmo y hay veces que vemos este cambio en niños más pequeñitos que con veinte meses ya están entrando de lleno en la nueva etapa; y hay niños que tienen dos años y medio y todavía no hay ni rastro de la nueva fase.

Lo importante es que llega, y en ese momento nuestro hijo se sumerge de lleno en la llamada etapa egocéntrica que podemos resumir con un «yo, mío, solo». De repente, ese bebé que nos reía todas las gracias, empieza a darse cuenta de que es otro ser y se siente el centro del Universo. Se ha desfusionado de mamá. Ya no son dos seres que casi sienten y viven lo mismo, sino que la simbiosis ha terminado y han dejado de ser, de alguna forma, vasos comunicantes. La mamá ahora empieza a sentirse de nuevo como antes de estar embarazada (o casi), y el hijo empieza a autoafirmarse como el ser que es.

«Me he dado cuenta de que soy una persona y que puedo decidir» es lo que a lo mejor nos diría el niño o la niña si fuera realmente consciente del cambio que está ocurriendo en esta etapa. Por eso mucha gente la llama la *aDOSlescencia*, porque existe esta necesidad de reivindicarse, de manifestar que tienen una opinión, la suya, generalmente opuesta a la nuestra. Salvando las distancias (que hay muchas entre una etapa y otra), en nuestro hijo ha despertado el ser que es y quiere hacérnoslo saber, ¡no vaya a ser que nos pensemos que es nuestro títere!

¿Te has preguntado por qué a esta etapa mucha gente la llama *«los terribles dos»*? Porque después de convivir dos años con ese bebé que más o menos nos decía amén a todo y cuya presencia nos llenaba muchos vacíos, va la vida, nos desfusiona y le da fuerza al bebé para reivindicar su modo de ver el mundo como si nos dijera: «*¿O te creías que yo era tuyo?*».

Y es justamente en esta etapa cuando empieza, de verdad, el reto en cuanto a límites se refiere, porque, como se sienten el centro del Universo, piensan que todo aquello que quieren, puede ser. No solo por eso, sino porque, además, hasta ahora, siempre ha sido así. Como sus necesidades y deseos eran lo mismo, ahora creen que sigue siendo así y nos lo reclaman y exigen de la misma forma que antes, de bebés, nos exigían y pedían necesidades básicas. Cuando resulta que eso que quieren no puede ser, se frustran, se enfadan, y lo expresan. «*¿Cómo osas no darme lo que quiero si antes me lo dabas?*», deben de preguntarse, y es comprensible. ¡Qué difícil tiene que ser ser pequeño, sentir tantas cosas y tan intensamente!

En esta fase suelen aparecer las rabietas fruto de la inmadurez, de no comprender por qué lo que quieren no puede ser y de la facilidad que tienen a esa edad de desbordarse emocionalmente. Para que veas de una forma más clara la diferencia: cuando era un bebé, lo vestías cuando querías salir y, aunque en algún momento no colaborara mucho, era relativamente fácil. Con dos, tres o cuatro años, si tu hijo se empeña en que no quiere vestirse, la cosa se complica y no poco ;)

El verdadero trabajo alrededor de los límites empieza ahora. No solamente se tratará de seguir procurando un entorno seguro donde pueda desarrollarse. Ahora tocará también establecer cuáles son los límites que tenemos que transmitirle y mantener una rutina que le facilite la comprensión de estos: higiene, sueño, comida, pero también respeto hacia uno mismo y los demás, y hacia todo aquello que compartimos.

No es tarea fácil, ya que a esta edad, debido a su inmadurez, los límites le son difíciles de comprender porque le parecen absolutamente carentes de importancia. A un niño de tres años le trae sin cuidado lavarse o no los dientes, puede ir siempre en pijama o ir directamente en pelotas, y da rienda suelta a sus impulsos en caso de desborde emocional, por dar algunos ejemplos. Poner límites cuando la otra persona habla tu mismo lenguaje a todos los niveles es más o menos fácil. Ponerlos cuando parece que estás hablando con un extraterrestre que no comprende por qué eso en lo que tanto te empeñas es tan importante, ya es otro cantar. Pero no te preocupes. Estoy aquí para ayudarte a que cada vez lo comprendas más y sea un poco más fácil. Y ojo, que ahora no quiero que te caigas de culo, pero la etapa, digamos, «extraterrestre» suele durar hasta los seis o siete años, dependiendo de los peques. Sí, es un periodo largo, lo sé. Pero para que sean los adultos que han venido a ser, en la fase egocéntrica necesitan individualizarse y sentir con muchísima fuerza que lo que quieren y sienten es lo más importante del mundo. Si no fuera así, luego perderían su voz… Permitirles vivir esta etapa sin tomárnosla como algo personal —como pensar que nos retan o que quieren hacernos la vida difícil— nos ayudará a transmitirles que podemos sostenerlos, que es normal lo que viven y que estamos aquí para ayudarles a transitarlo.

LA ETAPA TRANQUILA

La vida es sabia y para que no tires la toalla y puedas seguir criando y educando (que esto es como la Ultratrail del Montblanc, que no se acaba nunca), después de una etapa *hardcore*, el cerebro de tu hijo se vuelve algo más parecido al tuyo y, de repente, cuando tu criatura tiene entre siete y diez u once años, llega una etapa bastante tranquila en cuanto a crianza y a límites. Después de haber sido consistentes un día tras otro durante toda la primera infancia con lo que era importante de verdad (unos límites de integridad que le procuraran una vida segura y sana para su desarrollo), vemos que ya no tenemos que repetirle mil trescientas veces que se lave los dientes, o que tiene que ir atado en la sillita del coche, por ejemplo. Vemos que ha ganado en independencia y autonomía y que hay muchas cosas que teníamos que decir y repetir en la primera infancia que ahora ya tiene integradas y hace de una forma natural y orgánica. Para eso sirven la paciencia y la repetición ;)

Los grandes límites y más importantes ya han sido establecidos. A algunos niños, el tema del autocontrol les cuesta mucho en momentos de desborde emocional y puntualmente todavía se les puede escapar una patada o un impulso de este tipo; pero, en general, la gran mayoría de los niños a esta edad ya no se expresan tanto con reacciones físicas y han dejado de pegar, patalear, etc. Con los niños a los que les cueste, tendremos que seguir siendo muy claros y consistentes e ir trabajando el tema del autocontrol; aunque lo cierto es que se trata de casos puntuales y que a partir de los siete años la gran mayoría suelen llevar bien este límite.

Por eso es tan importante haber sido conscientes, coherentes y consistentes con los límites durante la primera infancia: para que en la siguiente ya estén claros e integrados de una forma natural y orgánica. Si ha habido arbitrariedad o mucho conflicto a la hora de transmitirlos y de cumplirlos, es posible que esta etapa que viene ahora, después de la fase egocéntrica, no sea tan tranquila como explico, pero no pasa nada: toca seguir trabajando en ello. Cada niño tiene su ritmo y su tempo. Revisemos qué ha pasado, analicémonos también a nosotros y hagamos los cambios que tengamos que hacer. Si aun así nos sentimos muy huérfanos y sin herramientas, busquemos ayuda profesional.

En esta etapa que nos ocupa, los niños y niñas pasan del «yo, yo, yo» al «nosotros». Ahora que ya se sienten individuos más independientes, más seguros y más autónomos, pueden pasar a la siguiente etapa: la de relacionarse de una forma más clara, gozosa y madura con sus iguales. Empezarán a negociar con ellos y también con nosotros (más adelante te hablaré de la negociación), pero, a grandes rasgos, tiende a ser una etapa más o menos tranquila si la comparamos con la etapa anterior, cuando las criaturas lo querían todo para ellos, ya, y con exigencias. La vida es sabia y te da un respiro antes de que llegue la próximas etapas de revolución emocional: la preadolescencia y la adolescencia.

LA PREADOLESCENCIA Y LA ADOLESCENCIA

En la preadolescencia, que algunos aseguran que cada vez llega antes, se empieza a intuir lo que luego será la adolescencia. La preadolescencia es la fase previa, como dice su nombre, a la adolescencia, y esta es la etapa comprendida entre el momento en que empieza la pubertad hasta los dieciocho años más o menos. Resumiendo, algo que ya viviste hace años en la primera infancia y que es importantísimo y necesario, vuelve otra vez y con fuerza: la necesidad de tu hijo de separarse de ti para reivindicarse y encontrarse, de verdad, consigo mismo. Es un momento intenso para ellos pero también para nosotros, muy similar al que hemos vivido (salvando las distancias) en la desfusión emocional producida a los dos años de nuestro hijo, más o menos.

En la preadolescencia ya no son tan niños pero tampoco se sienten mayores del todo y esto, a ratos, es inquietante. Pero en la adolescencia empiezan tantos cambios, que los abruman a ellos y, a menudo, también a nosotros. Hay cambios de toda índole, especialmente en el terreno físico y esto no siempre les es fácil de sostener y comprender. El niño o la niña que tenemos delante y que conocemos tan bien, de repente empieza a cambiar, poco a poco, y a veces sin ni siquiera darnos cuenta. De repente, nos preguntamos: «*¿Quién es este que vive con nosotros? ¿Desde cuándo viste así o le gusta tal cosa? ¿Cuándo ha empezado a hablar tan raro que casi no le entiendo?...*». Será más o menos fácil para nosotros dependiendo de lo apegados que estemos a una idea fija de quién es nuestro hijo y, especialmente, dependiendo del miedo que nos dé que se distancie de nosotros, algo absolutamente normal y natural y que no implica ni desvincularnos ni que no nos ame. Lo llevaremos mejor o peor dependiendo de lo que hayamos sembrado en todos los años anteriores en cuanto a límites y valores, y de cómo sea la base de nuestra relación.

Pero también dependerá de las creencias que tengamos al respecto de la preadolescencia y la adolescencia. De si ya nos daba miedo antes de llegar a ella, o de los recuerdos que tengamos de cómo la vivimos. De si la sufrimos porque nuestros padres intentaban controlarnos y no les parecía bien nada de lo que hacíamos, o si la pudimos gozar juntos sabiéndonos en todo momento acompañados por ellos, aunque fuera en la distancia.

Los límites deberán irse adaptando a la edad y a las necesidades de nuestros hijos en esta nueva etapa, y deberemos ser lo suficientemente flexibles y conscientes para darnos cuenta de qué hay que retocar y de qué forma. Es una etapa en la que deberemos estar muchísimo en nuestro centro, no reaccionar con sus vaivenes emocionales y hormonales, y mantenernos anclados en el aquí y el ahora. Desde nuestra presencia plena, cuando nos relacionemos con ellos podremos conectar mejor con lo que nos piden, con lo que necesitan ellos y nosotros y encontrar, así, un equilibrio que nos permita atravesar a todos esta etapa sin sufrimiento.

Aquí tendrás que revisar tus ansias de control, ya que, después de haber sentido que más o menos lo tenías durante toda su infancia, llega una nueva fase donde el control es lo que menos necesita de ti y lo que más os desconecta. Tendrás que soltar y, a la vez, seguir siendo consistente en los límites que hayáis decidido que son no negociables. Se trata de conseguir flexibilidad y, a la vez, consistencia y claridad.

Y habrá momentos de todo en todos los aspectos: en los límites, en vuestra relación, en el conflicto…, pero podréis atravesarlo siempre que veas esta nueva etapa como un nuevo impulso a tu crecimiento personal y también a vuestra relación. La adolescencia es removida para todos, no mala. ¿Cómo va a ser mala una etapa normal y natural del desarrollo de un individuo? Al contrario, significa que está en el punto en el que debe estar y tú solo necesitas centrarte en el tuyo, en tu ancla: tu ahora y aquí, que encontrarás siempre que acudas a tu respiración.

Una vez superéis esta etapa, *freedom is coming* ;) Aquí ya puedes soltar del todo y darte unas palmaditas en la espalda: tu hijo o hija ya es un joven con su propia vida y su propia relación con los límites. Lo has hecho tan bien como has podido y sabido en cada momento. Respira hondo y disfruta de la satisfacción de haber acompañado a otro ser humano en su camino de vida. Ahora, déjalo volar y disfruta de la huella que deje en el cielo cuando emprenda el vuelo.

Explora

https://www.miriamtirado.com/audios-limites-explora/

Antes de seguir avanzando, hagamos un alto en el camino. Respira conscientemente un instante, sintiendo cómo el aire entra y sale de tu cuerpo lentamente. Observa tu respiración y ve entrando en contacto con tu cuerpo. Escúchalo para que pueda darte información que de otra forma pasaría desapercibida... Observa cómo el aire entra y sale de tu cuerpo y, con cada exhalación, intenta relajarlo, poniendo atención en si alguna zona te llama más la atención que otra. Observa y respira.

Respira profundamente y ahora centra tu atención en tu mente y la actividad que ha habido en ella tanto durante la lectura del capítulo como ahora. Si se han despertado cosas de tu infancia, frases, creencias..., respíralas y obsérvalas para que puedas descifrar la información que te traen. Quizás lo que ha venido a tu mente son recuerdos de esta etapa vivida con tus hijos o hijas: cuando empezaron a llevarte la contraria, cuando empezaron con las rabietas... Observa lo que te cuenta la mente, pero sin engancharte a ella, como si vieras una película, aunque sin entrar dentro de la pantalla. Respira profundamente y siente qué hay de esa etapa que tal vez no está colocado en un lugar consciente y asertivo.

Después de conectar con tu mente, y todavía en conexión con la respiración que nos ayuda a estar profundamente en el ahora y aquí, te animo a observar si hay alguna emoción que se ha despertado al hablar de la etapa bebé, por ejemplo. Todos hemos sido bebés y hemos transitado, como hemos podido, esta etapa tan frágil de la vida que nos conecta con la vulnerabilidad. ¿Hay algo que se haya despertado en ti? Si es así, respíralo lentamente y obsérvalo. Hay cosas que nuestro inconsciente esconde para no sufrir, pero el hecho de que estén ahí nos impide acabar de vivir una vida plena. Hacer conscientes esas partes de dolor que están escondidas en nosotros nos ayudará a ir despojándonos de heridas que necesitan ser vistas, atendidas y sanadas. Y así, poco a poco, podremos ir viviendo una vida más libre.

Sea cual sea la emoción —o emociones— que se hayan despertado en ti, recuerda que todas son válidas y que están aquí para ayudarte, no para hacerte el camino más difícil. Son como las olas del mar, que vienen y van, y que si les puedes dar el espacio que necesitan, pueden convertirse en tus amigas, que te ayudarán a comprenderte mejor y a sanar esas partes de ti que todavía tienen cicatrices abiertas. Obsérvalas, identifícalas, atiéndelas y abrázalas.

Respira profundamente, acepta todo lo que ha venido a ti durante la lectura y ve soltándolo poco a poco. Inhala paz y presencia en este ahora y aquí y, al exhalar, visualiza cómo al salir el aire también sale la incomodidad o las sensaciones que te desconectan de ti misma. Con cada respiración te vas sintiendo cada vez mejor, con más serenidad, más calma y más conciencia. Respira y siente la fuerza de este ahora y aquí, siguiendo en este camino de despertar gracias a los límites.

Resumiendo

- *De los cero a los dos años el deseo y la necesidad de un bebé son lo mismo.*
- *Esto nos facilita la vida a madres y padres en una etapa en la que nuestros hijos no se pueden expresar con palabras.*
- *Atender sus deseos/necesidades es básico y les transmite que nos importan y que son merecedores de ser tenidos en cuenta.*
- *Hay unos límites que son naturales e inherentes a la vida y con los que tendrán que lidiar siempre.*
- *Adecúa el espacio en el que vivís para que los límites sean naturales y tu bebé esté seguro con sus necesidades cubiertas. De esta forma, podrá desarrollarse con cierta autonomía y no tendrás que decir «no» a cada rato.*
- *Ellos mismos tienen sus herramientas para comunicarnos cuáles son sus límites: el llanto y más adelante el «no», ya sea con palabras, ya sea con el lenguaje corporal.*
- *A partir de los dos años aproximadamente se acaba la fusión emocional bebé-mamá y el niño entra en la fase egocéntrica.*
- *El niño empieza a querer cosas que no necesita y comienza la etapa en la que debemos empezar a establecer límites.*
- *Los límites a menudo frustran y enfadan a los niños, que no entienden por qué son tan importantes para nosotros. Comprender que es normal y que son pequeños aún nos ayudará a conectar con su sentir y a acompañarlos.*
- *Superada la fase egocéntrica, vendrá una etapa más tranquila en la que ya comprenden nuestra lógica adulta y nos es más fácil dialogar con ellos y podemos empezar a negociar.*
- *En la preadolescencia y en la adolescencia, deberán separarse de nosotros para poder encontrarse y autoafirmarse en el individuo que son. Confía en el acompañamiento dado hasta el momento y trata de soltar el control, de forma que transmitas flexibilidad en lo negociable y consistencia en lo no negociable.*

CAPÍTULO 5:
CUÁNTOS Y CUÁLES

CUÁNTOS LÍMITES Y CUÁLES

Si tuviera que resumirlo en una frase diría que tantos como sean necesarios para garantizar la seguridad, la integridad y el buen desarrollo de tu hijo o hija en cada etapa. Dicho así suena muy vago, pueden parecer muchos, y estoy segura de que quieres más chicha y más concreción, ¿verdad? Te la daré, pero siempre ten en cuenta la primera frase, porque cuando tengas dudas de si x, y o z es un límite o no, pregúntate si el hecho de que no esté puede poner a tu hijo en riesgo o impedirle un buen desarrollo a su edad.

Basándonos en esto, los límites tienen que ver con las cosas importantes de la vida, que son las siguientes:

- Respeto
- Descanso
- Higiene
- Alimentación
- Uso de pantallas

Si no hay respeto hacia uno mismo, podemos ponernos en peligro de mil formas. Si no hay respeto hacia los demás, peligra su integridad.

Si no hay un buen descanso y suficientes horas de sueño, puede no haber un buen desarrollo. Lo mismo pasa con la higiene, con la alimentación o con el buen uso de las pantallas, especialmente en los tiempos que corren, ya que sabemos que estas pueden afectar a la vista, el cerebro, la capacidad de atención, etc.

Con límites conscientes y claros en estos temas cruciales en el crecimiento de un niño, podemos decir que el día de mañana casi seguro que será capaz de llevar una vida donde no peligre su integridad ni tampoco la de los demás. Una vida en la que pueda vivir y desarrollar su máximo potencial con autonomía e independencia.

De hecho, creo que esta es la misión de los padres: no que nuestras hijas sean felices o consigan un buen trabajo, sino poner las condiciones básicas en cada etapa para que vayan integrando cómo ocuparse de sí mismos para poder desarrollarse y convertirse en lo que han venido a ser. Para que consigan andar su propio camino libres, con una buena base sobre la que crecer y transformarse en adultos conscientes. Aquí no entran ni nuestras expectativas ni nuestras proyecciones. Mentalicémonos de que ellos van a andar su camino, sea el que sea, y que nuestro trabajo es garantizar que sabrán cuidar de sí mismos respetándose, respetando a los demás y respetando lo que compartimos. Estamos a su lado para procurarles un entorno seguro en el que se puedan desarrollar plenamente. Y para que sea seguro, tenemos que explicarles qué sí y qué no.

Si miras la lista anterior no es demasiado larga, ¿verdad? Así que límites no hay muchos, aunque los que hay son importantísimos y esenciales. No es en vano que sean pocos: si fueran muchos entrarían en choque frontal con la naturaleza de la infancia, especialmente en la fase egocéntrica, que es una etapa en la que el niño quiere tomar todas las decisiones, y el peque no lo podría tolerar.

Cuando los límites no son conscientes y están basados en la crianza tradicional, que suele poner excesivos «noes» y de una forma muy arbitraria, habitualmente el niño tiende a saltárselos porque no puede sostener tanto límite en una etapa de su vida en la que necesita mucha autonomía y sensación de libertad. Por eso, ten claro que los límites son pocos. Eso sí, los pocos que hay, están escritos en piedra. Voy a poner algunos ejemplos para que veas cómo te propongo descifrar qué es un límite y qué no.

Estáis en casa de un amigo y tu hijo está jugando felizmente. Le dices que tenéis que iros pero él no quiere porque se lo está pasando muy bien. ¿Tienes que plantarte y marcharos, o no? ¿Tienes que poner el límite claro y hacerlo cumplir, o puedes ser más flexible? Si ya has apurado antes de decirle que os tenéis que ir y el hecho de que cedas un poco afectará a su hora de cenar y de acostarse, es un límite. Ya habéis estado el rato que crees que podíais quedaros, así que —como cenar y acostarse más tarde afecta directamente a sus necesidades básicas y a su bienestar y buen desarrollo— es necesario poner el límite e iros. Puedes avisarle antes diciéndole que en cinco minutos os vais, pero cuando llegue la hora límite tenéis que iros sí o sí. Exacto, aunque proteste. Porque, en este caso, no hacerlo afectará directamente a su bienestar y a su integridad, y tendrá efecto sobre su alimentación, su descanso, su buen humor, etc.

Supongamos ahora que es el momento de ir al cole y antes de salir de casa le quieres poner la chaqueta, pero él prefiere la sudadera. Quiere elegir su propia ropa y no deja que le pongas lo que tú creías que tenía que llevar. ¿Hay que poner un límite? Pregúntate: ¿llevar sudadera afecta de alguna forma a su buen o mal desarrollo? Seguramente no, es solo un tema de preferencias o estético. En este caso, esto no es un límite y te recomiendo dejarle poner la sudadera en vez de la chaqueta. ¿Qué más da? Elegirse ellos mismos la ropa les gusta porque es una forma de expresarse a través de ella: qué les gusta, qué no, cómo combinan los colores, las prendas, etc. En esta circunstancia solo se trataría de un límite en el caso de que quisiera salir sin sudadera ni chaqueta y con manga corta en invierno en un pueblo a -2 grados, porque esto sí puede tener efectos en su salud y en su bienestar físico.

Más ejemplos. Hay crema de verduras para cenar y tu hijo te dice que no quiere, que no le gusta. Aquí muchas personas se ponen nerviosas porque creen que si ceden a su petición de no comer crema hoy, no querrá nunca más, crecerá mal alimentado y además se saldrá con la suya. Mi recomendación es que solamente entre en tu casa comida sana. Si es así, puedes ofrecerle dos opciones para que elija: la crema que ya has preparado y algo que ya tengas hecho en la nevera del día anterior o de la comida anterior. No te recomiendo que te pongas a preparar algo a propósito porque no quiere crema, pero sí dejarle elegir entre dos opciones que ya tienes. Si se lo ofreces, no desde el enfado porque no ha querido comerse lo que tú tenías pensado, sino desde la convicción de que no pasa nada y que ya lo comerá otro día, es más fácil que no aparezca ningún conflicto y tu hijo acabe comiendo comida sana igualmente, que es nuestro objetivo: que se alimente de forma saludable. En este sentido, esto es lo que tienes que garantizar, y la mejor manera de conseguirlo es comprando y cocinando solo comida saludable. Y para que veas la diferencia…

Estáis en un restaurante y ya ha comido un postre dulce como algo excepcional. Cuando termina, te dice que quiere más. ¿Hay que poner un límite aquí? A mi modo de ver, sí, porque comer dulces en exceso puede afectar a su bienestar físico provocándole dolor de barriga, malestar o irritabilidad. Así que aquí tocaría decir que entiendes que le guste mucho lo que acaba de comer, pero que no puede repetir; y sostener su enfado y su frustración por no poder tener lo que desea y que su cuerpo no necesita para nada.

Así que, cada vez que tengas dudas sobre si en un determinado momento hay que poner un límite o no, pregúntate si eso tiene efectos en su bienestar y en su integridad. Si los tiene, se trata de un límite. Irás viendo que estas ocasiones no son muchas, porque ya has visto que la lista es corta. Las listas que a veces se hacen muy largas en algunas casas son las de las «normas».

CUÁNTAS NORMAS

En cuanto a las normas, mi recomendación es que sean pocas. Ya sabes que las normas están escritas en arena y, por lo tanto, son más aleatorias y dependen de cada casa, de cada país o incluso de cada cultura. Hay normas familiares, normas sociales, normas culturales... Si quieres que tu hijo sea capaz de cumplirlas, procura poner pocas, y confía en que —a medida que vaya creciendo— irá comprendiendo otras normas y las podrá incorporar sin problema.

Si a un niño de cuatro años le dices que deje todas las cosas en su sitio, que no entre con zapatos en casa, que no se ensucie, que recoja su plato, que deje la ropa sucia en el cubo pertinente, que no deje la pasta de dientes abierta, que no salte en el sofá, que no interrumpa, que no toque la planta del comedor, que... y todo son normas que debe cumplir, es muy probable que no pueda integrarlas todas. Porque tanta norma, aparte de que le abruman y le agobian, le impiden ser el niño de cuatro años que es con las particularidades que se tiene a esa edad: necesidad de exploración, impulsividad, inmadurez, presencia en el ahora y aquí, dificultad para anticiparse y ver por qué es importante ordenar, recoger, etc.

Te agobiarás tú al atosigarle y se agobiará él al escucharte. ¿No conoces a nadie que haga eso? ¿Que todo lo que dice es una norma que su hijo debe cumplir? ¿O esto que te acabo de contar te ha resultado familiar porque lo has vivido en primera persona? ¿Porque eras tú al que le ponían quinientas normas al día que tenía que cumplir, mientras te transmitían esa sensación de que no hacías nada bien?

Cualquier persona (tenga la edad que tenga) a la que le hagan seguir un excesivo número de normas se acaba agobiando. Cualquier persona (tenga la edad que tenga) a quien le están todo el día encima se acaba agobiando. Y es normal, porque tanta norma impide el normal fluir de las cosas y especialmente la conexión en la relación madres/padres e hijos/hijas.

Mi recomendación es que seas consciente de la edad que tiene tu hijo y valores en qué punto está de su desarrollo. Entonces podrás valorar cuántas normas podéis tener en casa y cuántas son ya excesivas y no podrá cumplirlas. Si las normas se deciden de manera consciente y se transmiten de igual forma, será más fácil que vuestro hijo las cumpla y tengáis más armonía en casa. Si os pasáis, el conflicto estará servido día sí y día también.

Con un niño de dos años te diría que te centraras en los límites y poco más. Si tiene cuatro años puedes tener algunas normas en casa y es posible que las vaya asimilando y haciéndolas suyas. A veces se las aprenden al dedillo y son ellos los que amonestan a los padres cuando estos se las saltan. A medida que vayan creciendo ya irás estableciendo nuevas normas que puedan cumplir: recoger el plato de la mesa, ayudar en ciertas tareas en casa, etc.

Que las puedan cumplir por edad y madurez no significa que les encante cumplirlas o que no protesten. Pero este tema ya lo abordaremos más adelante. Sea como sea, quédate con la idea de que las normas han de ser pocas y, a medida que vayan creciendo ya iremos hablando de ellas, negociando y dialogando para llegar siempre a un buen entendimiento en nuestra relación. Luego te lo cuento, pero antes, lo más importante de todo...

NUESTRO EJEMPLO

Aparte de reflexionar sobre cuántos límites y normas transmitimos a nuestros hijos, también es interesante hacer el mismo ejercicio en nosotros. Porque ya sabes que si lo que decimos no está en sintonía con lo que hacemos, nuestros hijos lo notarán y verán que nuestros límites tienen fisuras. Esto no nos conviene ni a nosotros ni a ellos, así que apliquémonos el cuento.

Recuerda la lista anterior y haz el repaso de qué tal te llevas con esos límites.

- ¿Te respetas y respetas a los demás?
- ¿Descansas lo que necesitas?
- ¿Cuidas de tu cuerpo?
- ¿Cuidas tu alimentación y comes lo que tu cuerpo necesita?
- ¿Qué tal vas de enganche con las pantallas?

Hacer este repaso te puede venir bien para darte cuenta de qué cosas necesitas mejorar a nivel personal ahora que estás intentando poner límites conscientes a otros. Yo, cada vez que reviso los límites que pongo a mis hijas y hago este ejercicio para ver dónde flaquean los míos, siento un poco de vergüenza. Porque en algunas cosas y a rachas no llego al cinco pelado. A veces, no descanso lo que necesito ni duermo las horas que mi cuerpo me pide. A veces, paso demasiado tiempo con el móvil y me cuesta marcarme límites y un horario consciente que cumplir. A veces, no me cuido lo que necesitaría o me gustaría..., y darme cuenta de ello me ayuda, de vez en cuando, a volver al centro, revisarme y pasar a la acción.

No podemos dejar todo esto en un plano teórico solamente lamentándonos que a rachas o épocas no podemos cuidarnos como necesitaríamos, sino que se trata de, poco a poco, ir pasando a la acción. La toma de conciencia sin una acción posterior no sirve de mucho, la verdad, y una se queda anclada en el «*debería hacer...*» y en una especie de victimismo que no ayuda a dar pasos hacia delante.

Así es que te recomiendo que revises tu lista particular para que te des cuenta de qué cosas es necesario revisar o reestructurar y de qué manera vas a pasar a la acción para mejorarlas. Cómo te vas a cuidar. Qué vas a hacer para dormir más y mejor. Qué puedes hacer para garantizar que cada día comerás comida saludable. Qué puedes hacer para darte, cada día, lo que necesitas para vibrar alto y estar bien.

Todo empieza en uno mismo. Asegúrate de estar cumpliendo todos los límites que quieras que tus hijos integren, para que no tengas que hacer grandes esfuerzos para transmitirlos y que, con tu presencia y ejemplo, vayan calando día a día, momento a momento. Esta es la manera más natural, más orgánica y más fácil de conseguir que los límites y los valores que queremos transmitir a nuestros hijos lleguen a lo más hondo y formen parte de ellos mismos. Eso requerirá, obviamente, de tiempo y de mucha paciencia, porque ellos están creciendo, pero antes de poner el empeño en conseguir hagan A o B, pongamos atención en si nosotros tenemos el mismo empeño.

Recuerdo a la mamá de un niño de diez años que estaba muy preocupada porque su hijo no leía. *«Es que no lee nunca»*, me decía, *«¿cómo va a aprender cosas del mundo si no lee? ¿Cómo va a aprender nuevo vocabulario si no coge nunca un libro?»*. Cuando le pregunté si ella leía, porque por sus palabras parecía que era una ávida lectora, me dijo que no, que le había gustado mucho en su infancia y adolescencia pero que hacía muchos años que había dejado el placer de la lectura. *«¿Y leéis juntos por la noche?»* *«Uy, no, cuando aprendió a leer solo ya dejamos lo del cuento antes de acostarse»*. Ese niño de diez años no veía nunca leer a su madre y tampoco gozaba de un rato de lectura juntos desde hacía muchísimo tiempo. No había integrado en absoluto que leer era importante, porque no era lo que se le había transmitido en casa. Tampoco había sentido que pudiera ser un momento de gozo, conexión o disfrute, porque en casa no existían momentos así en relación con la lectura.

Con esto no quiero decir que un niño no pueda leer aunque sus padres no lean, claro que no. Ni que el hecho de que no lea sea responsabilidad de sus progenitores. Digo que, si queremos transmitirles el placer de la lectura y este no nace de él mismo espontáneamente, tendremos más posibilidades de que integre que eso es cierto si al lo menos nos ve leer y disfrutar a nosotros. Eso puede que despierte su curiosidad e interés y, gracias a estos, tal vez empezará a leer. Es infinitamente mejor esto que estar encima de nuestro hijo forzándolo a leer o diciéndole que nos decepciona cuando no lo hace.

Curiosamente, es muy habitual que los límites que más nos cuesta cumplir a los padres sean también los que más les cuesta cumplir a los hijos. Esta parte no mola mucho: darnos cuenta de que en aquello que no somos consistentes es probable que nuestros hijos tampoco lo sean. Nos acecha la responsabilidad y, por qué no decirlo, también la culpa. Bueno, no se trata de machacarse, somos humanos y hacemos lo que podemos tan bien como sabemos. La realidad es que transitar el camino de una vida consciente, también en cuanto a límites se refiere, requiere de humildad, sinceridad con una misma y de mucha compasión.

Desde ahí veremos en qué y dónde hacemos aguas y podremos empezar a ser conscientes para ir cambiando las cosas. Sin este ejercicio —que implica desnudarnos y quedarnos un poco en cueros— será un trabajo hecho a medias. Pero, si en alguna cosa tenemos que revisarnos, es en el tema del respeto. Es curioso que la crianza tradicional apele tanto al respeto y, a la vez, respete tan poco las necesidades de la infancia. Justo porque somos hijos de la crianza tradicional, el límite-valor del respeto es algo que debemos cuestionarnos de cabo a rabo. Odiamos no sentirnos respetados por nuestros hijos pero, a la vez, somos los primeros que les faltamos al respeto resoplando, invalidando su sentir u obligándoles a hacer cosas que por madurez son incapaces de comprender, por poner solo algunos ejemplos.

Todos aquellos valores que queramos que nuestros hijos integren en su vida… asegurémonos que los estamos llevando a la práctica. Asegurémonos de respetarnos a nosotros mismos para así transmitirles lo muy importante que es que se respeten también. Asegurémonos de hablarles siempre con un buen tono de voz, considerando sus necesidades, sus etapas, su madurez. Asegurémonos de transmitirles que los respetamos porque nos importan: nos importan sus sentimientos y su forma de ver el mundo, que es distinta a la nuestra.

En esto, en general, vamos un poco cojos, y luego les exigimos respeto, algo que no han visto ni integrado en nuestras acciones. Es normal, a nosotros tampoco nos respetaron y cuando nuestro cerebro busca en su base de datos cómo tratar a la infancia en momentos de tensión o conflicto, es fácil que saque referentes de faltas de respeto, porque es lo que hemos vivido en nuestras infancias. Nosotros y millones de personas más ahora y durante siglos.

Duele y es triste sabernos víctimas y a la vez verdugos, especialmente porque lo somos con las personas a las que más amamos... Pero es necesario dejar de poner excusas o mirar hacia otro lado y empezar a despertar. Sí, hemos vivido en un paradigma de crianza en el que las faltas de respeto a la infancia eran muy habituales, pero ahora somos los adultos y, a pesar de que a ratos nos parezca muy complicado, sí, podemos hacerlo de otra manera. Requerirá de esfuerzo, perseverancia, aprendizaje, apoyo y un extra de reeducación, pero es posible.

Solo así, con este trabajo interior de ser consciente del nivel de respeto que nosotros somos capaces de dar, podremos ir reparando y construyendo algo mejor. Solo dándonos cuenta de lo vivido, podremos ir abrazando al niño que fuimos y que sufrió cuando no lo respetaron, y así no tendrá que indignarse y saltar con el automático cuando nuestro hijo haga o diga algo que nos parezca una falta de respeto. Si no hacemos este trabajo profundo, a la que ocurran estas situaciones, nuestro niño interior —enfadado por lo muy poco respetado que se sintió en la infancia— saltará como diciendo: *«A mis padres se lo permití porque no quedaba otra, pero a ti, ¿quién te has creído que eres? ¡Desagradecido!»*. Mezclamos así un sentir de injusticia que nada tiene que ver con el ahora y aquí y, en cambio, mucho con lo vivido y que nadie nos ayudó a transitar y sanar.

Pobrecito nuestro niño interior... cuánto sufrimiento no visto, ni escuchado, ni sanado... Cuántas cosas no nombradas, cuántas violencias invisibles tuvo que vivir y sobrevivir como pudo para poder crecer a trompicones. Cuánto dolor interno que fue quedando oculto bajo capas y capas de *«tira hacia adelante como puedas»*; y, a la vez, qué duro que en un momento de máxima entrega como es el de criar a tu hijo, venga este y levante todas las capas, para dejar al descubierto todo el dolor.

El grito que entonces vertemos sobre nuestro hijo, o la amenaza, o la sacudida física fruto de una profunda desesperación, no es nada más que el dolor que se escapa, ahora que ya no hay capas que lo oculten. El dolor profundo y agudo, una herida que todavía sangra y palpita aunque no sepamos ni recordemos siquiera el origen. ¿Fue en el nacimiento? ¿Fue en los primeros meses? ¿Fue más tarde? La mente no lo recuerda, pero el cuerpo habla y nos ponemos tensos cuando nuestro hijo hace aquello que quita capas y lo vuela todo por los aires. Y del cuerpo sale tensión, y ceño fruncido, y gritos, y amenazas, y castigos, y faltas continuas de respeto, algo que aprendimos rápidamente en nuestra infancia.

Respira… no es fácil darse cuenta… respira y mira sin miedo la herida que tanto necesita ser vista. Mírala y ve curándola, ve mimándola, ve abrazándola, porque es el amor lo que cura las heridas, lo que sana lo vivido. El amor de ti hacia ti que permitirá que luego, desde este lugar profundo de comprensión y de despertar consciente, puedas cortar la cadena de transmisión de tanto sufrimiento, siendo capaz de empezar a respetar, también en los momentos de tensión, a tu hijo. Que puedas sentir compasión por su momento, por su edad, y por su vivencia, igual que puedes sentir compasión por la niña que fuiste.

Desde el reencuentro con quien fuiste y lo que te ocurrió podrás, de verdad, encontrar y abrazar con profundo respeto al ser que tienes delante y que te espera con los brazos abiertos: tu hijo.

Pero… ¿y si nosotros lo respetamos pero nuestro hijo no?

EL RESPETO

En mis años de profesión, he visto cómo las madres y los padres están siempre muy preocupados por el respeto, y es normal. Nadie quiere tener a una criatura que trate mal a la gente, que sea irrespetuosa y que acabe aislada porque nadie la soporta. Es un límite importantísimo que poco a poco tendremos que ir transmitiendo a nuestros hijos; pero, a menudo, nos ataca la impaciencia y nos gustaría que fuera lo primero que integraran.

En la primera infancia (de los dos a los siete años, aproximadamente) un niño es de todo menos diplomático y, como expresa lo que siente sin filtros, muchas veces puede llegar a ser desagradable. En vez de decir «*¿Por favor, me puedes poner agua?*», dice con un tono de voz elevado «*¡Quiero agua!*», o si papá se acerca para ponerle los zapatos responde malhumorado «*¡Tú no! ¡Mamá!*», o cuando mamá se acerca en plena rabieta para abrazarlo le puede decir «*¡Déjame! ¡Tonta!*», o si está charlando con la abuela puede soltarle un «*Tú ya eres muy vieja y te vas a morir pronto*», y así un largo etcétera de situaciones y momentos en los que un niño pequeño puede ser un monstruito.

Pero tranquilo, no hay de qué temer. Lo que hacen es normal si tenemos en cuenta su cerebro, su inmadurez y su poca capacidad de ponerse en la piel del otro todavía. La empatía, la capacidad de sentir lo que otra persona puede estar sintiendo es algo que van ganando con el tiempo y cuando tienen dos, tres o cuatro años, y están en plena fase egocéntrica, digamos que la empatía no es su fuerte.

A nosotros, los adultos, nos encantaría que nuestros hijos, en temas de respeto, fueran como miniadultos y supieran que hay momentos en los que no se pueden decir o hacer algunas cosas. Nos gustaría que pidieran las cosas por favor, dijeran gracias con una sonrisa y saludaran a todo el mundo al entrar en un sitio. La verdad, sin embargo, es que pocos niños pueden hacer eso. La gran mayoría, a esas edades, son invadidos por algo muy molesto para ellos y que no comprenden: la vergüenza. Así que lo que para nosotros a veces puede ser un «*Qué maleducado, que no saluda*», para él o ella es un «*Dios mío, que me mira y me muero de la vergüenza, quiero irme a casa, no me siento seguro*».

Si has tenido vergüenza en la infancia, o incluso sigues teniéndola a veces, no te costará nada empatizar con los peques que sí la tienen; pero si siempre has sido una persona extrovertida, puede que te cueste más y que no acabes de comprender por qué le cuesta tanto ser más alegre, efusivo y respetuoso. A cierta edad, no es que no quieran, es que no pueden. No pueden porque son pequeños y están en la fase del yo, yo, y yo. No pueden tampoco porque son demasiado inmaduros para comprender que hay cosas que pueden herir los sentimientos de los demás. Pero a veces tampoco pueden porque no les hemos enseñado de verdad qué es lo que esperamos de ellos.

No podrán saberlo a menos que hablemos de ello, no cuando tengan dos o tres años (son demasiado pequeños para entender muchas cosas y seguramente desconectaran a la segunda frase), pero sí a medida que vayan creciendo. Especialmente si tienen de cinco a ocho años, hay conversaciones que está muy bien mantener con ellos para sentar las bases de lo que es el respeto y de por qué es tan importante.

«Respeto» es una palabra que la mayoría de los niños no comprende en absoluto, pero podemos contarles que respetar es mostrar que nos importan los sentimientos y las necesidades de las personas, que nos importa la protección de los espacios y de las cosas, y poner ejemplos. Por eso cuidamos del tobogán, porque si lo dañamos ya no podremos disfrutar de él ni nosotros ni nadie, y por eso cuidamos del bosque, porque nos importa la naturaleza y lo que nos regala siempre, y también por eso cuidamos de las personas, porque nos importan.

Ahora no esperes soltar este discurso a tu peque de cuatro años y que él o ella diga: «*Ah, estupendo, mamá, gracias por contármelo. Ahora ya comprendo que no puedo decir nunca más tonto, porque heriré los sentimientos de esa persona... A partir de ahora voy a ser súper respetuoso y amable porque me importa todo y todo el mundo*». No, esto es pura ciencia ficción. Seguramente, cuando tu hijo se cabree va a soltar todos los improperios que conoce e incluso a lo mejor te dice que se larga de casa. Puedes esperarlo todo, a esa edad ;) Se trata de irle contando qué significa el hecho de que nos importen los demás y las cosas que compartimos. Se trata de ir tirando fichas, cada día y cuando vengan a colación, para ir educando a nuestros hijos. Y para hacerlo, créeme cuando te digo que la repetición, el diálogo y la perseverancia son ideales.

También le puede ayudar muchísimo a tu hijo que habléis de las cosas que cada uno de vosotros respetáis en especial, es decir, de cosas que realmente os importan y os interesan, a la vez que hablar de cómo os sentís cuando os respetan y se interesan por vosotros. Por ejemplo: *«A mí me hace sentir muy bien y muy respetada que alguien a quien no conozco me hable de una forma amable y serena»* o *«Me siento respetado y que importo cuando no me ignoran y me saludan con una sonrisa».* Los niños están muy conectados con sus emociones y su sentir, por lo tanto, si habláis del respeto desde el punto de vista de cómo os sentís en determinadas ocasiones, le será más fácil empezar a empatizar y también a tomar conciencia de cómo se siente cuando lo respetan o cuando no lo hacen.

Es interesante también que hagáis una lista con lo que representa para cada uno de vosotros sentiros respetados y que lo pongáis en común. Uno pondrá mucho énfasis en ser saludado, en que le pidan las cosas por favor y le digan gracias; otro lo hará en que le hablen en un tono de voz agradable; un tercero en que le pregunten cómo está y respeten sus necesidades. También habrá para quien lo importante es que no traspasen sus propios límites; para un niño puede ser que si alguien quiere algo suyo se lo pida antes de cogerlo, etc.

Ponerlo en común os ayudará a ver qué es importante para cada uno, pero también a ti, como adulto, te ayudará ver qué es importante para tu hijo, porque muchas veces menospreciamos su forma de ver el mundo y a menudo los tratamos sin respeto. Creemos que lloran por tonterías, o que tienen que compartirlo todo con todos, y no siempre respetamos sus necesidades emocionales en cada momento. Por eso es tan tan tan importante que seamos un buen ejemplo.

Explora

https://www.miriamtirado.com/audios-limites-explora/

Ahora que terminamos este capítulo, te invito a parar un momento para integrar lo que haya podido venir a visitarte durante esta lectura. ¿Ha habido algún fragmento potente, que te invitara a la reflexión? Por lo menos, yo me he removido escribiéndolo, quizás tú también. Vamos a bajar todo eso a un lugar más sensorial y así nos ayudará a tomar más conciencia. Pasemos a la escucha y la observación.

Te animo a empezar a respirar conscientemente, notando cómo el aire entra y sale de tus fosas nasales y, poco a poco, ve observando tu cuerpo. ¿Cómo estás? ¿Qué sientes? Observa si notas algún tipo de malestar físico o si, al contrario, percibes otro tipo de sensaciones. Obsérvalas y respíralas. Con cada exhalación, intenta relajar las partes de tu cuerpo que notes tensas, como si con el aire disipara la contracción o el bloqueo que pueda haber allí. Inspira, exhala y observa tu cuerpo... ¿Qué te cuenta? Escúchalo...

Ahora, sin desconectar de tu respiración consciente, te animo a fijarte en tu mente... ¿Qué pensamientos se han activado al leer sobre límites y normas? ¿Tu mente te llevaba a menudo hacia tu vida con tus hijos o hacia tu vida de cuando eras niña? ¿Qué información te venía? Observa estas imágenes o las palabras que te trae la mente como si estuvieran en una pantalla de cine... No te enganches a ellas, que no se te lleven. Sigue en plena conexión con este ahora, con la respiración que entra y sale de tu cuerpo, y simplemente observa el nivel de actividad mental. Observa y respira...

Sea lo que sea lo que te cuente tu mente, respira profundamente y deja que eso que ha surgido salga hacia afuera. Quizás hay cosas de tu pasado, tal vez la sensación de llegar tarde o de haberte equivocado en algunos momentos. Date cuenta de si tu mente te dice frases críticas. ¿Te juzga? Respira y simplemente toma conciencia de qué ha ocurrido en tu cabeza durante la lectura.

Ahora te invito a que observes si hay alguna emoción que se ha despertado. Si tuvieras que poner nombre a lo que sientes ahora, ¿cuál sería? ¿Lo vives como algo agradable o desagradable en tu cuerpo? Respíralo. Las emociones vienen y van y no te identifican. Se manifiestan a través de ti para contarte cosas, darte información que te puede ser útil para comprenderte y acompañarte mejor. Pero tus emociones, recuerda, no son tú. Hazles espacio, respíralas y déjalas pasar. Si vienen ganas de llorar, hazlo, está bien también.

En caso de que haya incomodidad, observa cómo te sientes. Recuerda que las emociones solo hay que sentirlas: parar y sentir, parar y sentir... Y mientras les damos espacio y las escuchamos, podremos entender qué nos han venido a decir.

Quédate un momento respirando conscientemente para que todo lo que se ha removido en ti se vaya recolocando desde un lugar más consciente, ahora que has observado atentamente tu cuerpo, tu mente y tus emociones, y has hecho espacio para que la información que tenían que darte se haya manifestado.

Respira... ahora y aquí. Ahora y aquí.

Resumiendo

- *Los límites garantizan la seguridad e integridad de uno mismo, de los demás y de lo que compartimos. Son pocos pero muy importantes y necesarios.*

- *Los límites permitirán a las niñas crecer y desarrollarse en un entorno seguro y servirán para garantizar un buen descanso, la alimentación, la higiene, el respeto y el buen uso de las pantallas en un mundo tecnológico.*

- *Cuando dudes si la respuesta a una determinada situación es un límite o no, pregúntate: ¿Afecta a su integridad y bienestar físico, psíquico o emocional? Si la respuesta es sí, es un límite.*

- *En cuanto a las normas, que sean pocas y adecuadas a la edad de tu hijo para garantizar que podrá asimilarlas y cumplirlas. Un exceso de normas choca con la naturaleza de la infancia y os llevará al conflicto diario.*

- *Cuestiónate si los límites que quieres que cumplan tus hijas los cumples tú. En caso negativo, revísate, toma conciencia y pasa a la acción para cambiar esa incoherencia.*

- *Somos su ejemplo: cualquier límite o valor que quieras transmitir a tu hijo, asegúrate antes de tenerlo tú misma muy integrado y ser ejemplo de ello siempre.*

- *Nos cuesta respetar a la infancia porque la nuestra no fue respetada y, en los momentos en los que inconscientemente recordamos lo vivido, se nos dispara el automático y les faltamos al respeto. Es básico atender y sanar al niño que fuimos para poder respetar y conectar con el niño que tenemos delante: nuestro hijo.*

- *Para que un niño pueda ser respetuoso debemos enseñarle qué es el respeto: asegúrate que sabe qué esperas de él. Hablad de cuando os sentís respetados y cuando no, haced del respeto, también, un tema de conversación cotidiano para ayudarle a asimilar conceptos y ganar empatía y conciencia emocional.*

CAPÍTULO 6:
CÓMO

CÓMO PONER LÍMITES CONSCIENTES

Llegamos a uno de los apartados más importantes, el del «cómo». Porque la teoría de todo lo que te he contado puede estar más o menos clara, pero luego, cuando llega la hora de la verdad, nos asalta el *«Pero ahora... ¿cómo lo hago?»*, ya que esta parte suele ser la más difícil, la de pasar de la teoría a la práctica.

Y aquí nos encontramos con la principal dificultad, y es que no tenemos referentes de cómo se hace eso de una forma conectada, consciente y no arbitraria. Estamos demasiado enganchados de forma inconsciente a cómo nos pusieron los límites a nosotros (o cómo no nos los supieron poner) y, o somos MUY conscientes de ello en cada instante, o el viejo patrón —lo que recibimos e integramos como correcto— nos saldrá una vez tras otra.

Si nos pusieron límites mientras nos gritaban, amenazaban y castigaban, nos enfadaremos cada vez que tengamos que poner uno y será fácil caer en la forma en que nos los impusieron a nosotros. Si nos dijeron *«Pues haz lo que tú quieras»*, caeremos en esa supuesta dejadez por falta de herramientas y haremos sentir culpables a nuestros hijos de hacer lo que les toca por la edad que tienen. Sea lo que sea lo que hayamos vivido en el pasado, volverá a nosotros cuando sea nuestro turno con nuestros hijos e hijas a no ser que seamos muy conscientes de ello, lo tengamos presente y hagamos el trabajo de elegir el camino diferente al vivido.

Por ejemplo, en lugar de gritar, seamos conscientes de que se está activando la frustración y la impotencia y respiremos para volver al centro. Repetir «*Soy la adulta y no voy a dar rienda suelta a mi desborde emocional*». Así, un día tras otro, hasta que este camino desde la conciencia de lo que es mejor para uno y para los hijos esté tan andado que salga de forma tan automática como antes salía el grito.

Si me estás leyendo y te estás sintiendo abrumada, respira. Puede parecer algo difícil de hacer al principio, y más si no estás habituada a la crianza consciente, pero créeme que es posible. Absolutamente. Y si es posible en los demás también lo es en ti, por muy traumática que haya sido tu infancia. Por suerte, todo se puede reparar si hay voluntad, conciencia, paciencia y trabajo interior.

LA SEGURIDAD Y LA CALMA COMO CAMINO

Los límites conscientes dan seguridad y calma. Seguridad porque es un límite que has revisado, cuestionado y asimilado como necesario y, por lo tanto, no hay ninguna duda de que es importante. Esta seguridad te ayudará muchísimo a estar tranquilo y a que el límite tenga tal cuerpo que no haya ninguna fisura que te haga tambalear. Los límites conscientes dan calma porque tenemos la seguridad de saber que estamos haciendo lo que garantiza la seguridad e integridad de nuestro hijo, de los demás y de lo que compartimos. Esa calma que tienes cuando sientes que todo está bien así.

Si mientras estás leyendo, vas revisando y sintiendo que no eres capaz de poner límites de una forma segura y calmada, significa que en los límites que pones hay fisuras: ya sea porque no tienes claros cuáles hay que poner ya sea porque estás incómoda por cómo te los pusieron a ti y te activas emocionalmente, ya sea porque tienes miedo de su reacción, ya sea porque has integrado que los límites se ponen enfadándote, etc.

Revisa profundamente dónde crees que está la clave de lo que te ocurre y te impide poner los límites de una forma calmada y segura. Cuando, en vez de eso, los ponemos desde la reacción emocional en forma de enfado, indignación o grito, nos estamos desconectando de nuestra hija para conectarnos con el niño pequeño que fuimos y a quien le enseñaron que era así cómo se decía *«hasta aquí»* o *«esto sí y esto no»*. De esta forma, si no le pones conciencia, es muy probable que tu hijo vaya registrando que —en momentos de tensión y cuando necesite poner límites— es así como tiene que ponerlos, desde el enfado y la reacción emocional inconsciente. La cadena de transmisión emocional se transmite de generación en generación y podemos estar anclados a este patrón durante siglos. ¡Fíjate qué importante es que tomes conciencia e intentes hacerlo de otra forma! ¿De cuántas generaciones estarás rompiendo el patrón? ¿De cuánto dolor estarás liberando a tus hijos y a ti misma? Así de importante es todo esto.

ASERTIVIDAD Y CONEXIÓN

Ya hemos aprendido que los límites no tienen que ponerse con enfado y, si me apuras, después de haber avisado tres veces. ¿Te acuerdas? Eso de que si no haces lo que te dicen a la tercera te cae la de San Quintín o llega ya el grito. Y es normal, cuando los límites no son conscientes, nos guían la arbitrariedad, el aguantar hasta que se estalla o el patrón heredado que sale en forma de piloto automático cuando perdemos el centro.

Tantos siglos de crianza tradicional han dejado una huella tremenda en cada uno de nosotros en cuanto a las formas, básicamente gobernadas por la necesidad de control. Como no podemos controlar a nadie más que a nosotros mismos, cuando un niño no hace lo que le pedimos, le provocamos el miedo. El miedo es la única herramienta que consigue controlar a otra persona (o a las masas). Por lo tanto, tiraremos de amenazas, castigos, gritos, chantajes, etc. Desde el miedo sí podemos controlar al otro, especialmente cuando es un niño para quien lo somos todo.

Y funciona a corto plazo, claro que sí. La niña, si se asusta, hará aquello que le pedimos. Pero también a corto plazo —y especialmente a medio y a largo plazo— esta forma de poner límites a nuestros hijos nos acaba desconectando de ellos, nos hace perder autoridad (aunque no nos lo parezca) y acaba haciendo que ellos confíen muy poco en nosotros, ya que se sienten incomprendidos, no respetados y no tenidos en cuenta. Es como si vulneramos el ser que son y eso nos desconecta tanto en un plano físico como también en un plano energético. ¿Es esa la relación que queremos establecer con nuestras hijas? ¿En esa desconexión y falta de confianza queremos que se base? Yo creo que no. Pero... ¿cómo hacerlo?

Para poner límites conscientes necesitamos estar presentes. Desde un estado de presencia plena en el ahora y aquí nos será mucho más fácil ver qué se necesita en cada momento y dónde hay que poner el límite y cómo. Además, nos será más fácil darnos cuenta de cuándo nos desviamos hacia la necesidad de control para volver a reconducir el rumbo.

Tenemos muchas heridas de nuestra infancia que quizás todavía no hemos reparado o ni siquiera visto. Por eso, cuando es nuestro hijo quien, con su negativa, con su comportamiento o con lo que nos dice, nos recuerda inconscientemente algo de lo vivido, esa herida que no está bien curada, vuelve a sangrar. Y entonces nos gobierna el ego, aquel niño pequeño que habita en nosotros y que dice: *«Pero ¿cómo? ¿Quién se cree que es? ¡A mí, por mucho menos, ya me habrían gritado/pegado/castigado...!»*

Solo si somos profundamente conscientes de cuáles son nuestras heridas y de cuándo se activan, podremos trazar un nuevo camino a la hora de poner límites a nuestros hijos sin caer en la necesidad del control ni en el autoritarismo.

Los límites conscientes se ponen de forma conectada, calmada y muy asertiva. Revisando cuál es la situación, qué requiere y necesita nuestra hija o los demás, y tomando decisiones claras, sin estridencias, comprendiendo siempre que nuestra hija no tiene por qué estar de acuerdo.

Así pues, pondremos límites conscientes...

- Estando muy presentes en el ahora y aquí.
- Estando muy conectados con nuestro hijo y con lo que le ocurre y necesita.
- Estando muy conectados también con nosotras mismas, con lo que nos ocurre y con lo que necesitamos.
- Siendo muy conscientes de cuál es nuestro patrón heredado para no caer en él.
- Respirando profundamente para no perder el centro.
- Sabiendo que es nuestra responsabilidad poner límites y que no es necesario que nuestro hijo lo entienda ni lo apruebe.

NO ES NECESARIO QUE TE ENTIENDAN

Tenemos que dejar atrás la ilusión que tenemos de conseguir que nuestros hijos e hijas entiendan el porqué de los límites que les ponemos. A menudo les explicamos las cosas de mil maneras distintas, con grandes discursos y sermones buscando que de alguna forma comprendan y aprueben aquello que les pedimos. Como si de repente tuvieran que mirarnos fijamente a los ojos y decirnos: *«Oh, mamá, muchas gracias por protegerme, por cuidarme y por ponerme límites que me ayudarán a crecer sano y seguro»* o *«Gracias papá por no dejarme utilizar dispositivos electrónicos más porque sé que utilizarlos demasiado no es bueno para mí. Gracias por quererme tanto».* Esto no va a pasar, por lo menos ahora.

Mi vida con los límites cambió realmente cuando me di cuenta de que la mayoría de los que ponemos a los niños no podrán comprenderlos profundamente ni valorarlos hasta que sean ellos mismos quienes tengan hijos, o cuando hayan llegado ya a un cierto punto de madurez. Mientras, lo más probable es que luchen y pataleen, porque eso es lo que les toca hacer.

Las madres y los padres vivimos como un fracaso el hecho de poner un límite a nuestros hijos, que es perfectamente comprensible (para nosotros) y razonable, y que lo vean como una injusticia, lo rechacen o, peor aún, se lo salten. Pero es necesario que normalicemos que ni los van a entender de verdad ni tampoco los van a aprobar. Que no nos validarán como padres hasta dentro de muchos años (¡esto si llega, ja, ja, ja!). Pero no debería importarnos si realmente llevamos a cabo una crianza consciente.

¿Te acuerdas de cuándo hablábamos de la necesidad de aprobación? Es necesario que nos demos cuenta de cuándo estamos buscando esa aprobación en los hijos cuando les ponemos límites, y parar. Dejar de hacerlo y darnos cuenta de que estamos actuando desde el niño que fuimos y no desde el adulto que nuestros hijos necesitan. Porque ellos, insisto, no tienen que llenarnos ninguna mochila, ni darnos palmaditas en la espalda para que nos sintamos mejores padres o madres. No. Ellos tienen que ser bebés, niños o adolescentes, nada más. Y luchar contra los límites, claro que sí.

Por lo tanto, cuando pongas un límite a tu hijo...

- No esperes que te dé las gracias.
- No esperes su aprobación.
- No esperes que no luche contra él y lo rechace.
- No esperes que sea «fácil».
- No esperes nada.

Pones límites porque eres la madre o el padre; porque es tu responsabilidad; porque es algo que, aunque ahora no lo sepa, necesita; porque le darán seguridad y estructura, porque es importante que le quede claro qué *sí* y qué *no* para que un día pueda ser perfectamente autónomo y ser quien ha venido a ser. Por eso pones límites, no para que te aplauda ni lo valore.

Partir de esta realidad, huyendo de toda fantasía de nuestra niña interior, te ayudará a ser más realista, a no dejarte llevar por la frustración de que tu hija no está agradeciendo el esfuerzo que haces a la hora de ponerle límites. Todo ello te permitirá estar más tranquilo, más seguro de lo que estás haciendo y te sentirás más libre porque verás que en realidad todo está bien. Vamos a verlo con varios ejemplos, que siempre ayudan a situarse mejor.

Estáis en casa de los abuelos pero tenéis que iros. Tu hijo de poco más de tres años está feliz porque allí juega con juguetes que no tiene en casa o porque están los primos y se lo pasa genial con ellos. Cuando le dices que tenéis que volver a casa, no lo acepta y hace oídos sordos.

La forma inconsciente de gestionarlo a menudo es insistir, pero le dejas un poco más de margen porque te da una pereza tremenda que empiece a montar el pollo del siglo en casa de tus padres. Sigue a su rollo sin hacerte caso y tú te vas impacientando. Miras el reloj, ves que es tarde y que se está acercando la hora difícil: hambre cansancio y sueño. Así que con un tono más serio le repites que tenéis que iros, pero sigue sin ninguna intención de marcharse. Han pasado ya quince minutos y aquí nadie se ha ido. Intentas convencerlo con algún premio si se apresura a marchar, o lo amenazas con que si no os vais ya, no podrá hacer alguna cosa que le gusta mucho hacer en casa. Como vive solamente en el presente y ahora está divirtiéndose mucho allí, pasa. Te sientes ignorada, te sulfura que tus padres estén viendo esto como una falta de respeto o como que eres demasiado blanda; y activada por todo ello te diriges a tu hijo y pierdes los papeles: le gritas, lo agarras del brazo, él empieza a llorar, tú te pones tensa, la familia empieza a decirle cosas para que no llore, él llora más, tú te agobias porque lo que le dicen no te gusta, odias irte así de casa de tus padres, etc.

Cuando llegáis a casa estáis todos agotados, medio enfadados y tu hijo quizás incluso sigue llorando o enfadado porque no le ha gustado ni irse de allí ni lo que le has dicho o hecho. Tú te sientes fatal, juzgada, y además tienes la sensación de que tu hijo te toma por el pito del sereno, cosa que te hace dudar de todo. Te sientes perdida en su crianza y no sabes qué tienes que hacer para que te tome en serio la próxima vez.

Vamos a ver ahora la forma asertiva de gestionar esa misma situación.

Tienes claro, antes de llegar a casa de tus padres, cuál es la hora máxima para iros de allí y llegar a tu casa con tiempo de cenar y hacer todo lo que tenéis que hacer antes de acostarlo para no saltaros en exceso su rutina horaria. Estás presente y conectada tanto a la hora que es cuando se va acercando el momento de iros, como a su estado. Llegado el momento, le avisas de que en poco rato tendréis que iros, así puede decidir a qué prefiere jugar antes de marcharse, por ejemplo. Se lo dices asegurándote de que te ha escuchado y que le ha llegado la información. Cuando llega el momento, se lo comunicas y os vais. Sí, aunque proteste y no quiera, aunque llore y no le parezca en absoluto una buena decisión. Porque eso ahora mismo es lo normal, que no lo acepte, pero tu responsabilidad es asegurarte de que estará cenando a su hora más o menos para poder descansar también cuando lo necesita. Además de poner el límite y ser tú misma quien lo respete primero cumpliéndolo tal y como lo has anunciado, estarás presente y conectada para que ni las miradas ni los posibles juicios del entorno te hagan tambalear ni desconectarte de lo que ahora necesitáis en tu familia. Tú no estás enfadada, simplemente y de forma asertiva, amorosa y conectada, pones un límite y te aseguras de que se cumple sin esperar la aprobación por la otra parte.

Lo único importante es que se cumpla el límite que has decidido conscientemente que se necesita y que lo hagas cumplir sin faltar al respeto ni a tu hijo ni a nadie. Vamos a ver otro ejemplo.

Una niña de cinco años está viendo la televisión y llega el momento de apagarla. La forma inconsciente de poner el límite sería seguramente avisarla de que tenemos que desconectarla, pero no hacerlo; ir demorándolo porque de alguna forma nos conviene, porque mientras ve la tele nos deja tranquilos, y porque así no nos monta un *big chicken* de aquí te espero. Pero por dentro nos vamos calentando porque ya le hemos dicho mil veces que no puede ver tanto la tele. Se lo hemos dicho pero no se lo hacemos cumplir. Algo dentro de nosotros nos dice que eso no está bien y nos ponemos un poco nerviosos, así que volvemos a insistir en que la apague, pero no nos hace caso. No la apaga y además nos grita que «¡*NO!*». Eso nos saca de quicio porque lo juzgamos como una falta de respeto cuando además estábamos intentando ser benévolos con ella, así que nos sentimos defraudados y la vemos como una niña caprichosa que no agradece que le hayamos dejado ver la televisión unos minutos más de los que le tocaban. Le quitamos el mando de la tele, ella se enfada y grita, y nosotros, hartos ya de ese tira y afloja, nos indignamos y acabamos gritándole y amenazándola con que no verá nunca más la tele si sigue comportándose así. La niña acaba enfadada y llorando y nosotros, un poco, también, aunque sea por dentro, porque tenemos nuestro volcán que ya ha estallado y sentimos dificultad para conectar de nuevo con nuestra hija y con nosotros mismos.

¿Cómo gestionaríamos esta misma situación de una forma consciente? De antemano, hemos pactado cuánto tiempo podrá ver la tele o cuántos capítulos del programa que le gusta. El límite será previamente decidido de una forma consciente y conectada con la edad de la niña, así como el contenido que le permitiremos ver. Haremos lo posible para que comprenda esa limitación, ya sea poniendo un reloj de arena que pueda ver, o enseñándole dónde tiene que estar la aguja del reloj del comedor para apagar la tele, etc. Una vez llega la hora de desconectarla, la avisamos de que ha llegado el momento y la desconectamos. Ella no tiene el mando, sino nosotros, y la apagamos sin más, a la vez que le permitimos que no esté de acuerdo y que no le guste nuestra decisión.

Aceptamos su enfado y su llanto como parte del proceso de despegarse de eso que tanto le gusta ver, la validamos y acompañamos y, cuando vemos que está mejor, intentamos proponerle algo que la pueda motivar. En ningún momento nos enfadamos porque no hay ninguna necesidad cuando el límite se pone de una forma consciente y conectada. Además, lo hacemos con total seguridad y sin fisuras porque estamos muy convencidos de que este límite es el que necesita y el que le hace bien. No nos tomamos como algo personal que se enfade o llore, o incluso que luche para recuperar el mando de la tele y encenderla de nuevo. Forma parte de la edad y sabemos que lo que nos toca es tener paciencia, sostenerla y acompañarla.

Y todavía otro ejemplo, con una niña de, pongamos, diez años que nos pide jugar a un juego de ordenador para el que la edad mínima recomendada es de catorce años. Lleva días insistiendo (esto es algo que hacen mucho a esa edad, insistir hasta que muchas madres y padres sucumben ante tanta pesadez) y, aunque ya le hemos dicho que no varias veces, hoy que está más cansada empieza a quejarse y a mostrar todo su enfado por nuestra negativa de días. Una gestión inconsciente de esta situación podría desarrollarse así: hartos de su insistencia y de que ahora, encima (y aunque le hayamos dicho mil veces que no) se enfada, nos irritamos todavía más. Perdemos la paciencia y los papeles y acabamos riñéndola por querer algo que consideramos que no le toca. Ella se va a su habitación llorando y dando un portazo.

Como somos conscientes de que le hemos hablado mal y hemos sido muy poco respetuosos, nos sentimos mal y empezamos a dudar del límite impuesto. Al cabo de un rato, vamos a su habitación, le pedimos disculpas y le decimos que bueno, que dejaremos que juegue solamente los fines de semana. Aquí acabamos de cambiar el límite (que en un inicio creíamos importante) por la mala gestión de este que hemos hecho antes, y le damos a entender de forma inconsciente que si batalla por algo hasta la saciedad, acabaremos cediendo, con lo que le transmitimos inconsistencia e inseguridad.

Lo mismo, pero gestionado de una forma consciente, se podría desarrollar de esta forma: antes de que nos empezara a hablar de juegos de ordenador, tendríamos una idea clara de qué queremos en lo que respecta a las pantallas en nuestra familia. Cuando empezó a pedirnos jugar a ese juego de ordenador, nos habríamos informado de qué iba y habríamos entrado en él para valorar, por nosotros mismos, si era adecuado o no para nuestra hija. A partir de ahí, habríamos determinado un límite claro y consciente y así se lo habríamos transmitido a nuestra hija. Ante su insistencia, habríamos comprendido que era normal y, sin incomodarnos en absoluto y viéndolo como algo normal, hubiéramos mantenido el límite. Además, le habríamos puesto una edad determinada a la que podríamos volver a hablar y discutir sobre el tema.

¿Te suenan estos ejemplos? ¿Ves claramente cuál es la forma inconsciente de poner límites y cuál la consciente? ¿Te das cuenta de en qué lugar de seguridad y calma opera en cada ejemplo el adulto en cuestión?

Llegados a este punto, toca parar e integrar...

Explora

https://www.miriamtirado.com/audios-limites-explora/

Si para poner límites conscientemente es necesario estar muy conectados con el aquí y el ahora, quizás en este momento podemos ponerlo profundamente en práctica.

Te propongo que inhales despacio y vayas sintiendo cómo el aire entra en tu cuerpo. Luego, exhala lentamente y observa cómo ese aire libera espacio. Siente el vaivén continuo de la respiración, ese dar y recibir, ese entrar y salir, ese baile que te permite estar presente en tu aquí y ahora. Mientras respiras conscientemente, conecta con tu cuerpo y, al exhalar, suelta posibles tensiones que hayas ido acumulando. ¿Qué dice tu cuerpo? Escúchalo y, desde la respiración, ayúdalo a equilibrarse, a soltar tensiones y a encontrar más y más comodidad.

Sin dejar la conexión con tu respiración y este estado de presencia plena en tu ahora y aquí, te invito a que observes qué cosas han asomado a tu mente mientras leías. ¿Qué frases, qué recuerdos han venido a visitarte? Obsérvalos sin juzgarlos. No te enganches a ellos y sigue conectando con tu respiración, que es tu ancla al momento presente.

Ahora respira y observa también qué sensaciones hay en ti. ¿Qué emociones dirías que se han manifestado mientras leías? ¿Te has reconocido en alguno de los ejemplos? Cualquiera que sea la emoción que has sentido mientras leías, respírala. Lo único que hay que hacer con las emociones es darles espacio y sentirlas, porque, en cuanto las sentimos, les permitimos que nos cuenten lo que han venido a hacer, nos ayudan a ser conscientes, y luego se desvanecen poco a poco. Así que no las rehúyas, no las rechaces... respira las emociones que han venido a ti como parte del proceso de toma de conciencia y de despertar que estás transitando gracias al acompañamiento a tu hijo.

Todas las emociones son válidas. Respíralas y acéptalas, aunque sea desagradable experimentarlas en tu cuerpo ahora. Respíralas y escúchalas, sin engancharte a ellas, sino desde un plano de «observador» en el que sabes que no eres ese cuerpo, ni esos pensamientos ni esas emociones. Porque eres mucho más, mucho más.

Resumiendo

* *Los límites conscientes se ponen estando muy conectada con el aquí y al ahora después de haberlos reflexionado y de haberles dado cuerpo. Este surge a través de la seguridad que tenemos de que son necesarios e importantes y de que nosotros somos un ejemplo.*
* *Se transmiten de una forma clara, segura, calmada y asertiva.*
* *Tenemos que erradicar la creencia de que para poner límites es necesario hacerlo enfadados porque si no, no te hacen caso. No es necesario y no aporta nada bueno a la relación.*
* *El paradigma tradicional de crianza imponía los límites desde el control del otro provocando el miedo a través del chantaje, del castigo, la amenaza, los gritos, etc.*
* *Esta forma de poner límites nos resta autoridad, reduce la autoestima del niño y corrompe nuestra relación.*
* *Poner límites de forma consciente significa hacer nuestra parte sin esperar que lo entiendan o lo aprueben.*
* *Dejemos los sermones y las explicaciones rimbombantes y aceptemos que la mayoría de las veces no estarán de acuerdo con los límites que les pongamos, y está bien así.*
* *Nuestra responsabilidad es hacer cumplir el límite, no conseguir que lo valore y apruebe.*
* *Delante de cada situación que tenga que ver con límites preguntémonos antes de abordarla: ¿estoy en modo adulto consciente o en modo niño interior inconsciente?*

CAPÍTULO 7:
¡BOOM!

CUANDO EL LÍMITE DESATA EL CONFLICTO

Esto es lo que más nos cuesta, cuando aquello que hemos decidido choca con los deseos de nuestro hija y estalla el conflicto. El verdadero problema no es que estalle el conflicto, sino que nos relacionamos muy mal con esta palabra y todo lo que ella implica. Hemos aprendido y creído que el conflicto era algo negativo y malo, y que teníamos que evitarlo. Tenemos la creencia inconsciente de que, en el seno de la familia, en nuestro día a día, no puede haber conflicto y que, si aparece, tenemos que hacer algo rápido para aniquilarlo porque una «buena» familia no tiene conflictos.

Eso es una ilusión, es falso. El conflicto es inherente a la vida porque es justamente el conflicto lo que nos ayuda a aprender, evolucionar y trascender. ¿Cómo no va a haber conflictos entre personas cuando a veces nosotros mismos ya vivimos conflictos internos? En realidad, es imposible la ausencia del conflicto, así que es urgente e imperativo que dejemos de etiquetarlo e integrarlo en nuestra mente como algo negativo que activa las alarmas y que hay que rechazar o aniquilar. Y es más, ¿cómo no va a haber conflicto en el seno de una familia, con personas diferentes, de distintas edades, con cerebros desarrollados a distintos niveles, etc.? Con esto no quiero decir que no podamos tener días o épocas con muy pocos conflictos o ninguno, claro que sí. Pero la vida avanza y atravesaremos nuevas etapas, pasarán cosas distintas, y aparecerán, inevitablemente, nuevos conflictos.

Te invito a cambiar la concepción que tenías del conflicto (si es que lo veías como algo negativo que evitar) y lo entiendas como una oportunidad de encuentro y de conexión. Nos indica que allí donde nosotros vemos dificultad, hay un aprendizaje que no se ha integrado todavía —ya sea por las dos partes, ya sea por una— y que hay que abordarlo, porque de él podemos salir más sabios y más conectados. Piensa ahora por un momento en cómo reaccionas tú ante el conflicto cuando se manifiesta en casa:

- ¿Cómo responde tu cuerpo? ¿Te tensas?
- ¿Cómo responde tu mente? ¿Qué pensamientos vienen a verte? ¿Vienen pensamientos como *«Ya está otra vez, uy, yo ahora esto no lo aguanto, maldita sea, esto es insoportable»*?
- ¿Cómo respondes a nivel emocional? ¿Qué emociones emanan de ti? ¿Miedo, rabia, impotencia, frustración?
- ¿Con qué personas vives más conflictos? ¿Con tu hija, con tu pareja, con tu madre?

Es normal que no nos guste el conflicto, es más fácil vivir cuando todo va como una seda, ¿verdad? Es más fácil, más cómodo y menos removido, por supuesto. Pero estamos aquí para aprender y si todo fuera como una seda, el ser humano evolucionaría más bien poco, así que toca arremangarse y afrontar el conflicto venga de donde venga.

Pero es que no es solo que sea incómodo atravesar el conflicto que se manifiesta con los hijos, con la familia, en el trabajo, etc. Es que muy dentro de nosotros hemos integrado también esta forma de lidiar con el conflicto viendo a nuestros padres enfrentarse a él. Es muy interesante ser conscientes de cómo vemos a nuestros padres (o a otras personas de nuestro entorno familiar de origen) relacionarse con el conflicto. Veremos que muchos siguen un patrón y luego veremos que incluso ese patrón es el mismo que seguimos nosotros.

Algunos lo evitan y, antes de afrontar un conflicto, son capaces de marcharse a Kuala Lumpur como si ni siquiera lo hubieran visto. Otros lo rechazan desde el enfado y la rabia de que se esté produciendo, como si con el enfado el conflicto desapareciera antes. Otros lo esquivan, como si estuvieran haciendo *dribblings* futbolísticos en un terreno de juego, ponen buena cara, intentan ser complacientes y aquí no ha pasado nada. Algunos más lo viven desde un victimismo dramático como si el mundo se hubiera puesto en su contra. Hay quien toma una actitud pasiva esperando que el conflicto lo afronten los demás aunque eso suponga que les pase por encima. Otros lo niegan. Otros se alejan del conflicto centrando su atención en la comida, en el alcohol o en cualquier otra adicción.

¿Qué viste tú en casa y qué viviste? ¿Recuerdas cómo se lidiaba con el conflicto? ¿Puedes relacionar algo de eso con tu forma de abordar las situaciones conflictivas? Porque todo eso ha quedado integrado de una forma inconsciente y solo dándote cuenta de ello y viendo cuáles son las creencias que tienes sobre el conflicto podrás cambiarlas y dar otro tono a estas situaciones.

Tina me vino a ver para que la ayudara con las rabietas de su hija. Al cabo de un rato de charlar en mi consulta, me di cuenta de que en realidad ella no tenía ningún problema con esas rabietas, sino con la forma en que su madre intervenía para que su hija parara de rabiar. *«Es que en cuanto la niña empieza a llorar por lo que sea, ya sale mi madre a ofrecerle comida y, si mi hija sigue llorando, lo intenta con dulces».* Esta abuela no podía soportar ver a su nieta llorar ni tampoco ser testigo de un conflicto de la intensidad de las rabietas de un peque de dos años y medio, así que lo resolvía como resolvía ella los conflictos: comiendo. *«Es que se cree que con comida se pasan todos los males, y no. Ya lo hacía conmigo y la de problemas que he tenido para sanar eso...».* La comida suponía un refugio y no permitía que su nieta se expresara y llorara sin más, creía que su deber era *«hacer algo»* para que *«parase».*

Esta dificultad de sostener el conflicto y transitarlo sin miedo es muy común, y es lógico, porque vivir un conflicto no es cómodo. Pero es en la incomodidad cuando nos damos cuenta de las cosas, cuando crecemos y vamos saltando, poco a poco, los obstáculos que aparecen en el camino.

En cuanto cambies la percepción del conflicto, este cambiará. No digo que se convierta en un camino de rosas, porque el conflicto seguirá siendo conflicto, pero dejarás de tener miedo, dejarás de huir, dejarás de verlo como algo negativo que tienes que rechazar y empezarás a afrontarlo de forma consciente. Y cuando el conflicto se aborda de forma consciente, cada uno se percibe en nuestro interior como una oportunidad de aprendizaje y de conexión con una misma y con los demás. Es como si subiéramos otro peldaño en nuestro sendero del crecimiento personal. Por eso, en mi libro *Rabietas*, doy las gracias a mis hijas por cada *big chicken* que han montado. Aunque lo haya pasado mal con algunas rabietas y algunos enfados que han tenido, cada uno me ha permitido aprender algo de ellas y de mí, y eso nos ha acercado más. En realidad, no eran rabietas. Bueno, lo eran en el plano humano terrenal. En el plano espiritual eran regalos que, finalmente, acepté sin resistencia.

Cuando aparecen conflictos con mis hijas, y al volver la calma les sabe mal haber vivido esos momentos tan intensos, yo les digo que entiendo que no lo hayan pasado bien, que haya sido desagradable haber sentido rabia, frustración, enfado máximo con nosotros o entre ellas, pero que el conflicto es natural e inherente a la vida. Que lo habitual es que vayan apareciendo conflictos fruto del momento de cada uno, fruto de la convivencia, etc. Les explico que yo no siento que haya sucedido, porque haber vivido esa experiencia nos ha enseñado también algo. Luego hablamos de lo que ese conflicto nos puede haber aportado: a menudo momentos también de una gran conexión cuando pasa la tormenta; a veces momentos de comprensión e incluso de *insight* muy necesarios. Me doy cuenta de que, cuando ven que para mí no es un problema haber vivido ese conflicto, ellas también pueden relajarse y cambiar un poco su mirada hacia lo ocurrido, lo cual las libera de culpa o de carga.

Insisto, eso no significa que yo esté deseando que lleguen conflictos y que, en medio de la tempestad, lo disfrute. Para nada. Es más, hay momentos en los que se me hace pesado y duro, claro que sí. Pero eso no quita que lo vea como algo natural, normal y de lo que aprendemos todos mucho, así que bienvenidos sean los conflictos que nos toque vivir. Toca respirar y aceptar.

En cambio, también ha habido momentos en los que no he podido actuar desde la conciencia de que el conflicto es algo natural y esperable y me he resistido a él con todas mis fuerzas. Ya sabes, esos momentos en los que lo que te gustaría salir corriendo o montar un berrinche allí mismo diciendo: «*Ya está bien, ¿por qué tiene que ser tan difícil este momento con vosotras?*». La energía que emano en esas ocasiones es de hastío, de no poder más y ellas lo notan, claro. Luego, lo que queda en mí cuando pasa el conflicto es la sensación de no haber respirado lo suficiente y de no haber sabido ayudar; al contrario, haber dificultado una resolución más consciente y armónica. En ellas, queda la sensación de haber hecho algo «malo» a mamá y que la ha decepcionado. Todo eso implica, luego, un esfuerzo para que comprendan que era mi historia y mi falta de herramientas y de conciencia en ese momento y no ellas, lo que me ha colapsado. Me esfuerzo en quitarles la culpa de encima y no responsabilizarlas de que mamá, hoy, tenga un mal día. Y me esfuerzo para perdonarme a mí misma y abrazarme por no ser consciente todo el rato, por ser humana y cagarla también a veces. En fin, la verdad es que nos sale más «barato» y menos agotador poner un poco más de conciencia y aceptar el conflicto de una forma más amable y sin resistencia.

Así que te invito a que, a partir de ahora, veas el conflicto como una puerta que se abre ante ti y te dice: «*¿Preparado para subir un nuevo peldaño en tu particular escalera de crecimiento personal? ¿Preparado para ver el regalo que puede ser esta experiencia para ti, para ella y para vuestra relación?*».

Si te cuesta, puedes repetirte: «*El conflicto es inherente a la vida. No atravesarlo es postergarlo y hacerlo más complicado la próxima vez. El conflicto nos ayuda a crecer*». La repetición de esta idea y de estas palabras en tu mente irán, poco a poco, cambiando la percepción que tienes del conflicto y, por lo tanto, irán cambiando tus creencias más arraigadas sobre él. Esto te ayudará a liberarte de la presión de tener que evitar vivir conflictos y te ayudará a fluir con lo que ES en cada momento, sea una situación conflictiva o no.

Aflojar resistencias y abandonarte al momento presente, aunque suponga afrontar un conflicto, te ayudará a vivir tu vida de una forma más fluida, más liviana, más consciente y mucho más feliz.

EL MIEDO

He vivido muchos conflictos internos, es inevitable. De pequeña, me acuerdo del conflicto que vivía cada vez que quería tener la edad que no tenía: quería ser más mayor para hacer determinadas cosas o quería volverme chiquita para recuperar ciertos privilegios perdidos. El conflicto de crecer, de hacerme mayor y asumir nuevas responsabilidades a una edad en la que hacer eso me daba miedo. O el conflicto de comprender que esta vida física era finita y que un buen día no podría ver a personas a las que amaba o que mi vida colgaría el cartel de «Fin». Entonces aparecía malestar y malhumor que normalmente pagaban (aparte de yo misma) los que me rodeaban. Ya de pequeña, para protegerme de esta sensación desagradable —que no sabía que era normal, que formaba parte de la vida y que había formas de mitigarla—, empecé a buscar el control.

Si tengo el control de las cosas, o incluso de la vida en general, no habrá conflicto ni, por lo tanto, miedo. ¡Ilusa de mí! Claro que hay conflicto, pero tenemos la ilusión aprendida de que mediante el control podremos evitar los conflictos. Esto, que llevamos escrito bajo nuestra piel, se convierte en un verdadero problema cuando tenemos hijas y el conflicto es con ellas, porque entonces buscamos poder controlarlas para así terminar con esa situación que nos remueve tanto. Nos domina el ego continuamente porque sentimos que son ellas quienes nos meten en ese conflicto, o que lo provocan, y nos es inevitable entonces enfadarnos con ellas. Si las vemos como las causantes de llevarnos a ese lugar de conflicto que ya no nos gustaba cuando éramos pequeños, haremos lo posible para que el conflicto externo que se desata con ellas, termine. Porque ese conflicto choca con el nuestro propio por no haber colocado ese sentir de la infancia en un lugar asertivo, consciente y profundamente comprendido como algo totalmente natural y normal.

Entonces aparece el miedo. No queremos llegar a esos lugares emocionales conocidos que nos remueven por dentro y empezamos a temer las situaciones que nos llevarán hasta allí. Tenemos miedo de que estallen, tenemos miedo de estallar nosotros, tenemos miedo de lo que se produce cuando nos relacionamos desde nuestro niño interior herido y nos comportamos como si tuviéramos cinco años. Tenemos miedo de equivocarnos y de hacerlo «mal». Y desde este miedo totalmente válido, comprensible y legítimo, intentamos poner límites, cargándonos cualquier base consciente sobre la que puedan estar asentados. El pronóstico de cómo acabarán esos conflictos guiados por el miedo es fácil de predecir.

Para poder poner límites conscientes es imprescindible dejar de tener miedo y hacerlo aceptando profundamente la existencia de conflictos, pero también la existencia de la equivocación y del error. Ah, y de la muerte. A veces creo que de lo que no somos realmente conscientes es de que somos humanos, como si fuéramos seres extraterrestres y absolutamente perfectos que no pueden equivocarse y que estarán aquí para siempre. Somos humanos y, como tales, nos equivocamos; porque gracias al error que aprendemos, como los niños que practican el mismo movimiento millones de veces hasta conseguir no caer y mantenerse en pie y, luego, caminar. A nadie se le ocurriría exigir a un bebé que camine perfectamente a la primera, pero nos exigimos como madres y padres hacerlo perfecto cuando jamás hemos criado antes y cuando nuestro niño interior aún necesita ser criado.

Cuando venga el miedo al conflicto en el momento en que tengas que poner un límite, respíralo. Respira ese miedo y normalízalo. Es normal que tengas miedo si siempre has temido al conflicto y si así te han transmitido que debías sentirlo. Respíralo y date cuenta de que eso es un patrón, de que hay otras formas de vivir ESTE momento presente. Puedes, después de respirar el miedo, repetirte que no hay nada que temer, que vivir es esto, y que puedes hacerlo. Puedes lidiar con este conflicto de una forma consciente y asertiva, sintiendo que todo está bien, y que todo esto que estáis viviendo ahora es una oportunidad que se abre ante ti para crecer.

Cuando te venga el miedo a equivocarte, respíralo también y repítete que equivocarse es humano y que es lo más normal del mundo. Que te vas a equivocar muchas veces pero que lo importante no es no equivocarse, sino aprender de los errores. Desde este lugar de aceptación de lo que eres y de quién eres (una persona que vive una vida humana y terrenal, y que aprende cada día un poco más), podrás fluir mejor sin miedo. Y la ausencia de miedo te permitirá estar más conectada contigo y con los demás, para poder poner límites de una forma más consciente, clara y asertiva.

En realidad, tenemos miedo porque juzgamos a todas horas la realidad que nos toca vivir. Ese cabreo de nuestro hijo adolescente, esa pose de nuestro hijo de diez años, esa rabieta de nuestra hija de cuatro. Ponemos atributos a la realidad y a la interacción que tenemos con nosotros mismos y con los demás con una mente que lo juzga todo de una forma muy polarizada: bueno o malo. Si juzgo ese conflicto con mi hijo adolescente como algo malo, las emociones que van a emanar de mí serán, sin duda alguna, muy desagradables; lo que confirma , a su vez, lo que la mente ya decía: que eso que está ocurriendo es malo. Y lo peor de juzgar ese conflicto como algo malo es que, después, la línea entre el conflicto y nuestro hijo es muy fina y podemos acabar pensando que el malo es él. ¿Cuántas veces hemos escuchado «*Ese niño es malo*» o «*Qué buena es esa niña*», con unos parámetros de lo que es ser bueno o malo totalmente distorsionados? La clave para dejar de tener miedo es dejar de juzgarlo todo. Dejar de reaccionar emocionalmente a una forma de pensar muy polarizada y muy juzgadora de toda la realidad que vivimos en cada momento. Cuando comprendemos profundamente que la realidad simplemente ES, y que los atributos que le añadimos forman parte de nuestro propio *background* infinito, podemos empezar a ver las cosas de otra forma. Y desde este lugar de no juicio, de control de la mente y de no reacción emocional, el tránsito de cualquier conflicto es mucho más fácil. Y no solo eso, cuando empecemos a ver la realidad sin juicios, también pasará algo extraordinario: observaremos a nuestros hijos e hijas sin juzgarlos. Podremos verlos y aceptarlos tal y como son, y no según unos parámetros falsos, estigmatizados y capitaneados por una crianza tradicional que ha puesto el adjetivo de «bueno» y «malo» a todo.

Me acuerdo de Clara, una mamá que vino a verme para que la ayudara a destetar a su hijo de un año y medio. Nada más sentarse empezó a llorar. Estaba aterrada y sentía que no sería nunca capaz de decirle a su hijo que la teta se había acabado. Antes de entrar en materia de destete, era importante saber por qué sentía ese miedo tan tremendo a destetarlo que la hacía sentir débil y vulnerable. Poco a poco fuimos llegando a la raíz: toda su vida había sentido una gran exigencia por parte de sus padres. Había sido una niña de las que no molestan nunca, ni incomodan a nadie, y que hace absolutamente todo lo que quieren los adultos. Sus padres se sentían orgullosos de ella porque, decían, era una niña «buena», y Clara se desvivía porque así fuera. Sus ansias de perfección la habían seguido también al independizarse: en la vida laboral, en la vida de pareja y ahora, también, en su maternidad. Quería hacerlo todo de manual y llevaba años diciéndose que ella daría el pecho hasta los dos años, que eso era lo «bueno». Su angustia empezó cuando se dio cuenta (cuando el bebé tenía un año y dos meses) de que ella ya no lo disfrutaba. Pasó tres meses de agobio absoluto: cada toma era un calvario entre *«tiene que mamar porque es lo que toca»* y *«no soporto ya más dar el pecho»*. Se sentía mala madre y esa contradicción entre lo que hacía y lo que sentía la sumía en una profunda tristeza de la que no era capaz de salir.

Empezamos a explorar sus juicios de valor al respecto, en este caso, de la lactancia. Qué era «bueno» y qué era «malo» para ella. Investigamos de dónde había sacado esas conclusiones y de dónde le venía juzgar cada paso de su existencia. *«Toda mi vida ha estado llena de atributos. Cada cosa que hacía tenía la valoración externa de mis padres, y he vivido con el miedo de que si no había una buena valoración, yo ya no era suficiente: como hija, como empleada, como esposa y ahora también como madre».*

Darse cuenta de todo ello fue como empezar a casar con su fuero interno, como hacer las paces con su sentir, y por consiguiente, con ella misma y con su lactancia. Empezó a ver válido y legítimo lo que sentía y eso le dio fuerza para destetar a su hijo de una forma clara y a la vez amorosa. Sostener a su hijo en medio del conflicto por no darle lo que él quería dejó de darle miedo, no sin una gran toma de conciencia previa y de mucho trabajo de respiración para no dejarse llevar por el antiguo patrón.

Poco a poco empezó a dejar de juzgarse a sí misma y eso la ayudó a alinear su alma con sus actos, de modo que pudo poner un límite consciente que llevó a madre e hijo a mantener una mejor relación, después de tres meses turbulentos y desconectados.

LA NECESIDAD DE CONTROL

Para criar y educar conscientemente tenemos que soltar la necesidad de control. Esa necesidad la integramos cuando, de pequeños, sentíamos que —para evitar el conflicto y por lo tanto el sufrimiento— debíamos tener el control de cuantas más cosas mejor, y que así podríamos evitarlo. Si no se nos escapaba nada, dejaríamos de sufrir. Pero resulta que el conflicto y la vida son un conjunto y nuestra necesidad de control no evita que suceda; al contrario, lo tensa todo aún más.

La necesidad de control no es más que nuestro ego, nuestro niño interior herido que intenta protegerse. Es esa reacción de «*Porque lo digo yo y punto*», o «*Aquí mando yo*», como si nuestro niño interior dijera «*Déjame tener el control de esta situación porque, si no, me entra un miedo atroz que me hace sufrir mucho y no puedo sostenerlo*».

Pablo era el padre de un niño de once años que vino a mi consulta con su pareja. Me empezaron a contar las cosas que hacía su hijo y el miedo que tenían de que, en un futuro, acabara siendo el protagonista de un programa de esos de adolescentes que rompen puertas y tratan fatal a sus padres. Mientras la madre hablaba de su hijo con una gran comprensión de su edad, él preguntaba todo el rato cómo hacer que su hijo no se comportara como un niño de once años. En su mente tenía una expectativa: la del niño pequeño que se había pasado tiempo obedeciéndolo sin rechistar y al que le gustaban todos los deportes que practicaba papá y pasar todo el tiempo con él. Ahora que su hijo había empezado a distanciarse, a tener otros gustos y a marcar límites a su padre cada vez que intuía sus ganas de controlarlo, Pablo buscaba cómo hacerlo volver al niño que fue.

Fue todo un proceso de semanas ir entrando en la necesidad de Pablo de tenerlo todo bajo control. «*Es un maniático, se pasa el día con el mocho*», decía su mujer entre risas. «*Es que no puedo soportar ni la suciedad ni el desorden*». «*Ni que las cosas no sean como tú imaginas*», añadía ella. Él necesitaba ver y sentir que todo estaba donde tenía que estar y su hijo había empezado a no encajar en su fantasía de control. Eso lo removía sobremanera, pero, poco a poco, a medida que se fue dando cuenta de dónde le venía la necesidad de control y por qué, pudo ir quitando la presión sobre su hijo y poner el foco en su propio crecimiento personal. Porque en realidad, él estaba harto de vivir con esa necesidad de control que le impedía relajarse y lo que más quería era no perder la conexión con su hijo que, desde hacía un tiempo, había empezado a perder.

En el fondo, lo que le pasaba a Pablo era que su niño interior tenía miedo de soltar el control porque en los momentos de su vida en los que se había sentido tranquilo (especialmente en su infancia primero y en su juventud después), habían ocurrido desgracias que lo habían marcado. «*No puedo relajarme y estar confiado, porque luego me cae un revés*», había integrado su niño interior, así que había tomado las riendas de cómo tenían que ser las cosas para que no vinieran nuevos sustos.

Desde esa necesidad tremenda de tener el control de todo, es imposible poner límites de una forma consciente, porque estamos condicionados por nuestro miedo y por nuestra propia herida. Soltar el control no significa que te dé igual que tu hija cumpla o no el límite, para nada. Ya he comentado que nuestra responsabilidad como madres y padres es conseguir que lo cumplan. Soltar el control significa salir de ese modo egocéntrico inconsciente, que cree que con el autoritarismo y conseguir que él ahora sea como uno quiere será todo mejor. No. A menudo tenemos que aceptar que las cosas no son como nos gustaría, o que nuestro hijo no está reaccionando como habíamos previsto, o que la etapa que vivimos y compartimos está siendo más complicada de lo que creíamos. Soltar el control significa conectar profundamente con el ahora y aquí sin agarrarnos a ninguna expectativa, por pequeña que sea, aceptando que cada momento es desconocido y que tenemos que hacer una especie de ejercicio de confianza ciega en lo que ES ahora y aquí.

Soltar el control es fluir desde el adulto consciente que somos con lo que va ocurriendo. Fluir asumiendo la responsabilidad que nos corresponde, aceptando a la vez que no tenemos el control de la vida, que siempre sabe más que nosotros y nos traerá aquello que necesitemos para subir un peldaño más de nuestra escalera. Que no tenemos el control de la vida ni tampoco de la persona que tenemos delante, y que la forma más responsable de obrar es saber profundamente que de la única que puedo coger las riendas es de mí misma.

Situarme, centrarme en el ahora, conectar conmigo y con el otro, soltar las expectativas y la necesidad de control, poner el límite de una forma clara, asertiva y sin fisuras, etc., sí puedo hacerlo. Lo que tenga que ver con los demás... tengo que soltarlo y aceptar lo que es, aunque no me guste.

EL SERMÓN

Tendemos a sermonear, las cosas como son. Sermoneamos y nos han sermoneado seguramente lo que no está escrito. Buscando el significado de sermón, leo: *«Conjunto de consejos y enseñanzas morales destinadas a reprender a una persona o corregir un determinado comportamiento o actitud, especialmente si resultan largos y pesados»*. Cuando sermoneamos, hablamos excesivamente y desde un lugar de desconexión. Como has leído antes, al final no deja de ser una reprimenda un poco maquillada donde metemos un tostón de discurso sobre por qué no debe hacer lo que acaba de hacer, con una particularidad importante: lo hacemos desde el razonamiento lógico y —especialmente en la primera infancia, una etapa en la que la lógica de los niños no se parece en nada a la adulta— es como hablar dos idiomas distintos. Vaya, que el sermón no sirve para nada.

En realidad, cuando sermoneamos, tenemos la esperanza y el empeño de que, cuando terminemos, nos digan algo así como: *«Guau, gracias por ayudarme a comprender eso tan importante... no me había dado cuenta, suerte que me lo has explicado largo y tendido»*. Entonces, se hará la luz y nuestro hijo dejará de hacer eso que nos ha sentado tan mal. Pero, oh sorpresa, la verdad es que a la segunda frase, al notar por dónde vamos con ese tono y esa intención muy teñidos de juicio, nuestro hijo ha desconectado. Algunos porque no comprenden lo que les decimos; otros porque, aunque lo comprenden, notan que los juzgamos y que no estamos conectando con su sentir ni su punto de vista y, *ciao*, ya lo hemos perdido.

En niños hasta los siete años, nuestros mensajes deberían estar regidos por las tres ces: ser extremadamente cortos, claros y concisos. Ya no digamos si estamos hablando con un niño de dos o de tres años. En ese caso casi deberían ser telegráficos. Pero aunque el peque que tengamos delante tenga ya ocho años, la verdad es que si lo sermoneamos, desconectará igual, porque que te sermoneen es desagradable de entrada. Ese tono, esas ganas que notas en el otro de que le des la razón, ese *«Ahora me escuchas»* que denotan nuestras palabras… no invitan a que podamos conectar. Y ya no digamos con un adolescente. Prueba a sermonear a uno a ver qué pasa, ja, ja, ja,ja… A la tercera frase, o estará rodando los ojos, o te dirá *«No me rayes»*, o estará saliendo por la puerta porque no puede aguantarlo más.

¿Es porque son unos bordes? No, es porque los sermones siempre son un tostón. Imagínate que tú, a tu edad, haces algo equivocado y entonces viene tu pareja, o tu madre, o tu jefe y, sin tener mucho en cuenta qué es lo que te ha llevado a ese error, te empieza a sermonear. Casi estoy segura de que te acabarías enfadando y, lo que es peor, sintiéndote mala hija, o mala pareja, o mala persona, o mala profesional. Los sermones no son nada agradables.

Pero esto no significa que no podamos hablar con nuestros hijos y contarles que han hecho algo mal, claro que sí, ¡solo faltaría! Pero entonces, ¿cuál es la diferencia?, ¿cómo hay que hacerlo? Pues desde la conexión con ese momento presente. Sabiendo la edad que tiene, lo que puede comprender y lo que no, comunicándonos de una forma clara, concisa y asertiva, teniendo en cuenta su sentir y lo que le ha llevado a hacer lo que ha hecho. Teniéndolo a él en cuenta en primer término para que se sienta escuchado y validado y, luego, contándole lo que sintamos que debe saber sobre ese acto, pero con pocas palabras y con mucha claridad, sin dar rodeos ni con tres millones de frases subordinadas. Sin «*Yo a tú edad si hubie-ra hecho eso, etc.*», sin frases que le hagan sentir peor, sin lamentos que no llevan a ninguna parte más que a dar rienda suelta a nuestra frustración y a transmitir la sensación de que no podemos más.

PARA CORREGIR, ANTES HAY QUE CONECTAR

Hay algo que debemos tener muy claro para comunicarnos con nuestros hijos y es que la conexión va antes que la corrección. Es decir, que antes de corregirlos e intentar educarlos para que eso que han hecho no vuelva a suceder, hay que conectar con ellos. Si no conectamos con ellos, nada de lo que digamos después para corregirlos va a tener el efecto que deseamos porque, en su interior, sentirán que no comprendemos su parte, su punto de vista, su sentir o su estar y no habrá pedagogía posible que les podamos transmitir. La conexión elimina el distanciamiento, nos hacemos «uno» y desde ahí sí se favorecen la comprensión y la colaboración.

Supongamos que cometes un error en el trabajo. Estás mal, llevas días sin dormir y no has prestado la atención que merecía a esa tarea que tenías que hacer. La cagas y tu jefa se da cuenta. Podría llamarte a su despacho y sermonearte, cosa que te haría sentir todavía peor y al día siguiente te haría llegar al trabajo con miedo de cagarla de nuevo, por ejemplo. O te podría llamar igualmente a su despacho y decirte que sabe que no has cometido ese error a propósito y que se pregunta si estás bien, si te pasa algo. Se interesa por ti, te escucha y conecta contigo. Y si eso ocurre, juntas buscáis posibles soluciones que puedan hacer que ese error no vuelva a suceder. En ese momento ya te sientes mejor porque se han interesado por ti, han dado por supuesto que esa equivocación era fruto de tu malestar, no de que seas mala profesional y habéis buscado soluciones juntas. Al día siguiente, vuelves al trabajo con ganas de hacer las cosas bien, no por miedo a que te riñan, sermoneen o despidan, sino por formar parte, por colaborar, por sumar y porque quieres poner tu granito de arena para que ese proyecto común vaya adelante.

Carlos era un niño al que se le escapaba la caca. Tenía casi cuatro años y, a pesar de que ya no llevaba pañal, se la aguantaba hasta que no podía más y se la hacía encima. Sus padres se enfadaban porque creían que, pudiendo ir al váter, si no lo hacía era porque quería llamar la atención o fastidiarlos. Cada vez que se manchaba el calzoncillo le decían lo mismo: que ya estaba bien, que ya era mayor, que la caca se tenía que hacer en el orinal o en el váter, y que estaban hartos de limpiarlo cada vez. Cuando hablamos, se dieron cuenta de que se habían olvidado del primer paso: la conexión. Así que la siguiente vez que se manchó, su madre lo miró a los ojos sin enfadarse lo más mínimo y le dijo: «*Debes de pasarlo mal cada vez que te manchas*». Él se quedó parado porque no esperaba esa reacción de su madre, y esta siguió: «*Seguro que no te gusta hacerte caca encima. Siento que te hayamos reñido a veces cuando eso pasa*». De repente el niño respondió cabizbajo: «*Es que me da miedo*». «*¿El qué?*», preguntó su madre. «*Ser mayor*». Ella se quedó estupefacta. Jamás hubiera pensado que él estaba pasando por ese miedo y que esa retención de heces podía tener su origen en ello. Él empezó a llorar y se abrazaron. Desde la conexión, pudieron hablar más y mejor, y ella pudo validar ese miedo, decirle que era normal que lo tuviera. Que soltar a veces cuesta, pero que ahora que lo comprendían lo podrían ayudar mejor. Carlos dejó de tener esos problemas con la retención de la caca al cabo de diez días de esa conversación.

En la conexión nos encontramos. En la conexión aprendemos, empatizamos y crecemos juntos. Por eso, cuando tu hijo se enfade, o cuando no quiera lavarse los dientes antes de acostarse, o cuando no le guste lo que le has puesto de comer, o cuando esté triste porque le ha ocurrido algo que no le ha gustado, o cuando diga cosas que no te agradan, o cuando tu preadolescente no quiera hablar contigo…, no olvides conectar, y para hacerlo tendrás que estar en cuerpo y alma en el PRESENTE, en ese ahora y aquí.

No pienses en el qué dirán, o en si «deberías» hacer tal o cual, o si tienes tres lavadoras por poner, o si mañana en el curro no sé qué. No. En ese momento no toca estar en ningún otro lugar que no sea en ese ahora y aquí. Porque si quieres ayudarlo, solo podrás hacerlo conectando con él, y eso no puedes hacerlo en ningún otro espacio que en ese instante presente. Es en el presente donde se halla la conexión. Surge cuando los dos os halláis plenamente en el aquí y el ahora y es entonces cuando surge la magia y todo cambia. Es entonces cuando se sentirá comprendido y acompañado. Es entonces cuando podréis dar la vuelta a la tortilla.

Observar las interacciones que tenemos con nuestros hijos, tanto si estamos plenamente presentes como si no, nos ayudará a darnos cuenta de cuál es la calidad de nuestra presencia. Poco a poco iremos entendiendo que la conexión está absolutamente ligada al momento presente. Solo se conecta allí. Si lo tenemos claro, nos será más fácil detectar los momentos en los que no estamos presentes y, por lo tanto, podremos volver a nuestro aquí y ahora para propiciar la conexión. Es un buen ejercicio que dará calidad a nuestra relación y a nuestra vida diaria.

LA NEGOCIACIÓN

Hay algo que los niños y las niñas aprenden muy bien de nosotros y es el arte de negociar. Siendo ya pequeños nos han escuchado darles algunas opciones para escoger en algunas situaciones, y han visto que había un margen de negociación que, especialmente después de la primera infancia, quieren explorar a fondo. Digo después de la primera infancia porque antes, en realidad, no saben negociar.

Una negociación ocurre cuando dos personas, para llegar a un punto de acuerdo, saben y comprenden que las dos tendrán que ceder. Llegar al punto de encuentro es el objetivo, ya que entendemos que esa unión es mejor que el choque o que estar en dos sitios totalmente opuestos, e implica que las dos partes sepan expresar lo que sienten y quieren y sepan también escuchar. Para llegar a un acuerdo, muy probablemente las dos partes tendrán que ceder inevitablemente en favor del punto de encuentro.

Con un niño en plena fase egocéntrica (de los dos a los seis o siete años, dependiendo de la madurez), eso será muy difícil porque a esa edad no quiere ceder. Recuerda lo que te he contado antes: están en una etapa de autoafirmación, reivindicación y totalmente egocéntrica. Por lo tanto, intentará negociar y te dirá que sí a lo que le propongas, que acepta el trato, y empezarás cediendo tú porque te ha prometido que luego él o ella hará eso que tú le pides. Pero cuando llegue el momento de cumplir su parte, te dirá que no.

Aquí muchos padres y madres se enfadan: «*¡Pero si habíamos quedado así! ¡Si has aceptado el trato! ¡Ya está bien!*», pero es inútil. Él ha hecho lo único que podía hacer, ser fiel a sí mismo. Es demasiado inmaduro en esta fase como para comprender lo que implica una verdadera negociación, ponerse en tu lugar, etc., así que mejor que lo des por descontado y no te enfades si ocurre. En plena fase egocéntrica es mejor, más que negociar, dar opciones para elegir. Sentirá que puede escoger, pero no estaremos entrando en el terreno de la negociación, donde es demasiado pronto para entrar.

En cambio, podremos negociar con nuestro hijo cuando crezca y haya dejado totalmente la fase egocéntrica. En ese momento, como también en la preadolescencia y en la adolescencia, todos nos convertiremos seguramente en unos expertos en el arte de la negociación porque nuestras hijas lo querrán negociar absolutamente todo y, a veces, como si les fuera la vida en ello. Entraremos en una fase de discusión dialéctica y de buscar puntos de encuentro, de dar vueltas a las cosas, de exponer nuestra visión y escuchar la suya, etc.

Si tienes un hijo en esta etapa, puede que te sientas agotado y a veces dudes de que sea útil tanta negociación. Te entiendo, a veces resulta muy cansado tanta verborrea dialéctica, es normal. Pero te aseguro que sirve —y mucho— para que el niño que tienes delante piense las cosas, las sopese, te escuche, intente ponerse en tu lugar, y aprenda un montón de cosas que ahora aparentemente no ve, pero que lo ayudarán mucho cuando tenga que dialogar y encontrar puntos de encuentro con otras personas.

A veces, quien no tiene claro lo que es negociar son los adultos, que creen que se trata de discutir acabando sin ceder un ápice o sin escuchar el punto de vista de la otra parte ni, por supuesto, ponerse en sus zapatos. No, negociar implica cesión, porque valoramos infinitamente más encontrar la conexión y el lugar donde las dos partes nos sintamos cómodas que salirnos con la nuestra. La negociación consciente implica tener muy claro qué es importante para así poder transmitirlo de una forma clara, pero no desde el ego o el *«Porque lo digo yo»* (eso no es negociar para nada), sino desde la conciencia de que en algo tendremos que ceder.

Eso implica revisarnos, porque a menudo nos daremos cuenta de que nos cuesta mucho ceder, que nos incomoda, que nos irrita y que se nos remueven cosas internas inconscientes que es necesario sanar. Bien, en todo caso todo este proceso es bueno. Lo que nos sucede a menudo es que, como no nos han enseñado a negociar porque no han negociado con nosotros cuando éramos pequeños, el patrón aprendido es el de *«Porque lo digo yo»* y, claro, con este *background* de fondo, entrar a negociar se hace difícil porque nos resistimos. Se remueven nuestros cimientos, nuestro ego se retuerce y entran las dudas: *«¿Estaré siendo demasiado blanda?»*, *«¿nos estará tomando el pelo?»*, *«¿lo estaremos mimando al dejarle negociar con nosotros?»* y un largo etc. Lo único que sucede es que no sabemos negociar porque a hacerlo se aprende negociando; y, cuando no han negociado de pequeños, de preadolescentes o de adolescentes con nosotros, pues no lo hemos integrado. Digamos que empezamos a negociar en pañales con nuestros hijos y, claro, se nos hace todo muy cuesta arriba. No sabemos escuchar profundamente, negociamos mientras los juzgamos, no sabemos expresarnos desde nuestro sentir y empezamos con el *«Es que tú…»*, que lo acaba corrompiendo todo.

Cuando aún no había explorado profundamente en mí misma lo que implica la negociación, a veces sentía que una única negociación la llevaba bien: ponía conciencia en el diálogo, en las formas, etc., pero cuando ese mismo día íbamos ya por la tercera negociación y mi hija mayor seguía contándome su punto de vista sobre un tema en particular y no quería ceder en nada, yo sentía que me quedaba sin energía. Me cansaba, literalmente, tener que hacer ese ejercicio profundo que implica la negociación y sentía tentaciones de llegar al «*¡Basta ya! ¡Pues se hará como yo digo y punto!*» y acabar así de golpe con tanta dialéctica.

Porque negociar con niños y niñas insistentes que tienen las cosas muy claras a veces es terriblemente agotador. Son niños capaces de darte mil motivos para que comprendas su postura y acabes cuestionando la tuya. Si no fuera porque estás negociando con ellos —y pudieras verlo de lejos—, te sentirías orgullosa de sus estrategias en el arte de la persuasión.

Ay... ella lo notaba. Notaba mi cansancio y mis ganas de entrar en el «*Porque lo digo yo*» o en el «*Pues haz lo que quieras*», así que, cuando me di cuenta de ello, empecé a pedir tiempo. Vi que yo no siempre estaba disponible para una negociación y que había momentos en los que no la podía sostener porque tal vez incluso no había tenido ni tiempo de pensar cuál era mi posición, o si ya era momento de modificar esa norma, por ejemplo. Así que se lo dije: «*Mira, no puedo discutir ahora sobre esto porque necesito pensarlo detenidamente, hablarlo con tu padre y luego, si quieres, hablamos, pero no ahora, deprisa y corriendo cuando faltan cinco minutos para que entres en el cole*».

Ese fue un gran avance: darme cuenta de que podía respetar mi necesidad de tener algo más de tiempo para que mi posición a la hora de negociar fuera más consciente, más clara y, por supuesto, con más posibilidad de construir un punto de encuentro común en el que las dos nos sintiéramos cómodas y de acuerdo. Y no solamente eso: decidir también de una forma consciente si eso que me discutía tenía o no negociación posible.

Una vez más, eso tenía que ver con mi límite: yo no quería discutir de forma inconsciente en un momento que no era para nada adecuado y que no serviría para construir nada bueno. Pero ya sabes, la impaciencia de los hijos a veces nos empuja a tomar decisiones para nada meditadas. Bueno, tenemos derecho también a pedir tiempo, especialmente cuando nuestros hijos ya tienen de ocho años para arriba. Esperar para negociar y así poder hacerlo de una forma más conectada, asertiva y consciente también es una opción, no lo olvides.

A su vez también quiero que sepas que, aunque tu hijo ya esté preparado para negociar, puede haber cosas no negociables. Por ejemplo, tu hijo de once o doce años puede pedirte un móvil y habéis decidido que ni lo necesita ni le hará, por ahora, ningún bien, así que le decís que no. Él protesta y lo rebate pero tenéis clara vuestra decisión. Bueno, también es válido, hay cosas que comprenderá cuando sea mayor; y transmitirle que hay cosas que no vais a negociar también le da la posibilidad de aprender lo mismo: comprender dónde está su límite y decir «no» a cualquiera que quiera traspasarlo.

LAS CLAVES PARA UNA BUENA NEGOCIACIÓN

Para poder llevar a cabo una buena negociación tenemos que hacerlo desde un lugar consciente y huyendo del ego y de las ganas de salir «ganadores». Visualizar la relación de padres e hijos como una batalla (algo muy frecuente, por desgracia) es un error. Para entrar en una negociación con nuestros hijos —que tenga buenos resultados para todos y especialmente para nuestra relación— tenemos que conectar profundamente con que esto no es una guerra en la que uno gana y otro pierde, sino que se trata de buscar un bien común, que nos satisfaga a todos y nos ayude a sentirnos más a gusto y conectados.

Dicho esto, aquí van algunos puntos que es importante tener en cuenta y que te ayudarán a explorar desde dónde negocias con tus hijos.

- **Tener claro nuestro límite:** Para empezar a negociar con quien sea deberemos tener claro dónde está nuestro límite. Solo cuando lo tengamos claro podremos transmitirlo también desde la claridad y la conexión.

- **Saber cuál es su límite:** Incluso aunque tu hijo o hija no sepa todavía cuál es, si mantienes una escucha abierta y conectas con la energía que emana, sabrás dónde está su límite y en lo que no va a ceder porque es muy importante para él o para ella.

- **Escuchar de forma activa:** Muchas veces las negociaciones no llegan a buen puerto porque no sabemos escuchar. Interrumpimos, ponemos caras, juzgamos las palabras del otro y nuestra energía transmite desconfianza y agobio cuando el otro se está intentando expresar. Mantenernos atentos, escuchando de una forma activa y presente, transmite a la otra persona que sus palabras, su opinión y su ser son importantes para nosotros. Le estamos diciendo: *«Te escucho, te veo, me importas».*

- **Hablar desde el corazón:** No se trata de sermonear o contar nuestro punto de vista desde el machaque o el enfado. Se trata de abrirnos y exponer nuestro sentir y nuestra forma de ver eso que nos ocupa. De transmitir por qué creemos que lo que exponemos es importante. Para hacerlo tenemos que abrirnos, ser sinceros y transparentes. La energía en la que vibraremos desde este lugar de no juicio y de sinceridad creará un clima mucho más propicio a la conexión que al alejamiento.

- **Preguntarnos ¿Qué quiero co-crear?:** En toda relación, discusión, negociación o interacción, las dos personas aportamos el

50% de la energía que se crea en ese momento. Ser conscientes de ello en la relación nos ayudará a adueñarnos de nuestra parte y a responsabilizarnos de cómo nos comunicamos y qué hacemos.

Lucía era una preadolescente de once años a quien le gustaban mucho las pantallas. Sus padres se estaban agobiando porque cada día acababan discutiendo debido al tiempo que pasaba delante de la *tablet* que ellos mismos le habían regalado la Navidad anterior. El límite no estaba claro y, cuando lo ponían, era de una forma arbitraria. Según Lucía, ellos no se interesaban por lo que ella hacía con la pantalla e insistía que ella aprendía muchísimas cosas. Cuando me contactaron porque, según dijeron, *«tenemos un problema con la gestión de pantallas en casa»* les pregunté si se habían sentado a escuchar a su hija y a argumentar por qué para ellos era importante que ella no pasara mucho tiempo delante de la tableta. No lo habían hecho: su relación cuando hablaban de ese tema se establecía desde la discusión, las amenazas, los enfados y la desconexión. *«Es el único problema que tenemos con ella»*, me confesaban.

Ellos estaban un poco asustados porque dominaban muy poco o nada ninguna de las aplicaciones o juegos que a Lucía le gustaban y les daba miedo que eso fuera peligroso. Desde el miedo, la juzgaban y se enganchaban con ella cada día, lo que era agotador para todos en casa.

Cuando nos reunimos con los padres de Lucía les pregunté qué sabían de lo que usaba y hacía ella con ese aparato. Como no lo conocían, les dije que lo primero era informarse, abrirse una cuenta en esas aplicaciones e investigar ese juego con el que ella tanto quería jugar. Lo hicieron. La información les dio seguridad y calma y desde ahí, sin miedo y con más conciencia de lo que *sí* y de lo que *no* querían para Lucía, pudieron sentarse a negociar. Hablamos mucho de cómo tenía que ser esa conversación o, más bien, desde dónde tenían que afrontarla ellos dos. La madre y el padre se mostraron abiertos a escucharla, cosa que a su hija le sentó muy bien, y pudo ir explicándoles qué era lo que más le gustaba, qué cosas estaba aprendiendo y cómo y cuándo usaba cada cosa.

Luego, ellos le contaron (desde la información que ahora sí tenían) qué pasaba si estaba demasiado rato delante de una pantalla y que no era tanto lo que hacía sino lo que dejaba de hacer (otras actividades que también le encantaban, o relacionarse con ellos, o con su hermano más pequeño). Después de escucharse mutuamente, empezaron a buscar un punto en común que estuviera claro y que sirviera de límite donde todos se sintieran cómodos. Y lo hallaron.

Desde ese lugar de comprensión mutua, a Lucía no le costó nada respetar ese límite y, aunque ella hubiera querido más tiempo de *tablet* a la semana, aceptó que no pudiera ser posible. Porque ella también había ganado algo en todo eso: para empezar, sus padres dejaron de juzgarla y reñirle, pero además, se informaron e interesaron por las cosas que a ella le interesaban y de las que nunca podía hablar con ellos porque se ponían tensos y empezaban a discutir. Ellos habían cedido (hubieran querido cero tiempo de pantallas para Lucía) y ella también (rebajando el tiempo que pasaba con ellas). Ahora el límite estaba claro y satisfacía a las dos partes. La negociación había dado sus frutos.

Explora

https://www.miriamtirado.com/audios-limites-explora/

Llega el momento de parar y observar lo que se ha removido o movilizado en ti. Conecta ahora con tu cuerpo y empieza con una respiración pausada, consciente y atenta. Observa cómo el aire entra y sale de tu cuerpo y con cada exhalación ve soltando posibles tensiones que hayas acumulado. Lleva el aire a la zona que duela o que notes tensa y sigue respirando, muy consciente de lo que va pasando en tu cuerpo. Este es tu templo: ser consciente de él y atender lo que te va indicando, escuchar la información que tiene que darte, es importante para gozar de una buena salud. Inhala... exhala... y haz espacio a lo que tu cuerpo tenga que contarte... Escúchalo desde una presencia plena. Ahora y aquí.

Te invito ahora a observar qué pensamientos están ocupando tu mente y cuáles se han ido disparando a medida que avanzabas en la lectura. No te enganches a ellos, no permitas que se te lleven y te desconecten de este momento presente. Solo hazlos conscientes y date cuenta de que están, presta atención a lo que te cuentan. Si notas que se te llevan, vuelve a la respiración, reparando en cómo el aire entra y sale de tu cuerpo. Inhala... Exhala...

Una vez que hayas observado tu cuerpo y tu mente, conecta ahora con tus emociones... ¿Qué estás sintiendo ahora mismo? ¿Podrías poner nombre a la emoción principal que habita en ti ahora? Sea la que sea, valídala y respírala. Tanto si es agradable en el cuerpo como si la vives como desagradable, hazle espacio para que se pueda manifestar y posteriormente, cuando la hayas atendido, pueda disiparse. Si te vienen ganas de llorar, llora. Si te viene una sensación de paz y bienestar, respírala para que pueda llenarte y nutrirte. Si te viene malestar, respíralo y deja que salga hacia afuera, porque quizás llevaba tiempo esperando ser visto.

En las últimas páginas has leído sobre el miedo, sobre la necesidad de control, sobre la negociación... y quizás se han removido cosas en tu interior. Explóralas. ¿Es el miedo lo que te ha inquietado? ¿O son esas ganas de tener el control de todo con la falsa ilusión de que así estarás mejor y te sentirás seguro? ¿O es la negociación que no tuviste la que tal vez está conectando contigo ahora?

Sea lo que sea, respíralo... y deja la puerta abierta por si dentro de un rato, o de unos días, puedes encajar algunas piezas del puzle que habían quedado apartadas para comprenderte mejor, no solo al niño que fuiste sino también al adulto que eres hoy.

Todo está bien. Atender lo que es te ayudará a sentirte cada vez más conectado y más presente y eso te conectará también con los demás. Practica la atención plena en distintos momentos de tu día para poder ir poniendo atención a qué nivel de presencia tienes en relación contigo mismo, con tus hijos y respecto a los límites que pones. Si sientes que es difícil, desmonta esta creencia y solo atrévete a dar el paso y practicar, practicar y practicar. Observa y respira...

Resumiendo

- *El conflicto que puede aparecer cuando ponemos límites no es ni malo ni negativo, simplemente ES. Haz conscientes las creencias que tienes sobre el conflicto y procura cambiar tu percepción.*
- *El conflicto es inherente a la vida. Detecta qué patrón has usado para no enfrentarte a él y no sufrir.*
- *El conflicto nos ayuda a aprender e ir creciendo no solamente como madres, padres o hijos, sino también como personas.*
- *El miedo a menudo es el causante de la mala gestión de los conflictos a la hora de poner límites.*
- *Revisa tus miedos y hazlos conscientes para que no sean un obstáculos a la hora de conectar con tu hijo.*
- *Si en pleno conflicto aparece el miedo, repítete: «El conflicto forma parte de la vida. No atravesarlo es postergarlo y hacerlo más complicado la próxima vez. El conflicto nos ayuda a crecer».*
- *El sermón nos distancia y nos desconecta. Hagamos frases cortas, claras y concisas pero antes...*
- *Para corregir, antes hay que conectar. No existe corrección posible ni posibilidad de voluntad de colaboración si tu hijo antes no siente*

que has conectado con él. Y no podrás conectar profundamente si no estás anclado en el presente: aquí y ahora.

- La negociación no puede llevarse a cabo cuando la niña está en la etapa egocéntrica. En ese caso es mejor dar opciones y que pueda escoger, sabiendo que no tiene la madurez suficiente como para negociar algo que luego pueda sostener.

- En una negociación ambas partes ceden en algo, y un niño en plena fase de autoafirmación no querrá ceder en nada, y es normal.

- En cambio, será muy útil cuando la lleves a cabo con niños más mayores y especialmente si lo haces desde un lugar conectado y consciente, poniéndote en su lugar y sabiendo también cuáles son tus líneas rojas.

- Hablar desde el corazón, lejos del ego, escuchar de forma presente y activa y saber que somos parte co-creadora de esa negociación, nos ayudará a que esta llegue a buen puerto.

CAPÍTULO 8:
CRUZAR LA LÍNEA

CUANDO NO RESPETA EL LÍMITE

Un día tu hijo o hija no respetará el límite que le has puesto y será absolutamente normal. No hace falta rasgarse las vestiduras porque un niño no cumple aquello que le hemos dicho que es sagrado. Es decir, entra dentro de lo esperable. Eso no significa que tenga ni que gustarnos ni que tengamos que quedarnos de brazos cruzados, sino que debemos entender que a veces necesitará no respetarlo para comunicarnos algo (luego veremos qué) o que simplemente necesita «buscar» dónde está el tope, dónde está la barrera.

¿No te ha pasado que sientes y notas cómo tu hijo va buscando el límite continuamente, como intentando que llegues a tu límite interno de *«hasta aquí»*? Y... ¿no has notado cómo esto lo hace a veces saltándose los límites, como para investigar si eso que le has puesto era un límite o más bien una norma que se puede traspasar a veces? Si tienes hijos estoy segura de que algún día has notado esa sensación de *«¿Por qué hace esto? Ya sabe que esto no lo puede hacer y, aun así, erre que erre con saltarse este límite, parece que busca desafiarme»*. Nos irritamos porque esa búsqueda de límites, de estructura en realidad, impide que nos relajemos y sentimos que no podemos bajar la guardia.

Esto que hacen es normal y no solo eso: necesitan hacerlo. Necesitan encontrar las paredes de lo que es seguro, a muchos niveles, y a veces las paredes únicamente se encuentran tocándolas y llegando hasta ellas, o explorando lo que hay al otro lado, es decir, saltándolas. Con mi primera hija, cuando tenía cuatro años, me acuerdo de andar muchos días por la cuerda floja. Yo intentaba ser paciente, sabiendo que ella necesitaba encontrar esos límites por ella misma a pesar de habérselos contado yo muchas veces, pero era agotador. Ella quería mostrarme sus ganas de autonomía e independencia. Me decía cosas como «*Tú no mandas*» o «*Yo ya soy mayor*», como si quisiera dejar muy claro que ella era una persona que pensaba y que tenía opiniones distintas a las mías y que no le gustaba lo que yo le decía.

Normal, tenía cuatro años y los niños y niñas a esa edad están de lo más *hardcore*. El pico de fase egocéntrica junto con mogollón de inseguridades hacen el *pack* perfecto para estar removidos a más no poder y sacarlo con sus adultos de referencia. En esos momentos yo tenía que respirar muy hondo, especialmente si estaba cansada o si estaba en fase premenstrual porque de alguna forma, por dentro, sentía que me «buscaba». Buscaba el conflicto, el enfrentamiento, como para saber «hasta dónde». Y a mí eso me agotaba horrores. Lo llevaba bien, en cambio, los días en los que había descansado, había tenido momentos para mí, estaba contenta, o era fin de semana. En los días que no me repetía *«yo soy la adulta»* para que mi niña interior no saltara y se lo tomara como algo personal para reivindicarse y actuar también como una niña de cuatro años. Fue un trabajo titánico que ahora estoy repitiendo, otra vez, durante su adolescencia. Esto de la maternidad es el curso de crecimiento personal más intenso y profundo que jamás haré, ¡ya te digo!:)

Necesitar separarse de ti, necesitar saber dónde están las «paredes» para poder sentirse seguro en una estructura que les permita crecer tranquilo y feliz, es uno de los motivos por los que a veces se saltan los límites o lo intentan. Pero también puede haber otros que te detallo a continuación.

Está enfadado porque no se siente ni visto, ni escuchado, ni tenido en cuenta

Esto es algo que siempre necesitan todos los niños y niñas del mundo: sentir que los vemos, que son importantes para nosotros y que los escuchamos y tenemos en cuenta. Si por lo que sea sienten que no, eso les provocará un malestar interno en forma de rabia, frustración, impotencia, etc., que necesitarán hacernos saber. Como los niños no son muy diplomáticos que digamos, es posible que cuando les digamos *«Vamos a la ducha»* o *«Ahora hay que lavarse los dientes»*, por poner algunos ejemplos, se nieguen y quieran saltarse ese límite que conocen de sobra.

En estos casos, intenta darte cuenta de que su negativa es solo lo que te indica que está mal. No te enganches a su «no» o a su enfado, y simplemente sé consciente que algo no va bien con él. Conecta profundamente con lo que ha pasado ese día, o los anteriores, para poder descifrar por dónde pueden ir los tiros y cuando lo tengas o lo intuyas (aquí la intuición puede ser de gran ayuda), compréndelo, valídalo y conecta con él. Cuando hayas conectado, es muy probable que no tenga ningún problema en lavarse los dientes o ducharse, pero nunca antes de haber notado que es visto, escuchado y tenido en cuenta.

Siente que no pertenece

Te ve ajena a él o a ella, siente que no estás conectado con él, y que, por lo tanto, no pertenece al grupo que creáis tú y tu pareja; o tú, tu pareja y tus otros hijos en el caso de que los tengas; o tú y sus hermanos, por ejemplo. El miedo a no pertenecer y a sentirse «fuera de lugar» provoca un malestar intenso que necesitará expresar de las formas menos asertivas que te puedas imaginar.

Para el ser humano (social, con una gran necesidad de sentir que pertenece al grupo), sentirse desconectado, alejado o aislado es tremendamente doloroso. Procura revisar si esa desconexión que puede sentir es real o simplemente una percepción suya. Si lo es, pregúntate por qué y explora si le habéis dado motivos para sentirse excluido de vuestro grupo «familia». Hablar de ello de forma sincera y abierta seguramente lo ayudará a sentirse visto y ahuyentará los fantasmas. Pero si, efectivamente, sientes que tiene razón y que en parte estáis desconectados y lo apartáis un poco de vosotros quizás porque lo sentís el niño «difícil» o el preadolescente «rebelde», haz lo posible por volver a conectar. Necesitáis momentos a solas, hacer cosas que os gusten y podáis compartir, hablar de lo ocurrido e incluso llorar juntos. En el caso de que sea un adolescente, necesita que te intereses por lo que le gusta, sea lo que sea. Necesita sentir que te importa, que no te alejas, por mucho que el mundo en el que está ahora te sea muy ajeno y lejano.

Te echa de menos, o porque no te ha visto o porque no estás presente

No te ha visto lo que le hubiera gustado y siente un malestar que es fruto de la añoranza. Está mal porque ha pasado miedo cuando no estabas, pero a la vez está enfadado porque te has ido demasiado tiempo según él. Necesita llamar tu atención y que te des cuenta de que él te necesitaba y no estabas. Saltarse un límite que le has puesto o que conoce es la forma más fácil de decirte *«Ahora atiéndeme».*

Esto también puede ocurrir aunque hayamos pasado las 24 horas del día con él, porque a veces estamos, pero sin estar. Estamos de cuerpo presente pero con la mente y el alma en otra parte, y eso los niños y las niñas lo captan muy bien. Es algo muy desagradable notar que la persona con la que estás está muy lejos de ti. Eso también produce malestar a un niño que nos necesita en cuerpo y alma, así que pronto descubre que saltarse un límite es algo que hace que lo dejemos todo y nos centremos en lo que acaba de pasar al cien por cien. Aunque sea por las malas, digamos que ¡al fin! nos tienen presentes. Cuando se salte un límite siempre revisa dónde (literal y metafóricamente) has estado en las últimas horas, días o semanas.

Tiene celos.

Los celos son una emoción muy desagradable y producen muchísimo malestar. Detrás de los celos se esconde el miedo profundo y doloroso a que lo queramos menos que a su hermana, a ser menos. Ese malestar tan incómodo hace que el niño no pueda sostener lo que siente, porque tampoco lo acaba de comprender. Solo siente una sensación muy desagradable que muchas veces se exterioriza en forma de enfado hacia mamá y papá. Una vez más, saltarse el límite que le ponemos es la forma más fácil de hacernos saber que está mal y que necesita ayuda. No te enganches a lo que acaba de hacer y repítete que eso es solo el síntoma, que tienes que ir a la raíz.

Cuando llegamos a la raíz de lo que le preocupa e incomoda, podemos volver a conectar con nuestro hijo y podemos ayudarlo a sacar tanto malestar, incomodidad y miedo. Nuestra misión en ese momento es transmitirle la seguridad de que sí que lo queremos, más de lo que puede imaginar, de que lo que siente es normal, y que lo comprendemos. Luego, una vez hayamos hecho todo eso, le ayudaremos a gestionar esas situaciones de una forma más asertiva las próximas veces, insistiendo en la importancia de comunicarnos desde la palabra.

Siente que hay demasiado control y lo rechaza (ego).

Si no hemos puesto conciencia a los límites y en las normas que intentamos transmitir en casa, estos están muy desconectados no solo de nosotros mismos sino también de tu hija. Lo notará y eso no le gustará nada. Primero porque puede notar una arbitrariedad o un control excesivo que la incomoda. Pero no solo eso, también la hace sentir muy insegura porque siente un «abuso de poder» en nuestra necesidad de control y nuestro autoritarismo con tanto límite y tanta norma inconsciente.

Nuestra hija (en caso de que sea pequeña) eso no lo piensa, pero nota la energía con la que nos comunicamos en estas cuestiones, absolutamente gobernada por la necesidad del control fruto del miedo. Ante todo ello sentirá rechazo. Su ser dirá «no» para, de alguna forma, hacernos despertar y ver que ella es una persona digna de respetar y tener en cuenta de una forma consciente. Dirá «no» para hacernos ver que nos estamos pasando de la raya. Será su forma inconsciente de decirnos *«revísate y respétame».* Si es una niña más mayor, te dirá directamente que dejes de controlarla. Antes de ponerte a la defensiva y sentir que lo que dice son bobadas, pregúntate si efectivamente estás demasiado encima de ella porque tienes miedo o porque sientes que se aleja. No ignores sus palabras: si lo dice es que, por momentos, lo siente. Escúchala y observa si puede tener algo de razón.

Está cansado y descolocado.

Cuando un niño está cansado tiene una necesidad básica no satisfecha. Eso provoca tal malestar que es muy probable que en estos momentos de estrés para él se salte algún límite, lo que vendría a ser un grito de socorro en plan: *«No puedo con mi vida, ayúdame y acuéstame».* Pero también puede pasar eso cuando tu hijo se sienta descolocado porque ha habido un cambio importante de rutina y eso lo haga sentir inseguro o raro.

Por ejemplo, en vacaciones, cuando cambiamos de lugar, de personas con las que nos relacionamos, de rutinas horarias, de alimentación, etc., puede provocarle desconcierto y sensación de desubicación que lo harán sentirse inseguro. La inseguridad para un niño es profundamente desagradable, porque lo que más necesita es sentirse seguro. Cuando eso está en juego, reclamará ayuda y la forma de comunicárnoslo, especialmente si está en la fase egocéntrica, será en forma de llamada de atención rechazando los límites o las normas que le ponemos.

Por eso, revisa siempre que sus necesidades básicas estén satisfechas, anticípate y ten en cuenta cuán seguro se siente en cada situación para poder poner palabras a sus sensaciones y así, mediante la validación y la comprensión profunda, hacerlo consciente y poderlo ayudar a transitarlas mejor.

* * *

En todos estos casos antes mencionados, no es nada personal. Sí, quiere saltarse o se salta el límite o la norma que le has puesto, pero no es porque no te quiera o no te tenga en cuenta. Al contrario. Es justamente porque te quiere y te necesita tanto. Es porque eres tan importante para él que todo cuanto le ocurre aparece cuando está contigo porque a ti te tiene confianza, porque contigo se lo permite. Se permite llevarte la contraria y decirte «no». Se permite mostrarse tal y como está por dentro en cada momento.

Aunque esto pueda parecer algo personal como si te estuviera tomando el pelo o como si no te quisiera, es justamente lo contrario. Porque te quiere muchísimo y eres su persona de referencia. Porque confía en ti y se expresa tal y como siente cuando percibe ese malestar.

Si eres docente, puedes sentir que eso sí es personal, porque quizás piensas que tu alumno no te quiere y lo que realmente hace es ponerte contra las cuerdas. Entiendo que lo sientas así, el trabajo que hacéis es inmenso con las ratios que tenemos en la mayoría de los países, y cuesta muchísimo darle a cada alumno lo que necesita. Pero créeme, si contigo se expresa así, puede que su malestar sea inmenso y ya no se lo pueda guardar en ninguna ocasión de lo grande que es, o que sienta que tú puedes ayudarlo de alguna forma. Como si te gritara a ti también un grito de socorro que nadie parece escuchar.

Deja a un lado la sensación de impotencia que te produce su comportamiento y conecta con ese grito. Pregúntate: «*¿Es que su malestar es infinito y ya no puede esconderlo más con nadie ni en ninguna situación, o es que hay algo que le indica que lo puedo entender y ayudar?*».

Tu intuición te puede guiar en eso y, cuando sientas cuál es la respuesta, cuando se produzca alguna situación de conflicto con él, intenta conectar validándolo, si no en el aula, en otro momento a solas. Que vea que tú sí lo ves, que sí te importa y que sí lo atiendes.

EL CASTIGO

Cuando los niños no respetan el límite, a muchos adultos se les enciende el volcán y sienten la necesidad de castigarlos para, así, «enseñarles» que eso está mal y que no deben volver a hacerlo jamás. Eso ocurre porque, como has visto a lo largo de todo el libro, los adultos estamos más tiempo en modo niño interior que en modo verdadero adulto, y se activan nuestras viejas heridas. De ahí, de esas heridas, nacen nuestras ganas de hacerlos pasar por lo mismo que acaban de hacer, o de quitarles algo que adoran, o de negarles algo que les hacía mucha ilusión hacer. Cualquier cosa que siembre en ellos la misma tristeza que estamos sintiendo nosotros al sentirnos decepcionados con su actuación, humillados o no tenidos en cuenta por ellos.

Visto desde lejos y con perspectiva, puedes darte cuenta de que esto no tiene ningún sentido pedagógico. Básicamente porque aquí los únicos niños que hay son ellos, y se supone que nosotros deberíamos tener más información, capacidad y herramientas para actuar y responder desde otro lugar y con otras formas mucho más conscientes y asertivas. Sí, eso sería genial que fuera la realidad, pero lo que ocurre es que ni somos tan conscientes, ni hemos sanado nuestras heridas, ni tenemos referentes de cómo enseñar a nuestros hijos a respetar los límites desde otro lugar.

Porque... a ver... ¿a quién no lo han castigado alguna vez? En casa, en la escuela... el castigo (y especialmente en la época en la que creciste) estaba al orden del día. ¿No haces lo que yo te ordeno? Pues el sábado no irás a la piscina, con lo que te gusta. ¿Has pegado a tu amiguito? Pues esta noche te quedas sin postre. ¿No vuelves a la hora que te indico? Pues una semana sin ver a tus amigos. ¿Hablas mal a tu hermana? Pues castigado sin salir de tu habitación hasta la hora de cenar. Una relación causa-efecto perversa que busca un daño más o menos equiparable al que nos acaban de causar. Obviamente, sin conectar ni con la raíz; ni con lo que ha ocurrido de verdad; ni con lo que intenta decir y quizás no vemos; ni con si tiene las herramientas para hacerlo de otra manera, ni si somos un buen ejemplo de gestión asertiva y respetuosa, etc.

Pura causa-efecto, pero con un efecto que normalmente no tiene nada que ver con lo ocurrido. Algo que quizás está alejado tanto del tema que nos ocupa como en el tiempo en el que ocurre. Por ejemplo, haces algo que no me gusta ahora y aquí y te castigo con no ir al parque de atracciones (no tiene nada que ver con lo ocurrido) el fin de semana que viene (lejos del momento presente).

Así es un castigo: arbitrario, que busca hacer daño y que se impone desde el resentimiento, con el niño interior activado, y desde la desconexión más absoluta. Y, a pesar de todo lo que acabo de contarte, comprendo perfectamente a los padres y a las madres que castigan a sus hijos. No lo comparto y ojalá no lo hicieran, por supuesto, pero los comprendo profundamente. ¿Cómo no hacerlo si ellos mismos han sido niños castigados? ¿Cómo no hacerlo cuando ni ellos ni nosotros tenemos referentes claros de gestión de conflictos asertiva y conectada? ¿Cómo no hacerlo cuando llevamos siglos a cuestas de maltrato y de castigo a los niños en todo el mundo?

Vamos, que lo «habitual» y lo «fácil» (porque es lo familiar y conocido) es castigarlos. Pero hay un problema: que no funciona. No funciona en absoluto, ni para ellos ni para nosotros.

EL CASTIGO NO FUNCIONA

El castigo en sí mismo es una falta de respeto, porque no tiene en cuenta nada más que a nuestro niño herido y removido que se activa y que quiere hacerse respetar. Castigarlos porque sentimos que *«nos han faltado al respeto»* faltándoselo a ellos les está enseñando que faltar al respeto es algo que, en realidad, sí pueden hacer, porque los adultos que más los aman bien lo hacen con ellos. Así que, aunque parezca rocambolesco y retorcido, al final estamos intentando enseñarles que no pueden saltarse los límites saltándonos nosotros mismos el más importante y sagrado, que es el del respeto. Una línea roja en toda regla que salta por los aires porque no sabemos cómo no reaccionar desde el automático. Otro de los mensajes que transmite el castigo es: *«La próxima vez que me salte un límite tengo que intentar que no me pillen»*, por ejemplo.

Pero hay otros motivos por los cuales el castigo no funciona. No solo lo que enseña, como te acabo de contar, es lo contrario de lo que queremos que aprendan, sino que también les hace sentir muy mal. El castigo conectado con algo arbitrario que les quitamos o imponemos, al no tener nada que ver con lo que acaba de ocurrir, se siente como una injusticia. Pero no solo porque se siente como algo que no tiene sentido, sino porque además no tiene en cuenta el porqué ese niño o ese adolescente se ha saltado el límite. No tiene en cuenta la raíz de lo ocurrido y solo se fija en el síntoma, en lo que vemos y en lo que se muestra. Con lo cual, los castigos nos desconectan de nuestros hijos y les causan sentimientos de enfado, rabia, injusticia, vergüenza y resentimiento.

Algunos ejemplos. Ese niño de seis años que no consigue estar toda la mañana sentado en el aula y, cuando se levanta (saltándose así el límite impuesto), lo castigan en el pasillo, fuera del aula media hora. Esa niña de tres años y medio que, con esa necesidad de diferenciarse de sus adultos de referencia y de autoafirmación, al ver que sus padres no tenían en cuenta su opinión, cuando se enfada e intenta pegarles, la castigan quitándole su juguete favorito. Ese adolescente que, al saltarse el límite de llegar a la hora indicada porque necesita más libertad y menos control, lo castigan con una semana sin móvil.

En estos castigos ni se han tenido en cuenta los motivos que han llevado a cada uno a hacer lo que ha hecho, ni se ha conectado con la necesidad primaria, ni se han buscado nuevas soluciones que garantizaran el respeto de los límites teniendo en cuenta las necesidades. Ha habido, en cambio, una imposición fruto del enfado y del «ordeno y mando».

El castigo tampoco funciona porque está basado en el miedo, esperando que el niño no vuelva a hacer eso que hizo porque tenga miedo a un nuevo castigo, no porque haya entendido que ese límite está escrito en piedra porque es importante y no puede saltárselo. Es decir, no hemos enseñado nada positivo. Basar las interacciones importantes en la crianza o educación en el miedo es muy peligroso. Primero porque siembra una desconexión muy importante entre padres e hijos, pero también porque siembra la desconfianza y la percepción inconsciente de que si los que supuestamente más te aman te tratan así, entonces puede tratarte de esta forma cualquiera. Porque se instala la creencia de que lo mereces.

El castigo daña profundamente la autoestima de nuestros hijos. Solo por eso ya no deberíamos castigarlos nunca. Una vez, un cliente al que habían castigado mucho me dijo: «*El castigo a mí me enseñó que mis padres ni me entendían ni querían entenderme, cosa que me producía todavía más enfado y rebeldía... y que lo único que tenía que hacer cuando me saltara algún límite era procurar que mis padres no se enteraran*».

Creo que nadie quiere este tipo de relación con sus hijos... La crianza y la educación basadas en el miedo tienen además otro hándicap y es que algunos niños y niñas, cuando crecen, oh sorpresa, dejan de tener miedo. Ya les da igual que les quites el móvil o les digas que no podrán salir. Crecen, se desconectan profundamente de ti y ya lo que les digas o hagas les trae sin cuidado. Nadie quiere eso tampoco, ¿verdad?

Pero todavía hay más. ¿Sabes a quién también daña el castigo? A quien lo aplica. Removerse con el niño interior desbocado no es nada agradable y, seamos sinceros, sabemos perfectamente cuándo estamos actuando sin sentido común. Como además, amamos a nuestros hijos, infligirles dolor no es algo de lo que nos sintamos orgullosos o que nos guste. Así que no solamente salen perjudicados nuestros hijos, sino también nosotros en forma de malestar, de sentirnos culpables, unos fracasados como padres y madres e impotentes por no saber cómo hacerlo mejor. ¡Cuántas veces he escuchado a las madres y a los padres lamentarse y decirme *«Les hago daño y eso me duele en el alma!»* Dolor en el alma... ¡Imagina si nos daña!

Por cierto, si los castigos no son recomendables, los premios —como moneda de cambio para conseguir aquello que queremos, a modo de soborno—, tampoco. Me acuerdo de una madre que me contaba cómo su hijo de cinco años salió un día del cole muy cabizbajo. Cuando, ya en casa, ella le preguntó de dónde venía esa pena, él le contó que todavía no había conseguido ninguna pegatina verde a la salida. Ella recordó que algún día había visto algunos niños con pegatinas verdes en la mano, pero no le pareció extraño. Luego supo que, dependiendo de si hacían lo que la maestra quería, tenían como premio esa pegatina verde a la salida. Él, que era más bien movido y lo de las fichas le costaba, jamás había tenido tal pegatina.

Eso es lo que hacen los premios de este tipo, que el hecho de no recibirlos ya implica muchas cosas, y todas desagradables. Ese niño se sentía menos que los demás, como si él no fuera suficiente o adecuado como sí creía que lo eran los demás. Se sentía frustrado por no lograr conseguir la tan preciada pegatina y eso lo distanciaba de la maestra de quien, poco a poco, se había ido desconectando.

No estoy diciendo que un día no podáis celebrar un logro alcanzado de alguna forma (con una fiesta, con un reconocimiento, etc.), claro que sí. A mí me gusta mucho celebrar los logros de la vida, pero desde la alegría y el gozo genuino de sentir que hemos logrado un reto y así valorar el esfuerzo hecho y el camino recorrido. No como un soborno fruto de una manipulación para que las cosas sean como queremos. Hay mucha diferencia entre felicitar genuinamente un día a nuestra hija que ya hace unos días que va sin pañal, y decirle *«Si no se te escapa hoy el pis, te compraré un juguete»*. En el primer caso, aceptamos el tiempo que dura su proceso sin presiones ni agobios y, cuando vemos que ha transitado esta etapa, la felicitamos desde el corazón porque vemos cómo crece y que ha pasado a una nueva etapa. En el segundo, la presionamos con un condicional *«no se te escapa…»* para que así, desde la zanahoria puesta delante de sus ojos, se esfuerce más y pueda abandonar el pañal algo antes de lo que quizás ella haría por sí misma. Si se le escapa, no tendrá ese juguete y sentirá, no solo frustración por no haberlo conseguido, sino que nos habrá decepcionado porque creemos que debería de habérselo aguantado.

En realidad, detrás de cada premio no dado porque no se ha cumplido lo esperado, ya está implícito el castigo. Y detrás de cada premio dado porque nos han complacido está la presión de que es un premio condicionado a su comportamiento, a lo que pueden o no hacer… sintiendo que solo son merecedores cuando nos complacen, algo muy peligroso de sentir y que deja una gran herida que luego cuesta muchísimo de sanar.

Los niños y niñas deberían de ser merecedores por el simple hecho de SER. Merecedores de ser celebrados, amados y respetados siempre. De ser tenidos en cuenta, comprendidos, acompañados y escuchados siempre. Deberían de ser merecedores de nuestro amor y la celebración de su ser independientemente de lo que hagan o puedan hacer. Una Navidad, mi amigo Joan Turu colgó una foto donde se veían las manos de una niña con un cartel que, entre otras cosas, decía: *«Los Reyes me traen cosas por quien soy y no por lo que hago»*.

Quizás después de leer todo este apartado ahora piensas: si el castigo daña la autoestima de nuestros hijos y también la nuestra, si no enseña nada positivo, no es pedagógico ni recomendable e instala el miedo y la desconfianza... ¿Qué hacemos cuando nuestros hijos se salten un límite para enseñarles que no pueden volver a hacerlo? He aquí el gran cambio de paradigma.

LAS CONSECUENCIAS NATURALES Y LÓGICAS

Lo que verdaderamente enseña las cosas importantes de la vida son las consecuencias naturales y lógicas, es decir, aquellas consecuencias que emergen de la propia situación que está ocurriendo ahora y aquí. Si estás familiarizada con los castigos, este tipo de consecuencias te saben a poco. A veces, algunas familias que recurren a mí porque quieren dejar de castigar a sus hijos, sienten que las consecuencias son poca cosa, que les falta *algo*. Y en realidad, es cierto: a ese tipo de consecuencias les falta el componente dañino que tienen los castigos, por eso se las ven como «menos».

Pero no son menos, al contrario. Son infinitamente más poderosas las consecuencias naturales y lógicas que los castigos. Si supiéramos lo poderosas que son, rápidamente dejaríamos de castigar a los hijos y empezaríamos a aplicarlas. Lo que pasa es que debemos aceptar que, a veces, la consecuencia no es algo inmediato que dé frutos al momento y, a la vez, implica una confianza en la vida que también tenemos que practicar. Para poder aplicar las consecuencias naturales y eliminar los castigos, lo primero que tenemos que hacer es confiar profundamente y sin fisuras en que la vida es un sinfín de causa-efectos y que eso supone un gran aprendizaje.

Las consecuencias naturales ocurren sin que los adultos tengamos que hacer nada. Como indica el propio nombre, causa-efecto natural de esa situación. Si cuando llueve un niño sale sin paraguas, se moja. Si no se lava los dientes antes de acostarse, estos quedan sucios toda la noche. Si se va a la cama tarde, al día siguiente está cansado. Si no come lo suficiente para desayunar, al cabo de poco tiene hambre. Si no deja las cosas en su sitio, luego no sabe dónde están y puede perderlas.

Las consecuencias lógicas, en cambio, involucran al adulto. Por ejemplo, si pintan en la pared, tendrán que limpiarlo. Si desmontan lo que su hermano estaba montando, tendrán que volver a dejarlo como estaba. Si no se ponen el casco, no pueden montar en bici. Si no se abrochan el cinturón en el coche, no arrancamos.

Ahora voy a ponerte más ejemplos que quizás has vivido en casa. Es hora de acostarse, pero tus hijos no hay forma de que vayan a la cama. Remolonean, intentan escabullirse de lavarse los dientes, hacer pis, ponerse el pijama…, y cada vez es más tarde. Para garantizar que se acuesten a la hora que crees adecuada para que duerman las horas que necesitan, pongamos que a las 21h tienen que estar ya con la luz apagada y listos para dormir. Como ellos quieren que les cuentes un cuento o dos, a las 20:30h tenéis que estar ya en la habitación para ese momento de intimidad de cuento y confidencias. Que tarden en hacer las tareas anteriores supone que se va agotando el tiempo del cuento. Aquí podemos enfadarnos porque se demoran, amenazando, castigando, etc., o confiar en las consecuencias naturales. En este caso la consecuencia lógica es que el tiempo que tarden es el tiempo que pierden del cuento, pero a las 21h sí o sí se apaga la luz, hayamos tenido tiempo de contar diez páginas o ninguna. Cuando ven que no queda tiempo, lo más probable es que se enfaden, sí, normal. Pero también es probable que con los días lo tengan en cuenta para no demorarse tanto.

Otro ejemplo: Juan, un niño de cuatro años y medio está jugando con su hermana y de repente le suelta un cachete. No ha conseguido controlarse y se le ha escapado la mano. La consecuencia natural es que automáticamente el juego con la hermana termina y se los separa. Eso puede que a alguien le suene a poco. *«Si le ha pegado, tiene que pagarlo»*, dirían. En realidad, si le ha pegado es porque ya no estaba bien, porque no estaba en condiciones de jugar con ella porque ya le rondaba el malestar que siente. Aquí no se trata de machacarlo todavía más, sino de poner a salvo a la hermana y protegerla, garantizar que ahora mismo no van a estar juntos porque él no está en condiciones de jugar con ella, pero también atenderlo para ver dónde está la raíz de ese comportamiento y ayudarlo. Si no lo hacemos, es muy probable que en 3, 2, 1 le vuelva a pegar porque no se ha prestado atención al origen de su comportamiento.

Supongamos que Juan se enfada y te pega a ti, su madre, o su padre. ¿Cuál es la consecuencia natural, entonces? Pues que en ti hay una reacción. Seguramente te quedas sorprendida porque no te lo esperabas; si estabas riendo, dejas de hacerlo, y es probable que le digas que te ha hecho daño. Todo esto ya es una consecuencia natural de su acto. Además es probable que te apartes de él no como castigo, sino para asegurarte de que no te vuelve a pegar. Además, le dirás que entiendes que esté inquieto pero que no dejarás que vuelva a pegarte... ¿Cómo pensar que no hay consecuencias naturales a lo que ocurre a cada momento? Las hay, pero no de la forma en la que estamos acostumbrados con la crianza tradicional en la que se recrimina con juicio, con enfado y con el castigo arbitrario, que nada tiene que ver con lo que ha ocurrido.

Las consecuencias naturales y lógicas emergen de la propia situación transmitiendo una información de la que se aprende, ¡claro que sí!, pero no está reñida nunca con la conexión, con la confianza y con ayudar a los niños y a las niñas. En cambio, el castigo culpabiliza, daña y encima, no enseña nada bueno. Tenemos que pensar que cuando un niño cruza un límite, normalmente ya está mal. ¿Por qué entonces hacerlo sentir peor? Vayamos a la raíz y ayudémoslo, apoyándonos en las consecuencias naturales y lógicas de sus actos, las que sí podrá comprender y de las que podrá aprender.

Quizás estás leyendo y sientes que esto es muy difícil. Te entiendo y es normal que lo sientas así porque tenemos que reeducarnos. Cuando no se nos ha educado en las consecuencias naturales y lógicas, a veces no sabemos cómo llegar a ellas. A mí también me ha ocurrido y recuerdo una vez, hace unos años, que mi hija mayor, me dijo unas palabras que dieron totalmente en el clavo. Yo estaba súper cansada y agobiada porque su hermana me había despertado mil veces esa noche. Esa mañana, la mayor se saltó un límite porque me notó desconectada y agobiada y súper centrada en la pequeña. Yo, que no estaba bien, le dije en modo automático total: «*Pues esta tarde no iremos al parque de la tirolina como habíamos quedado*». A mí, cansada como estaba, me apetecía cero ir al parque por la tarde y supongo que mi inconsciente encontró dónde agarrarse para darme a mí lo que necesitaba. Ella, enfadada, me dijo con cara de «*la estás cagando, pero bien*»: «*¿Qué tiene que ver lo que he hecho* (ya ni recuerdo qué era*) con la tirolina? ¡No tiene lógica, mamá!*».

No la tenía, claro que no, y es normal que se enfadara conmigo porque yo estaba siendo injusta y, en vez de conectar y volver a mi centro como necesitaba ella, me alejé todavía más. Cuando me di cuenta fui a su habitación y le dije: «*Perdona, tienes toda la razón, no tiene ninguna lógica y no sé ni por qué lo he dicho. Estoy muy cansada porque no he dormido y no estoy nada centrada, lo siento*». Luego le dije que yo todavía estaba aprendiendo a ser madre, que a ratos me resultaba un poco difícil y que me ayudaba mucho que ella me dijera cómo se sentía y que me parara los pies como había hecho cuando yo no estaba siendo justa ni lógica.

Desde entonces, y especialmente si no me siento centrada, antes de responder inmediatamente al traspaso de un límite, me pregunto: «*¿Cuál es la consecuencia natural y lógica que emerge de este momento?*», y si necesito tomarme un instante, me lo tomo, respirando y conectando profundamente. Porque recuerda, lo más familiar es saltar con el automático, que tenderá a ser una respuesta fruto de la crianza tradicional y, por lo tanto, al castigo. Para, respira y conecta con lo que es natural y lógico en ese momento.

Alguna vez alguien me ha preguntado: «*Pero, por ejemplo, dejarlo sin cuento por la noche como consecuencia natural a mí me suena a castigo porque se le deja sin algo que desea y le gusta. ¿No es lo mismo?*». Y es que eso a veces pasará, la consecuencia natural o lógica afectará directamente a algo que le gusta, pero será una consecuencia de lo que acaba de ocurrir. Comprendo que haya quien se confunda porque, a veces, una consecuencia lógica mal gestionada es más un castigo que otra cosa. Me explico:

En el caso del cuento, es cierto que se queda sin algo que le gusta, pero es causa-efecto del tiempo perdido antes. Es decir, está relacionado directamente con lo que ocurre. Pero supongamos que no podemos evitar enfadarnos a medida que se van demorando y se nos va encendiendo el volcán. Cuando llegan a la cama les gritamos: *«¡Pues ahora lo siento pero os quedáis sin cuento, por tardar tanto, que ya está bien, cada día lo mismo!».* ¿A qué te suena eso? Aquí hay enfado, reproche, culpa y ego. Es cierto, estamos aplicando una consecuencia natural, pero desde el lugar equivocado. ¿Cuál es entonces la manera óptima de hacerlo?

LA NEUTRALIDAD

Cuando antes te decía que debemos tener verdadera confianza en la vida, significa que si confiamos plenamente en que la vida y sus consecuencias naturales y lógicas les van a enseñar muchísimas cosas a nuestros hijos y muy bien, no tendremos por qué ponernos histéricos cuando se demoren lavándose los dientes. La neutralidad implica estar en un lugar de no juicio, vibrar en una energía neutra que nos acompaña desde el adulto que somos. En la neutralidad, nuestro niño interior no toma las riendas de la situación, sino que interactuamos desde un lugar consciente y conectado, con perspectiva y sabiendo que estamos lidiando con otra persona que tiene otra forma de ver la vida, otra edad y otras necesidades. Aplicar las consecuencias naturales y lógicas desde aquí es un punto clave, e implica un anclaje a la hora de poner límites que goza de más autoridad que el autoritarismo.

Mi alta sensibilidad, con una empatía un tanto elevada, hicieron que al comienzo de mi maternidad me enganchara a las emociones de mi primera hija. Cuando me di cuenta, empecé a acompañarla desde la empatía pero también desde la neutralidad, no haciendo mía su emoción. Pero al principio me sentía rara, como si la estuviera ignorando. Y no. Lo que no hacía era engancharme a su emoción, perdiendo mi centro y mi yo adulta. Fue costoso practicarlo y conseguirlo. No digo que acompañar a nuestros hijos y aplicar consecuencias naturales desde la neutralidad sea fácil, lo que digo es que es posible y que es el camino que no nos alejará de ellos y que nos permitirá crecer juntos sin dañar su autoestima ni tampoco nuestra relación.

Tomemos el ejemplo de los dientes y el cuento. Los avisamos: *«Recordad que para leer los cuentos necesitamos tiempo. Si tardáis mucho, quizás solo podremos leer uno o ninguno, ¿vale?»*, y una vez avisados, aceptamos su decisión o sus actos. Si tardan, pues tardan. Ni nos ponemos histéricos, ni gritamos, ni les metemos prisa. Aceptamos que es lo que han elegido hoy. Si luego, cuando no hay cuento, se enfadan, pues es lo que les toca aprender: que sus actos tienen consecuencias, y eso es aprendizaje del bueno. Nuestra misión aquí es comprender y aceptar y, en caso de que llegue la rabia, sostener. Una vez sostenida y acompañada esa rabia, podremos volverles a recordar que es importante acostarse temprano para poder dormir las horas que el cuerpo necesita y que mañana podemos volver a intentar ir un poco más rápido o empezar con las rutinas un poco antes y así tener tiempo para los dos cuentos.

Fíjate que en esta última situación que te he descrito no nos ponemos nerviosos, ni nos indignamos porque la realidad que ocurre no es la que nos gustaría (que se dieran prisa y estuvieran listos a las 20:30h), sino que aceptamos que son niños y que estas cosas a veces tardan en comprenderlas, pero que no por eso tenemos que acabar ni enfadados todas las noches ni con castigos o amenazas constantes. No es necesario. Las consecuencias naturales se ocupan de enseñar lo que queremos sin dramas, sin ego y sin dañar la autoestima de nadie.

Vamos con más ejemplos.

Leire era la mamá de una niña de cuatro años a la que empezaron a poner la tele para ver un rato los dibujos animados cada día. Acudió a mí agobiada porque, cada vez que tenía que apagar la tele, su hija se enfadaba y la liaba parda en casa. La niña lo pasaba mal y su madre también porque no comprendía por qué algo tan sencillo terminaba siendo tan complicado. En realidad, para la niña no era nada sencillo; si lo fuera, no tendría ningún problema cuando apagaban la tele llegado el momento. La niña siempre quería más. De hecho, su madre contaba que ya con seis meses, si en casa de los abuelos estaba la tele encendida, se podía pasar largos ratos sin hacer nada más que mirar esa caja. Le fascinaba la pantalla y a los cuatro años esto no había cambiado mucho, con el añadido de que no era capaz de comprender ni el concepto del tiempo que podía ver la tele, ni mucho menos gestionar sus emociones cuando se la apagaban.

Después de hablar con Leire de las dificultades que ambas tenían y de darse cuenta de que no había ninguna necesidad de ver dibujos y de pasar las dos cada día por esto, decidió quitar la tele. Habló con ella y le dijo: «*Ahora mismo no estamos preparadas ninguna de las dos para gestionar lo que ocurre cada día cuando ves dibujos*». La peque no lo entendió, claro, y protestó, pero en pocos días la armonía volvió a casa y se acabaron las rabietas interminables que sucedían cada vez que había que apagar la tele. Un año después, la tele volvió al comedor pero con unos padres que habían reflexionado mucho sobre este tema, tenían los límites más claros y con una hija que había madurado y ya era más capaz de comprender los límites de tiempo y gestionar mejor su malestar. En este caso, la consecuencia natural de ese desbarajuste cada tarde fue quitar la tele, no como un castigo a la niña, sino como algo que cayó por su propio peso: era demasiado pequeña y eso la estaba desconectando.

Me acuerdo de un día que una de mis hijas no quería irse del parque. Le había dado cinco minutos de margen para que jugaran un poco más pero era tarde, yo ya la veía muy cansada y era importante que volviéramos sin más demora a casa. Pero claro, ella ignoraba mi petición y se escapaba cuando le decía que viniera hacia mí para irnos. Normal, ella tenía tres años y medio y quería mostrarme que pensaba distinto y que quería quedarse. La consecuencia natural de que mi hija no quisiera respetar el límite que yo intentaba mantener fue ir a por ella, cogerla en brazos y llevármela a casa pataleando. Ella, no yo ;). Protestaba y se enfadaba y yo hacía lo que sentía que tenía que hacer: pararla (iba pasada de vueltas) y llevarla a casa para poder descansar, cenar e ir a la cama. ¿Fue agradable? Para nada. Ni para ella ni para mí, pero la clave aquí fue la neutralidad. Poder hacerlo sin enfadarme, sin reñirle ni llegar luego a casa y castigarla sin algo que le gustara. ¿Para qué? Ni hubiera sido respetuoso con ella, ni comprensivo con su madurez ni su edad, ni hubiera servido para nada positivo. Ese día estuve muy feliz de haber podido lidiar con esa situación desde una neutralidad verdadera: ¡la sentí al fin! y esa sensación, la de sentirme consciente y anclada en el límite desde la seguridad y la calma, me dieron empuje para la siguiente ocasión. La neutralidad cuesta al principio pero, como todo, se aprende ;).

Esa misma escena la puedes haber visto algún día en el parque pero desde otro lugar: desde el cabreo más absoluto, el grito y la ira del adulto en cuestión. Esa forma de marcharse del parque resuena a castigo cuando en realidad debería de ser una consecuencia natural, pero inflige dolor, culpabilidad, y se ejerce desde un autoritarismo egoico, que es lo que daña al otro.

Más ejemplos. Estamos unas cuantas familias en el campo compartiendo un día juntos y uno de los niños, de seis años, coge un palo y empieza a jugar a las espadas. Al principio alguno juega con él pero al cabo de poco lo dejan, a pesar de que él quiere seguir y parece apasionado con su palo moviéndolo a un lado y otro. Su padre le dice que pare, que moviéndolo así puede ser peligroso y puede hacer daño a alguien, pero el niño no le hace caso y sigue, intentando que algún otro niño acabe jugando con él. Cuanto menos caso le hacen, más rápido y descontrolado mueve el palo. En este caso, la consecuencia natural no es ni reñirle, ni castigarlo, ni apartarlo del grupo, sino quitarle el palo después de ver que no ha atendido al primer aviso. No hay que repetirlo mil veces ni enfadarnos; simplemente hay que hacer cumplir el límite que es: «*No hay palo porque puedes hacer daño a alguien*». Ya. Aquí es muy importante, una vez más, la forma en que se le quita el palo: ni desde el enfado, ni el reproche, ni el sermón. Simplemente, acercándonos y diciéndole que le quitamos el palo para evitar que pueda hacer daño a alguien sin querer.

Es probable que se enfade, que lo vea como una injusticia, pero esa emoción que surgirá de él puede venir bien también para sacar la frustración raíz, y que seguramente es la razón por la cual no hacía caso cuando le decíamos que parase: le ha sabido mal que no quisieran jugar con él a ese juego que a él tanto le gustaba. Así que si se enfada, puede venirle muy bien que nos apartemos un poco del grupo y le ayudemos con esas emociones que lo abruman y podamos poner palabras poco a poco a todo lo que ha ocurrido y cómo se ha sentido. Se trata de validarlo, acompañarlo y conseguir que se sienta visto y atendido.

Sea cual sea el límite que estemos intentando hacer cumplir, es primordial que nos preguntemos siempre desde dónde lo estamos fijando. ¿Lo hago desde un lugar neutral, confiando en la vida y aplicando las consecuencias naturales que le enseñarán a aprender a regularse, a saber cómo funciona la vida en sociedad, a tener en cuenta a los demás, etc., o lo hago desde mi niña interior indignada, intentando hacerl sentir mal y desde el miedo de que crezca y se convierta en un joven rompefarolas? ¿Lo hago desde una energía de comprensión y compasión o desde una energía de miedo al qué dirán, por ejemplo? La autoobservación y autoexploración son vitales para ir puliendo nuestro *estar* con nuestros hijos.

Cuando te des cuenta de que estás en modo niña interior, vuelve a centrarte. Primero, atiende lo que tu parte niña intenta decirte: qué herida hay ahí que necesita que veas y atiendas en ti, para luego poder relacionarte con tu hijo desde un lugar adulto y conectado, marcando límites claros y conscientes y aplicando consecuencias naturales desde un lugar neutral. Poder actuar desde aquí mejorará la relación contigo (ya te he contado antes lo nocivo que es para nosotros mismos criar y educar desde los castigos y la ira de nuestros niños interiores), y también, por supuesto, con tus hijos e hijas.

Por último, voy a poner otro ejemplo de algo mucho más *light*, pero que también nos puede remover. Tenemos a una niña de diez años que hoy quiere ir en pantalón corto al cole y, a nuestro modo de ver, no hace ya tanto calor como para ir así. Se lo decimos, pero nos responde que ayer pasó calor y que prefiere ir con pantalón corto. Entiendo que nos pueda preocupar que no nos haga caso porque enseguida conectamos con la posibilidad de que pase frío y es algo que no queremos. Pero... ni tiene dos años, ni es algo muy grave que sienta un poco de fresco en las piernas, ni a sus diez años tenemos que desconfiar de sus propias sensaciones al respecto de lo que sintió ayer y de lo que cree que le puede venir bien hoy ponerse. Así que en este caso yo recomiendo que nos relajemos y confiemos en las consecuencias naturales de la vida: si siente frío, desde la experiencia vivida, otro día seguramente ya no decidirá ponerse pantalón corto. Chimpún. ¡Lo que se aprende de la vida misma sin que tus padres te vayan todo el día detrás advirtiéndote de las cosas! :). Confiemos más en ellos y en su capacidad de aprender de sus «ahora y aquí»; eso nos ayudará a relajarnos, a sentirnos más conectados y a saber mejor qué hacer en cada situación y desde dónde actuar.

La confianza siempre es una buena inversión ;).

DISCIPLINA *VS.* CONEXIÓN

A menudo se dice que en la crianza falta disciplina. Que las familias deberíamos «disciplinar» a nuestros retoños porque, si no, esto es Jauja. En estos casos la palabra *disciplina* significa subordinar y controlar. Pero, ¿cómo se controla a otra persona? ¿Realmente tenemos la capacidad de controlar a alguien? Mal nos pese, a veces, no podemos controlar a nadie que no seamos nosotros mismos y, otras, a duras penas. ¿Cuántas veces perdemos el control y los papeles? ¡Qué difícil es autocontrolarnos a veces! Pero aspiramos a controlar a los demás, especialmente a nuestros hijos e hijas. ¡Qué ilusos!

Sé que puede ser frustrante, pero ya va siendo hora de que nos demos cuenta de que no podremos y que intentarlo nos irá alejando cada vez más los unos de los otros. Que si queremos hacerlo, será a costa de nuestra relación y solo lo conseguiremos imponiendo el control a través del miedo y la subordinación que conseguiremos con amenazas, castigos, etc.

¿Por qué esa obsesión de disciplinar a los niños? Porque no poder controlarles nos frustra tanto, porque activa nuestra ansiedad, nuestro miedo a la incertidumbre… ¿Qué será de él si no le marco el camino? Pero, sobre todo… ¿Qué será de mí si pierdo el control? Así de potente es nuestra herida, nuestra falta de conexión con nosotros mismos que nos impide estar plenamente presentes y guiarlos desde ese punto. No podemos, nos es tan difícil estar presentes… y entonces es cuando necesitamos el control. Para acallar esa ansiedad que se nos dispara cuando las cosas no son como creemos que «deberían» ser.

En lugar de estar tan preocupados por disciplinarlos ¿qué tal centrarnos en ser su ejemplo? Que vean en nosotros eso que tanto queremos enseñarles o que nos gustaría tanto que hicieran o fueran, sabiendo que aun así tenemos que soltar cualquier expectativa. ¿Quieres que sea ordenado? Sé ordenada tú y ten la paciencia de que el placer de ver las cosas ordenadas vaya calando en su interior. ¿Quieres que sea respetuosa con los demás? Respétala siempre, incluso cuando sientas, por dentro, que no lo «merecería». ¿Quieres que termine las cosas que empieza aunque no le rechiflen? Pregúntate qué tal vas tú con las cosas que no te rechiflan. ¿Quieres que adore la música? Adórala tú y permite que elija si le gusta o no, pero que vea cómo gozas, cómo la disfrutas e impregna tu energía del bien que te hace la música. ¿Quieres que lea? Lee tú y muéstrale la felicidad que irradias cuando se te lleva una buena historia. ¿Quieres que confíe en ti? Confía en ella y que reciba, con tu presencia y energía, el mensaje de que la apoyas, sostienes y amas incondicionalmente.

Nos equivocamos en dónde poner el foco. La clave no es, para nada, la disciplina, sino la conexión: para empezar, del niño con su verdadero ser y, por supuesto, nuestra conexión con él. Y eso no puede ocurrir si no es en la presencia plena, estando profunda y plenamente en el ahora y aquí. El poder de la presencia ES, de verdad, lo que guía a un niño o a un adolescente. Nuestra presencia es como el faro que los guía porque en ella es donde habita, siempre, la conexión entre los dos.

Explora

https://www.miriamtirado.com/audios-limites-explora/

Guau... capítulo potente este, ¿no crees? Vamos a bajarlo al cuerpo, a ver cómo se siente, para que no quede solo en algo teórico que hemos leído pero por lo que pasamos de puntillas. Y para ello, te invito a que inspires hondo por la nariz y exhales por la boca repetidamente y en calma. Respira poco a poco y ve centrando tu atención en el cuerpo físico. ¿Cómo te notas? Tu espalda, tus piernas, tus manos,... ¿Hay alguna parte del cuerpo que te diga algo? Si sientes algún tipo de incomodidad, llévale el aire y suéltala al exhalar.

Sigue respirando conscientemente, sintiendo cómo el aire entra y sale de tu cuerpo y observa tu mente... ¿Qué te dice? ¿Ha hablado mucho durante la lectura? ¿Te la ha interrumpido llevándote lejos de aquí o te ha permitido estar presente mientras leías? Observa y respira. Y ahora, te invito a que pongas la atención en tu sentir. ¿Qué emoción dirías que está ahora acompañándote? ¿Dirías que es agradable o más bien te remueve de forma desagradable? Te animo a que intentes hacer una conexión entre la emoción que estás sintiendo y el lugar del que nace. ¿De algo que has leído, quizás? ¿De algo que se ha activado? ¿De alguna pregunta que ha venido mientras leías? Observa e intenta poner nombre a la emoción que creas que estás sintiendo... Observa y respira, haciendo espacio para la escucha interna, para los recuerdos, si es que tienen que venir y para la comprensión de cosas profundas o incluso inconscientes, que quizás con la lectura se han activado. Observa y respira, lenta y conscientemente.

Si lo necesitas, escribe lo que se mueve en tu interior. Puede venirte bien para ordenarte e ir integrando el contenido que vas absorbiendo a nivel más teórico.

Quédate un momento en esta quietud que da la escucha interna y la presencia plena a través de la respiración. El tiempo que desees o necesites. Está bien pararse a, simplemente, SER.

Resumiendo

- *Cuando un niño se salta el límite que le hemos puesto, tenemos que averiguar por qué lo ha hecho, y puede haber mil motivos: desde que no lo comprende por inmadurez, a que está enfadado porque no siente que lo comprendamos ni que lo amemos.*

- *La clave es no quedarnos en el comportamiento e ir a la raíz que lo provoca. Solamente así podremos llegar a conectar con lo que verdaderamente está ocurriendo y podremos ayudarlo.*

- *La crianza tradicional ha usado el castigo como forma de control a través del miedo, pero no funciona: causa daño a quien lo impone y a quien lo recibe, desconecta y no educa.*

- *Los castigos son arbitrarios, no conectados con la situación que acaba de ocurrir y se imponen para crear más dolor en el niño para, de alguna forma, conseguir que a través de él, aprenda que X no lo puede hacer.*

- *Lo que sí educa y ayuda al desarrollo del niño son las consecuencias naturales y lógicas. Estas emergen de una forma natural y orgánica de la situación en cuestión, y aunque el niño no esté de acuerdo, no las ve arbitrarias y tienen sentido.*

- *Es importante que en los momentos en los que emergen consecuencias naturales de los actos de nuestros hijos, estemos vibrando en una actitud neutral, sin juicios, confiados y en presencia plena.*

- *Lo que verdaderamente guía a un niño hacia un buen desarrollo no es la disciplina, sino la conexión consigo mismo y su verdadero ser, y con sus padres, que nace del poder y la calidad de su presencia.*

CAPÍTULO 9:
TOCANDO EL SUELO

En este capítulo voy a abordar casos concretos y prácticos muy habituales en los que aparecen conflictos con los límites. Muchos de los casos puede que te resuenen y espero que todo lo que cuento en cada uno de ellos te sirva para poder pasar de la teoría a la práctica de una forma más clara y fácil. Digamos que aquí recojo las *most frequent questions*, lo que me preguntan más a menudo tanto en las conferencias, en los talleres como en las consultas con padres y madres. En cada caso te contaré por qué sucede lo que expongo y cómo gestionarlo de una forma consciente y conectada. Y empezamos por el archirrepetido...

«MI HIJO NO ME HACE CASO»

Esta frase la escucho a menudo con algunas variantes: *«Le pongo el límite pero lo ignora y no me hace caso», «Mi hijo solo me hace caso cuando el límite se lo pongo gritando», «Cuando le pongo un límite que yo necesito para estar bien, no me hace caso y sigue insistiendo»*, etc.

Lo primero que quiero contarte es que, a menudo, el *«no me hace caso»* es una percepción. Porque en realidad los niños nos hacen mucho caso. Nos escuchan y nos tienen en cuenta mucho más de lo que creemos, por eso nos imitan tanto en todo, porque tienen la lupa puesta en nosotros y nos miran y escuchan todo el rato. Lo que pasa es que no siempre hacen lo que a nosotros nos gustaría, es cierto. Sin embargo, eso no significa que no nos hagan caso a propósito, aunque tengamos la percepción de que así es.

La tenemos porque en nuestro inconsciente existe la expectativa y la ilusión de que validarán y apoyarán toda demanda que hagamos. Cuando no es así, interpretamos que nos ignoran a propósito y eso nos hace sentir pequeñitos, impotentes y muy enfadados. La verdad es que, a veces, no es que nos ignoren, sino que nos hemos comunicado de forma muy poco consciente. Les hemos transmitido una orden (ya te he dicho antes que los niños no son nada fans de las órdenes) sin tener en cuenta ni lo que estaban haciendo ni cuál era su estado.

Quizás a una niña de tres años le hemos dicho desde la cocina: *«Ve y ponte la chaqueta que nos vamos»*, sin darnos cuenta de que estaba totalmente inmersa en su juego y ni siquiera nos ha oído. A veces por una comunicación inadecuada o a veces porque no pueden cumplir lo que pedimos: Le hemos dicho *«No puedes tocar el ordenador de mamá»* a un niño de cuatro años ávido por explorar y por tocar y conocer todas esas cosas que ve que a los adultos nos gustan tanto. O *«No grites, en casa no nos gritamos»* a un niño de cuatro años y medio totalmente fuera de sí y preso de sus emociones que no es capaz de canalizar de una forma asertiva por su inmadurez. Es decir: a veces no hacen lo que esperamos que hagan porque no se han enterado bien de cuál era la petición y a veces no lo hacen porque no pueden. Esto no es no hacer caso.

Por lo tanto, mira en qué etapa está tu hijo ahora mismo para no esperar cosas que no puede hacer, pero también observa muy bien cómo te comunicas. Cuando quieras transmitir un límite, haz que la importancia de este se manifieste en todo: en tu gesto agachándote para contárselo, en tu voz que tiene que sonar clara, sin fisuras…, ya sabes, todo eso que te he contado antes de hacer que el límite tenga cuerpo y que llegue al otro con ese cuerpo. Con respeto, con calma, todo tiene que acompañar a la importancia del límite, no gritarlo desde el otro lado de la casa, o comunicarlo sin que tu estado transmita que esa petición es importante.

Dicho esto, sí, a veces no cumplen lo que les decimos a propósito y eso es un problema cuando estamos hablando de límites, porque estos son importantes para su bienestar y los necesitan. Aunque no los cumplan a propósito, eso no quiere decir que lo hagan para «tomarte el pelo» o para fastidiar sin más. Siempre, absolutamente siempre, hay un porqué.

El porqué

Nada ocurre como caído del cielo, sin ton ni son. Bueno, muy pocas cosas y, en el tema que nos ocupa, menos. Nuestros actos son el resultado de muchas cosas que ocurren antes: de un estado, de una información, de unas creencias, de una emoción, de un pensamiento, etc. En este caso, te diría que la gran mayoría de casos en los que no nos hacen caso a propósito es porque hay malestar interno y el niño necesita hacernos saber lo mal que está para que lo ayudemos. ¿Qué es más claro para buscar el enfrentamiento y que veamos su malestar que saltarse un límite que le hemos puesto? Pues eso. El «no hacernos caso» es su forma de comunicarnos que está mal, a veces por algo que no tiene nada que ver con nosotros y a veces que está mal CON NOSOTROS. Aquí tocará investigar.

Por eso, no podemos quedarnos en el *«no nos hace caso»* y ya, porque ese es solo el síntoma. Es la punta del iceberg, un comportamiento que debemos averiguar adónde nos lleva: a que no sabemos comunicarnos de una forma clara y no se entera de lo que le decimos, a que necesita separarse de nosotros y autoafirmarse, a que está celoso porque siente que hacemos más caso a su hermana que a él, a que tiene conflictos en el cole… El comportamiento en el que podríamos engancharnos si nos lo tomamos como algo personal es, en realidad, el síntoma que nos ayudará a resolver la situación cuando sepamos qué hay debajo de ese aparente «no nos hace caso».

¿Qué le puede ocurrir? Todo lo que hemos abordado en el capítulo anterior y mucho más. Ponte la gorra de Sherlock Holmes y a investigar ;).

«MI HIJA PEGA Y NO SÉ QUÉ HACER»

Hay una etapa, en algunos niños más larga y en otros más corta, en la que la impulsividad los invade. No son capaces de controlarse y, en momentos de desborde emocional, el cuerpo habla en forma de golpes, patadas o mordeduras. Es normal. Tener autocontrol en momentos de rabia, impotencia o frustración es algo que a mucha gente le lleva toda una vida. ¿A cuántos adultos no se les escapa la mano, o un grito, aun sin querer ni pegar ni gritar, cuando se dejan llevar por sus emociones?

Practicar el autocontrol es algo que requiere mucha conciencia, claridad y voluntad. Pero lo primero que se necesita es tener la parte del cerebro que regula el autocontrol totalmente desarrollada y esto no sucede hasta después de los veinte años. ¡Imagínate! ¿Cómo no va a ser impulsivo un niño de tres? ¿Cómo va a poder contenerse uno de cuatro, de cinco o de seis, cuando siente una rabia tremenda que lo invade? Les es realmente muy difícil. Sí, algunos lo consiguen, pero muchos otros no.

A veces me dicen: *«Mi hijo pega y en casa no le hemos pegado nunca, no sabemos de dónde lo ha aprendido»*, y el tema es que no hace falta aprenderlo: les sale. El cuerpo, ese templo físico donde sucede su vida, no es capaz de comprender, contener y saber canalizar el tsunami emocional que siente en determinados momentos. Entonces, en una etapa en la que el desarrollo del lenguaje todavía no está completo y en que el conocimiento de sí mismos es muy escaso, es absolutamente normal que el cuerpo tome las riendas y hable por sí solo. El movimiento ayuda a canalizar esas emociones que no pueden ni comprender ni gestionar de otra forma, así que el cuerpo empieza a hacer cosas a veces no muy correctas para sacar fuera tanta emoción. En forma de patadas, de golpes, de mordeduras, de empujones, de tirones de pelo, etc.

No es algo de lo que preocuparse sino algo de lo que *ocuparse*. Algo que tenemos que comprender para luego ayudarlos de la mejor forma posible, teniendo en cuenta que el tiempo siempre nos irá a favor. Cuanto más crezcan, más lenguaje tendrán, mejor se podrán comunicar, más herramientas conocerán para gestionar lo que les vaya sucediendo por dentro, más autocontrol, más asertividad, etc.

Cuando una familia me dice «*Mi hija pega y no sé qué hacer*» sienten mucha preocupación y agobio. No es solamente que vean que su hija se posee y no la reconozcan cuando pega, sino que el pegar implica a otras personas (a veces les pega a ellos o a veces a otros niños del parque o del cole) y esto les sabe fatal. Se lo han dicho una y otra vez pero no hay manera; en momentos de descontrol emocional recurre a un manotazo y no atiende a razones.

Quizá lo has vivido. Yo lo he vivido, sin duda, y no es fácil gestionar no solo esa impulsividad en los niños sino lo que nos remueve a nosotros cuando pegan. Lo sentimos por ellos, pero también por los demás y por nosotros mismos. La preocupación es monumental porque a menudo empezamos a cuestionarnos si lo estamos criando suficientemente bien y lo que es peor, proyectamos en el futuro imágenes horribles de aquello en lo que se puede convertir nuestro peque: «*¿Y si no deja de pegar nunca?*, *¿y si estoy criando a un monstruo?*, *¿y si termina en un correccional?*», y mil paranoias más inundan nuestros cocos.

A menudo los niños empiezan a pegar, empujar, morder, etc., hacia los dos años, cuando sienten frustración, enfado o incluso cansancio o mucha alegría. Cualquier emoción que los posee puede terminar exteriorizándose de esa forma. Es normal, son muy pequeños y tienen nulo autocontrol. Muchos han dejado de hacerlo hacia los tres años y medio pero otros, en momentos álgidos de rabia, pegan en momentos muy puntuales y esporádicos cuando tienen todavía seis o siete años. Son niños a los que la propia contención les cuesta horrores y hay que hacer un profundo trabajo con ellos de toma de conciencia y de autorregulación.

La gran mayoría de niños y niñas solo pegan durante un tiempo en la primera infancia y consiguen contenerse y comprender sin problema a medida que crecen que este es un límite que no se puede cruzar.

Si tu hija está en esta etapa, quiero decirte algo importante: tienes que confiar en que ese momento llegará. Porque tu hija notará si desconfías que pueda conseguirlo, así que es básico que, aunque te remueva, sepas profundamente y sin fisuras que este límite conseguirá respetarlo. La confianza quizás es el elemento más etéreo sobre lo que se debe hacer cuando un hijo pega pero, a la vez, es de los más importantes. Porque tiene que ver con la energía que le transmitimos, con la que está conectada siempre. Además, de alguna forma, los hijos e hijas siempre quieren complacernos y, si notan que hay desconfianza y que sentimos que no podrán conseguirlo, que no podrán parar de pegar, ellos sentirán que realmente no serán capaces de autocontrolarse y acabarán dándonos la razón con sus actos.

Nunca menosprecies el poder de la energía que le transmites; sé muy consciente de ella y pregúntate siempre: «*¿Qué le estoy transmitiendo con mi mirada, con mi gesto, con mi sentir más profundo? ¿Que lo conseguirá o que no?*».

Un límite escrito en piedra

No hacerse daño a sí mismo ni hacer daño a los demás es un límite esencial para vivir una vida segura y en sociedad. Es un límite escrito en piedra que tenemos la misión de transmitir siempre sin fisuras. Ahora bien, aunque se lo expliquemos mil veces a nuestra hija de dos años, no es suficientemente madura para comprenderlo y, especialmente, para poderse contener en momentos de gran emocionalidad interna. Así que lo primero que debemos tener claro es que este límite lo iremos transmitiendo tanto como sea necesario y que pondremos las condiciones para que se cumpla y respete. Me refiero a que si vemos que nuestra hija de dos años y medio, cuando está muy cansada, pega, tenemos que anticiparnos y respetar sus necesidades básicas para evitar que entre en ese estado de cansancio y de descontrol interno.

Este límite escrito en piedra lo transmitiremos porque pondremos las condiciones necesarias para que se respete, pero también porque iremos repitiendo una y otra vez la idea principal: que con golpes, no. A esas edades tan tempranas no hacen falta ni discursos, ni sermones, ni frases grandilocuentes que apelen a su empatía (porque es casi inexistente), aparte de que servirá de muy poco esta forma de gestionarlo y nos sentiremos frustrados cuando veamos que vuelve a pegar.

Luego te contaré cómo actuar, pero aparte de asegurarnos de que comunicamos que este límite es una línea roja, tenemos también que asegurarnos de que nosotros mismos lo cumplimos. Revisar qué nivel de autocontrol tenemos en una situación de alta intensidad emocional. Cuestionar qué hacemos, qué comunicamos con nuestro tono de voz, con nuestras palabras y con nuestros actos. Revisar si hay faltas de respeto y si hemos cruzado esa línea roja que tendría que ser siempre sagrada.

Nos costará mucho transmitir este límite sin fisuras si nosotros mismos lo tratamos como si estuviera escrito en arena, que se la lleva el viento. Pero no solo eso: debemos observar también cuál es nuestro estado emocional cuando vemos que pega o muerde. ¿Nos recuerda a algo? ¿Nos han contado si nosotros lo hacíamos de pequeños? ¿Cómo creemos que lo gestionaban nuestros padres? Porque algo de eso puede estar resonando dentro de nuestra mente y nada tiene que ver con el aquí y el ahora: está interfiriendo en nuestra forma de acompañar a nuestro hijo en lo que le ocurre cuando se desborda.

Cómo actuar cuando pegue

Me acuerdo de la primera vez que vi a una de mis hijas pegar. No me lo esperaba y me costó unos segundos reaccionar. Esto pasa a menudo, de repente es como si se parara el tiempo y te preguntas: ¿Qué acaba de pasar? No puedes creer que esa niña que tanto te adora, te acabe de dar un manotazo. Que sí, que está enfadada y que ya veías que no estaba muy dentro de sí, pero ¿que te pegue? ¿A ti? Pues sí, justamente a ti y, aunque lo parezca, no es nada personal. Digamos que estabas en el ojo del huracán y tenías muchas papeletas para que te tocara la lotería.

A menudo, una vez pasadas esas décimas de segundo de *shock*, se enciende el volcán interno del adulto. Nos han hecho daño y, como han cruzado un límite que choca con nuestra integridad y bienestar, nos nace de dentro una rabia fruto de una sensación de injusticia que, si no tratamos con mucha conciencia y conectamos con la etapa de nuestro hijo, podemos acabar haciendo justamente lo que queremos transmitir que NO se debe hacer.

Así que lo primero que hay que hacer en estos momentos es respirar. Respira profundamente para que todo ese tsunami que a veces se desata cuando te pega se vaya calmando y no te dejes llevar por tu volcán interior. Eso mismo tienes que hacer también si a quien pega no es a ti sino a un niño desconocido del parque o a la prima que justo hoy ha venido a visitaros. Respira porque dentro de ti pueden aparecer un montón de discursos en forma de «Pero ¿*qué se ha creído?*», «¡*Se puede saber a qué viene esto!*», «¿*Qué van a pensar de nosotros?*», «¡*Esto no puede seguir así, se nos está subiendo a la chepa*», etc.

Obviamente tenemos que poner fin a ese comportamiento tanto si nos pega a nosotros como a otros. Transmitiremos con palabras y con el acto de apartarlo que así no dejaremos que se comunique. Lo haremos de una forma clara, sin fisuras, pero sin enfados ni faltas de respeto. Sabemos que es un niño, que está aprendiendo, que es demasiado inmaduro para conseguir autocontrolarse en momentos de estrés emocional, y por lo tanto, actuaremos desde el amor, la calma y, a la vez, desde la firmeza que da saber que eso es un límite escrito en piedra.

Una vez hemos puesto el límite a ese comportamiento tenemos que recordar que eso es solo el síntoma, no la raíz, así que toca buscar y observar qué es lo que está ocurriendo para ayudar a canalizar y guiar esa emoción que intenta ser vista y tenida en cuenta. Revisaremos si hay exceso de cansancio, de alegría, de enfado, etc., y una vez conectemos con lo que le ocurre de verdad, lo validaremos. A veces le podremos decir con palabras «*te entiendo, estás muy enfadado porque este juguete es tuyo y no te apetecía compartirlo, quizás*», pero otras veces, su emoción en ese momento será tan potente, con llantos y gritos, que lo mejor será hacer silencio y conectar a través del tacto o de crear el espacio emocional de acompañamiento con la mera presencia plena.

Esto significa que estaremos allí presentes con su sentir y con su dolor, pero sin intervenir con palabras ni gestos si en ese momento no los acepta. Esperaremos a que afloje su volcán y se vaya calmando poco a poco. Una vez lo haya conseguido, ya sea solo o con nuestro abrazo o ayuda, lo validaremos y hablaremos de lo ocurrido. Si es muy pequeño, hablaremos muy poco, bastará con un simple «*Estabas muy enfadado ¿eh? Ya pasó*». O si es más mayor, podemos hablar más largo y tendido y tirar un poco más del hilo a ver qué cuenta y cómo se siente.

Hay algo que quizás te puede ayudar en estos momentos para controlar tu propio volcán y no acabar dando rienda suelta tú también a tus emociones, y es la herramienta del STOP. En situaciones en las que notes ese calor interior y cómo tu tsunami emocional va cogiendo fuerza, visualiza una señal de STOP de la carretera y haz lo que indican sus letras:

S - STOP

T - Tres respiraciones profundas

O - Observa. Qué ocurre. Cómo está tu hijo. Cómo estás tú.

P - Procede. Desde un lugar de calma y de conciencia acerca de cuál es la situación aquí y ahora.

Ejemplos

Es por la tarde y estamos en el parque. Mi hijo cree que el tobogán es suyo, se enfada con otro niño que también quiere subir y le pega un manotazo para que se aparte de la escalera. Aquí toca acudir y separar a los dos para que esa situación no vaya a más. No hay que actuar de más para que la otra mamá vea que somos firmes con nuestro hijo, ni tampoco sentirnos culpables durante dos días porque el niño ha pegado a otro. Son pequeños y estas cosas pasan. Respiremos hondo y no nos enganchemos a nuestras emociones y removidas internas porque entonces estamos desatendiendo lo que está sucediendo ahora y aquí con nuestro hijo.

Una vez los hemos separado, comunicamos a nuestro hijo que así no dejaremos que se relacione y lo observamos. Es probable que nuestro hijo esté cansado y, como cuando están cansados es más difícil que se controlen, quizá esa es la señal de que debemos retirarnos a casa. Lo hacemos sin dilaciones ni negociaciones. Recuerda que, para que se cumplan los límites, las madres y los padres somos los responsables de crear las condiciones para que se puedan cumplir; es decir, que si está cansado o lleváis ya demasiado rato en el parque, tenéis que iros. Si es pequeño, no le daremos más importancia, pero sí tendremos en cuenta la hora y la situación ocurrida para, en otra ocasión, poder identificar esos momentos antes y así evitarlos si se puede. Sabremos que es cuestión de tiempo que aprenda a contenerse y a comunicarse con palabras de una forma más asertiva.

En caso de que sea más mayor y podamos hablar de ello (imagino un niño de cuatro, cinco o seis años), tendremos que conectar profundamente con lo que está ocurriendo más allá de lo que hemos visto. Hablar implica sacar a la luz cosas que quizás aparentemente no se ven: celos de un hermano, añoranza, miedos que no nos consiguen comunicar pero que les producen un gran malestar, situaciones de estrés que viven en el cole y que no saben cómo canalizar, etc. Tocará validar su malestar desde un lugar neutro y sin alteraciones emocionales. Tocará tener muy a raya nuestros propios miedos y los *«¿Y si resulta que se convierte en...?»* para transmitir, de verdad, una energía de sostén y acompañamiento, de escucha y de comprensión profunda.

«Te has enfadado con el niño de antes, ¿verdad?» (Descripción de lo ocurrido).

«No te has podido controlar». *«No».* (Descripción).

«Ya... cuesta, a veces, controlar esa rabia, te entiendo. Nos ha pasado a todos alguna vez». (Validación).

«Tú sabes que ese tobogán es de todos. Puede que haya salido enfado de otras veces o de otros días...». (Intentamos tirar del hilo).

«¿Recuerdas si hoy te has enfadado en algún otro momento? ¿Te has sentido como antes en otra ocasión hoy, o ayer?». *«Sí».* *«Te has sentido así otras veces... ¿recuerdas cuándo?».* (Exploración para llegar a la raíz).

«Ayer un niño de la clase me dijo que era tonto y me quitó el Lego con el que estaba jugando». *«Ah, vaya... No debió de gustarte... ¿Cómo te hizo sentir eso?».* *«Enfadado y triste».* *«¿Se lo contaste a alguien?».* *«No, la maestra no lo vio».* *«Te entiendo, te sentiste muy mal y nadie pudo ayudarte en ese momento, ¿verdad?, y el enfado todavía estaba dentro...».* (Validación).

«Siento que te sintieras así y entiendo tu malestar». (Conexión).

«Si hay una próxima vez, ¿qué se te ocurre que podrías hacer para gestionarlo de otra forma en vez de guardarte el enfado y pegar a un niño después?». *«Contártelo».* *«Me encantaría escucharte si vuelve a ocurrir algo así. También se lo puedes contar a*

la maestra. Y, ¿hay algo más que crees que puedes hacer para llevarlo mejor?». «Respirar». «Estupendo, claro, la respiración siempre te ayuda a recuperar el control». (Búsqueda de soluciones juntos para estimular el aprendizaje y nuevas conexiones neuronales).

«Te agradezco que me lo hayas contado, así podemos hablar de ello. ¿Cómo te sientes ahora que lo has compartido conmigo?». «Mejor». «Siempre puedes contar conmigo, ¿vale?». «Vale». (Gratitud y conexión).

Acompañar en estos momentos, cuando lo que acaba de suceder no nos gusta, implica un ejercicio de conciencia: trascender lo ocurrido sin desatenderlo, conectando profundamente con lo que esconde debajo. Pero también implica revisarnos a nosotros mismos, porque asomarán, en nosotros, nuestros fantasmas, nuestros miedos, nuestras inseguridades… y todo ello impide una verdadera conexión con nuestro hijo. Recuerda siempre que el portal hacia una buena gestión de cada situación que ocurra con él, por difícil que sea, es el ahora y aquí. Si estás en un estado de atención plena, será mucho más fácil.

Si llevas tiempo lidiando con los golpes de tu hijo y no hay manera, revisa qué crees que puede estar fallando. ¿Cómo sientes que ha sido vuestra gestión? ¿Tus expectativas están conectadas con lo que tu hijo puede dar? ¿Habéis ido cambiando la forma de actuar en esas situaciones de manera errática? ¿Puede haber debajo un tema de celos o de enfado profundo de él hacia vosotros por algo del pasado? ¿Lo habéis gestionado con castigos, sermones y faltas de respeto?

Explora qué puede haber ocurrido y reconduce vuestro camino para gestionar esas situaciones. En caso de que te sea realmente difícil ver qué puede estar pasando, busca ayuda profesional sin miedo ni vergüenza: a veces, una mirada externa llena de luz el camino.

Revisa tu autoestima

Las veces que han venido a verme familias después de mucho tiempo durante el cual su hijo o su hija les ha pegado —lo que se había convertido en algo casi endémico—, después de mucho rascar y profundizar, en la raíz hemos encontrado una muy baja autoestima de los progenitores (de los dos o de uno, que normalmente es el que recibe más golpes de los dos). A veces, cuando hablamos de crianza respetuosa con las necesidades de los peques y de su madurez, hay quien se confunde y, como son pequeños, permite de alguna forma que los peguen. Les sabe mal poner el límite porque *«Bueno, es pequeño, no lo comprende, no lo hace a propósito, etc.»*, y así transmiten un límite muy poco consistente y débil.

El niño va creciendo y lo de pegar no solo no termina, sino que se agrava, y los adultos, a pesar de que empiezan a estar muy molestos y preocupados con el tema, siguen sin transmitir firmeza en un límite de que, así, no. ¿Por qué ocurre esto? Pues porque el límite carece de cuerpo, porque en el fondo de esos adultos hay muchísima inseguridad y falta de autoestima. Una autoestima que los ayudaría a marcar la línea roja pero que, al tenerla muy baja, la línea queda apenas marcada en el suelo.

Se trata de personas que han tenido, a menudo, infancias complicadas, con muchos límites y muy severos, que han sido transmitidos desde el miedo, y es justamente desde ese mismo miedo desde donde ahora intentan poner límites ellos. O quizá se han sentido muy poco validados y comprendidos, han ido integrando que no eran suficiente ni tampoco merecedores de ser escuchados o tenidos en cuenta. De adultos, les es difícil no transmitir los límites desde ese mismo miedo, esa inseguridad, esa sensación de no estar haciéndolo bien, o como si estuvieran pidiendo perdón a su hijo por ponerle un *«hasta aquí»*.

El patrón víctima aparece y el peque, que necesita límites claros, firmes y consistentes para sentirse seguro, cada vez pega más y tiene comportamientos menos asertivos como si estuviera gritando: *«Por Dios, ¡reacciona y despierta! ¡No mereces ser tratado así!»*. A menudo, estos conflictos llevan a este punto de inflexión y es gracias a este comportamiento de sus hijos que los adultos pueden hacer el trabajo de sanar sus propias infancias para restablecer una óptima autoestima y transmitir, finalmente desde la convicción y la creencia consciente, que no merecen ser tratados mal.

Es maravilloso lo mucho que los hijos e hijas nos ayudan a transitar rincones de nosotros que estaban todavía por resolver, por sanar, por comprender o por alumbrar con conciencia. Es, en realidad, un regalo cuando estas cosas pasan, porque nos hacen el favor de nuestra vida, permitiéndonos crecer y establecer, ahora sí, límites desde un lugar más adulto, más consciente y más consistente. ¿Por qué? Porque, finalmente, aprendemos a amarnos de verdad.

«EMPECÉ DEJÁNDOLE EL MÓVIL UN RATO Y AHORA ME LO PIDE SIEMPRE»

A Paula, cuando su hija de cuatro años le empezó a pedir el móvil, le pareció que dejárselo un ratito era lo justo teniendo en cuenta lo mucho que todo el mundo (adultos y no tan adultos) lo miran a todas horas en este siglo en el que vivimos. Esos ratos con el móvil, poco a poco se fueron convirtiendo en horas porque cuando su madre le pedía *«¿Me puedes devolver el móvil?»*, su hija montaba en cólera y no quería dárselo. Paula se sentía sin recursos y no sabía cómo hacerlo para no entrar en contradicción con ella misma, es decir, compensando la hipocresía del móvil sin pasarse de la raya.

Lo que le pasaba a Paula era que ella misma estaba enganchada al móvil y lo usaba mucho, cosa que le provocaba un sentimiento de culpa porque era consciente de que eso la desconectaba de su hija. En vez de dejar aparcado el móvil cuando estaba la niña, para compensar su culpabilidad empezó a dejárselo... Y ahora la situación ya estaba más compensada y las dos ya no entraban en conflicto. Pero claro... ¿dónde estaba el límite? ¿Qué era un ratito? ¿Su hija podía comprenderlo si ni su madre estaba segura de cuándo y cómo? Así que, como había total falta de consistencia en su propio límite (hacia Paula misma) y hacia su hija, la cosa hizo aguas rápidamente y se creó un conflicto muchísimo mayor que las hacía estar mal a las dos.

Tuvimos que ir a la raíz del problema, empezando por la madre: su necesidad de estar conectada a través el móvil con personas a través de mensajes o de mirar sus redes sociales. Se sentía abrumada con la maternidad, con la carga mental que eso le suponía y con ser la que tiraba del carro en casa. Tan desbordada estaba que mirar el móvil le proporcionaba unos ratos de desconexión, como de paz, que la alejaban de su agobio en el ahora y aquí. Poco a poco, Paula se fue dando cuenta de esto, de cómo había empezado esta dinámica, de qué necesitaba y de todo lo que había sentido y sentía todavía. Nombrarlo, llorarlo y ser consciente de ello le hizo ver que la desconexión de su hija a través del móvil era un espejo total de lo que ella hacía.

A medida que se iba comprendiendo, se iba empoderando, hasta que pudo tomar conciencia de dónde quería que estuviera el límite hacia el móvil en su caso y en el de su hija. Desde ahí, pudo transmitirlo con conciencia, siendo también ejemplo y ayudando a que la relación entre las dos mejorara un montón.

Con los móviles y otras pantallas esto pasa a menudo. Fruto de nuestro agobio o cansancio damos permiso para que no nos den la vara y luego nos lamentamos de que están desconectados y de que ahora no nos hacen caso ni a nosotros ni al límite que les intentamos poner (sin mucha convicción, sea dicho de paso). Parece que nos cuesta responsabilizarnos y darnos cuenta de que ese móvil, ese ordenador, esa *tablet*... se lo dimos nosotros. De que es justamente por eso y por nuestra falta de conciencia sobre los límites que queremos que haya en este aspecto, que se enganchan. Nos ven *out* y se van al mismo sitio: fuera del aquí y el ahora.

Con esto no estoy diciendo que las pantallas sean el mismísimo demonio, no. Sino que cuando nos quejamos de ellas, primero tenemos que mirar hacia adentro y reflexionar no solo sobre cómo las utilizamos sino también cómo hemos permitido que las usen ellos. Luego, tras este trabajo de responsabilidad y de toma de conciencia, podremos resetear la situación. Y si el límite que tenemos que poner es muchísimo más restrictivo y se enfadan, pues que se enfaden, no pasa nada, es normal. Lo raro sería que después de haber tenido casi carta blanca, no protestaran cuando les cortamos el grifo. Que no te entren los miedos si eso pasa. Recuerda que no buscas su validación, el poder crear las condiciones necesarias para procurarles una buena salud física, mental y emocional.

«CUANDO LE PONGO UN LÍMITE, SE RÍE»

Ay... ¡cuando vemos que se ríen se nos llevan los demonios! Justo en ese instante de máxima tensión, cuando estamos hablando de cosas «serias», cuando ponemos nuestra completa atención a que entienda que eso NO lo puede hacer... va y se ríe delante de nosotros, sin ningún tipo de escrúpulo ni vergüenza. Eso nos remueve por dentro, nos hace conectar con emociones pasadas de situaciones similares en las que nos sentimos humillados, poco tenidos en cuenta o ninguneados. Que eso nos lo haga nuestro hijo, no lo podemos consentir y nos cabreamos lo que no está escrito o nos entristecemos infinito pensando que jamás hubiéramos creído que la persona a la que más amamos nos haría esto. Drama.

Mientras todo eso pasa por nuestra cabeza, nuestro hijo lo ve todo de una forma muy distinta. No percibe que nos esté ninguneando sino que de repente se siente violentado por nuestro tono de voz, por nuestra tensión y nuestras palabras. Otras veces siente que ha hecho algo muy mal y eso le genera un malestar tan grande que se avergüenza, y la reacción que le sale es reírse.

¿No te ha pasado nunca que en el peor momento, en ese en el que NO puedes reír y no está bien visto hacerlo, es cuando más ganas te entran? Hay a quien le ha pasado en un funeral. Ya me dirás... un funeral no es para nada divertido, y estoy convencida de que el que se ha reído en uno para nada estaba pensando en faltar al respeto o ningunear al fallecido o a su familia. Pero en momentos así se remueven emociones que nos tensan, nos invaden y nos ponen nerviosos. Los nervios a veces salen en forma de llanto y otras salen en forma de risas. No es a propósito, no es personal... simplemente es una reacción emocional espontánea a un momento de tensión.

En talleres que he dado de parejas, en el momento en el que tienen que estar más presentes y conectados, cuando entramos a trabajar desde el cuerpo, algunas se ponen a reír. Es normal y lo comprendo: cuando en el cuerpo hay mucha tensión, da miedo relajarlo y entrar a conectar con él porque tememos lo que podamos encontrar ahí. Una manera de lidiar con esa situación que nos incomoda es que se nos escape la risa. Cuando eso ocurre les digo que no pasa nada (ellos se sienten fatal), que se rían, que es la forma en que su cuerpo y sus emociones expresan cómo están viviendo este momento presente. Luego, viendo que no los juzgo, se relajan, la risa se pasa y pueden conectar con ellos mismos de otra forma.

Volviendo a cuando lo hace nuestro hijo, a veces lo que pasa es que está tan enfadado con el límite que le hemos puesto que se ríe. Porque hemos sido arbitrarios y no entiende nada, porque quiere manifestar su desacuerdo como diciendo: «*¿Un día me dices que sí y ahora que no? ¡Aclárate!*» o «*La estás cagando y no te enteras*». Sea por el motivo que sea que ha llegado la risa en ese momento, no te lo tomes como algo personal, porque no lo es, aunque pueda parecerlo. Respira profundamente, no reacciones a esa risa, déjala pasar y verás cómo en nada desaparece. Es importante que no te enganches a ella para que puedas conectar con lo que realmente hay debajo: ¿tensión, miedo, enfado, incomodidad...? Recuerda: lo verdaderamente importante no está en la superficie sino en el fondo. Sumérgete y explora.

«NO HE PUESTO LÍMITES. ¿ES TARDE?»

¿Recuerdas el ejemplo de Paula? Ella no había puesto límites. Yo no había puesto límites tampoco en algunas cosas cuando empecé este camino de crianza… Pues como ella, como yo y como tantos otros, cuando te das cuenta de que la falta de límites o su inconsistencia os desalinean completamente, hay que parar, revisar y modificar.

Nos pasamos la vida creciendo y evolucionando y, a medida que vamos aprendiendo más y más, cuando miramos atrás tenemos miedo de que, ahora que nos damos cuenta de X o de Y, ya sea demasiado tarde. Como si hubiera un momento adecuado para ser conscientes y, si perdemos el tren, ya la hayamos cagado para siempre. Creo que las cosas no funcionan así. No hay un momento para ser conscientes y, a la vez, todos los momentos son buenos para empezar a serlo; por lo tanto, a medida que vamos poniendo más conciencia en nuestras vidas y en todas sus áreas (personal, familiar, laboral, etc.), comprendemos que esa conciencia llega en el momento justo. Si no ha llegado antes es porque teníamos que vivir una serie de cosas para llegar hasta aquí que eran imprescindibles. Que no podía ni ser antes ni ser después. Eso nos permitirá vivir un poco en paz con nuestro pasado. Nos permitirá mirar atrás y comprender que, si en un momento dado, en el inicio de la crianza o hasta el momento, no pudimos o no hemos puesto los límites que tocaban ni de la forma que nos hubiera gustado hacerlo, es porque no estábamos listos.

Nos sabrá mal, quizá, pero podremos comprender por qué ha sucedido y a la vez, ahora sí, tomar las riendas y empezar a actuar de otra forma, sin fustigarnos ni pensar todo el rato que ya es demasiado tarde. Porque, en realidad, nunca es tarde para poner conciencia, para despertar y empezar a vivir una vida más consciente y plena. ¿Cómo iba a ser demasiado tarde para esto?

El mundo y especialmente nuestros hijos e hijas nos esperan con los brazos abiertos a que actuemos de una forma más consciente y conectada. Esto no significa que tu hija de trece años, por ejemplo, al ver que actúas de forma distinta con los límites, te vaya a aplaudir. Seguramente le extrañará que pases de no poner límites a hacerlo de una forma clara y consciente, pero en realidad, por dentro, es algo que le sentará muy bien aunque no lo exprese ni se dé cuenta. Porque es una necesidad básica de la infancia y la adolescencia saber dónde están los límites y que tu familia te los indique.

Pero claro, tendrá que adaptarse al nuevo cambio que has hecho. Tendrá que acostumbrarse al hecho de que ahora eres más consciente en este tema y que haces las cosas de modo distinto a cómo las habías hecho hasta ahora. Y quizás no será fácil, porque toda su vida te ha visto actuar de otra forma y ya hay unas dinámicas establecidas y una relación construida de X forma. Pero que os cueste a todos adaptaros y que implique acostumbrarse a otra realidad no significa que sea malo. Es una consecuencia del largo tiempo de crianza inconsciente en cuanto a los límites, y supongo que es el precio que tenemos que pagar cuando queremos establecer una nueva realidad. No pasa nada. Así es la vida.

Supongamos que has pasado cuarenta años de tu vida comiendo ultraprocesados y comida basura, sin prestar ningún tipo de atención a tu alimentación. Un día, te encuentras mal y vas al médico. Te dice que tienes el colesterol por las nubes y una salud más que mejorable. ¿Tú crees que te diría «*Ya es demasiado tarde, lo siento, ya no hace falta que modifique su alimentación ni sus hábitos*»? No, te diría que ha llegado el momento de tener una vida saludable, que no esperes más y que te pongas manos a la obra ya mismo. Y tu cuerpo, a pesar de que le pueda costar acostumbrarse, ¿tú crees que al cabo de seis meses de alimentación saludable estaría peor que antes de empezar a comer bien? No. Seguramente te sentirías mejor, con más energía, habrían mejorado tus analíticas y estarías más sano que antes.

Aun así, seguramente al principio a tu cuerpo le costaría renunciar al azúcar y acostumbrarse a comer comida real y sana, dejando a un lado todo a lo que lo habías acostumbrado antes. Pues eso. Se trata de un proceso, como también de una de toma de conciencia en nuestra maternidad y paternidad, y especialmente en el tema de los límites.

Te aconsejo

Supongamos que tienes un hijo de diez años a quien no has puesto límites y, cuando lo has intentado, ha sido sin consistencia ni conciencia alguna de qué necesitaba, ni tampoco de cómo se los transmitías. Como va a notar un cambio en ti después de que te hayas dado cuenta de lo importantes que son los límites y de cómo ponerlos, a esas edades (de siete en adelante), yo le informaría.

Cuando note la diferencia y se quede pasmado sin entender por qué su madre o su padre han empezado a actuar de modo distinto, le explicaría lo que nos ha sucedido: «*Mira, Álex, en este tema de los límites yo andaba muy perdida. Nunca he sabido muy bien cómo decirte qué sí podías hacer y qué no, y me costaba mucho ponerte límites y ser clara y firme con ellos. Siento haberte liado un poco con todo esto. Pero he cambiado y ahora comprendo que son muy importantes y sé cómo hacerlo, así que quizás te extrañe porque me notarás un poco diferente, pero será mejor para todos, seguro. Confía en mí*».

Tendrás que adaptar las frases o las palabras a la edad que tenga tu hijo o tu hija, pero estoy convencida de que entiendes perfectamente el mensaje que tenemos que transmitirle: que sentimos haberle confundido o perjudicado de alguna forma, y que ahora notará unos cambios que, aunque no se lo parezcan, serán para bien. Siempre he creído que informarlos también de forma clara y sincera (sin grandes discursos y mucho menos sermones) sobre nuestros procesos y evolución, los ayuda a comprender que somos humanos y que también, como ellos, estamos creciendo y aprendiendo cada día. Hablándoles desde el corazón, podemos pedirles perdón, eso sí, sin dramas, sin cargarlos ni hacerles nunca responsables de nuestro camino.

Lo bueno es que una vez has puesto conciencia en un tema (en este caso el de los límites), ya no hay marcha atrás. Cuando integras un conocimiento de verdad, es difícil que luego puedas volver a las andadas y mirar hacia otro lado. Este hecho te ayudará a no perderte y a seguir caminando en una nueva gestión de los límites, porque te hará falta practicar y trillar un nuevo camino que hasta ahora no habías caminado.

Confía en ti, háblate bonito con frases alentadoras para no desfallecer. Puede parecerte que no poner límites era mucho más fácil, y en parte es así. Pero sabes que los resultados no eran los que deseabas ni para vuestra relación ni para vuestra familia, así que —a pesar de que a ratos te parezca que estás subiendo una cima altísima— debes saber que lo único que pasa es que tienes falta de costumbre. Que este nuevo camino no te es familiar y, por el hecho de no serlo, te cuesta más andarlo. Pero te prometo que es un camino muchísimo mejor, que cada día te será más llevadero y que te dará unos frutos maravillosos.

«TENGO EL *NO* TODO EL RATO EN LA BOCA»

¿A quién no le ha sucedido esto al principio de criar a los hijos, especialmente el primero? Empieza a gatear, no has acondicionado los espacios para que pudiera moverse y explorar libremente y, de repente te cansas, de escucharte decir «no» todo el rato. Claro. Jamás nos habíamos visto en la tesitura de tener que guiar a otro ser humano en este mundo, normal que no nos hubiéramos planteado nada alrededor de la palabra «no». Quizá solo la habíamos vivido como una palabra que nos decían a nosotros y eso ha dejado también huella en nuestro interior en forma de juicio... ¡Hasta esta palabra tan importante y tan útil cuando está bien empleada!

Pero empecemos por el principio: la infancia es exploradora por naturaleza, así que un bebé hará caso omiso de tus «noes» porque su necesidad de observar, tocar, abrir, etc., es superior a eso. Es como un empuje constante hacia el crecimiento y este pasa por la exploración del entorno que los rodea. Así que lo mejor es que adaptes los espacios para que el «no» desaparezca de vuestras vidas y sea el mismo espacio el que ponga los límites: si bloqueas un cajón para que no pueda abrirlo y tocar los productos de limpieza, no tendrás que decir «no» y conseguirás lo que quieres: protegerlo de objetos que no debe tocar.

Si en esta etapa tienes el «no» todo el rato en la boca, es momento de explorar por qué, y los motivos pueden ser muchos y variados:

- Tienes la expectativa de que obedezca tus órdenes verbales a pesar de su corta edad.
- Te decían muchos «noes» en casa y repites el patrón.
- No sabías que tenías que adecuar el espacio y tienes un montón de cosas alrededor que no son aptas para bebés exploradores.
- Te es más cómodo decir que no y enfadarte que averiguar qué necesita tu hijo, qué necesitas tú y actuar en consecuencia.
- Te falta información sobre esta edad e interpretas que lo hace a propósito porque crees que sí podría obedecer tus órdenes.
- Estás poco presente y conectada y repites el «no» para poder seguir en modo «evasión», ya que la maternidad o tu momento actual se te hace muy agobiante.
- No sabes qué alternativas tienes a los «noes» y, a pesar de no quererlos decir, te salen inconscientemente.

Sea cual sea el motivo por el que dices que «no» todo el rato en esta etapa tan temprana de tu hijo o hija (0-2 años), es importante que lo revises, adaptes tu casa, relajes tus expectativas y tomes conciencia de que cuantos más «noes» digas, más los desvirtúas. Es como si con tanta repetición dejaran de tener consistencia, como si los hicieras cada vez menos importantes al usar tantos; estoy convencida de que muchas veces dices «no» por automatismo cuando, si lo pensaras dos veces, ese «no» podría ser perfectamente un «sí». Toca ponerte manos a la obra y revisar.

En el caso de que tengas hijos más mayores y también tengas todo el rato el «no» en la boca, seguro que muchos de los motivos antes mencionados te han resultado familiares, especialmente el de las expectativas, la falta de información, la poca presencia... Son cosas muy comunes cuando criamos y educamos a niños y niñas. Porque es cansado, porque nos obliga a estar muy presentes y en este siglo donde lo que prima es la evasión, no sabemos muy bien cómo estar aquí y ahora conectados con ellos. Te entiendo... A ratos no es nada fácil.

Lo que quiero que integres profundamente es lo siguiente:

¿Cómo te sentirías si tu jefe o tu pareja, a todo lo que haces, eres, quieres hacer o propones te respondiera «no»? Estoy segura de que te sentirías muy desconectada de ellos, sentirías que no tienen en cuenta tu voz ni tus necesidades y que muchas veces acabarías haciendo lo que te diera la gana justamente porque sentirías que ellos no saben nada de lo que necesitas o te conviene. Normal. Esto es lo que pasa cuando a nuestros hijos les taladramos con el «no». Que nos desconectamos.

Esto no significa que tenga que ser un *«ancha es Castilla»* y tengamos que decirles «sí» a todo (creo que a estas alturas del libro esto ya ha quedado más que claro), sino que tenemos que conectar para buscar otras formas. Esta palabra no tiene que ser la que siempre salga por nuestra boca.

Hay un ejercicio muy fácil de hacer y muy revelador que consiste en apuntar en un papel durante un día entre semana y luego un día del fin de semana todos los «noes» que vamos diciendo. Papel y bolígrafo en el bolsillo del pantalón, y a cada «no» que digamos, escribimos un palito. Al final del día, contamos cuántos palitos tenemos, y es muy probable que nos quedemos pasmados de la cantidad de «noes» que nos habrán escuchado nuestros hijos. Si es un día entre semana y están escolarizados, tenemos que sumar unos cuantos «noes» de sus profesores, de los abuelos, o de quien sea con quien hayan estado, incluso de algunos compañeros. Esto nos ayudará a tomar consciencia de cómo nos comunicamos con ellos y de cuándo y cómo usamos ese «no». Si de una forma muy automática e inconsciente o si de una forma puntual y consciente.

Me acuerdo de una familia que vino a verme hace años a mi consulta con un bebé de ocho meses. Gateaba como un bólido desde los cinco y ellos lo consideraban *«el niño más movido que jamás hemos visto»*. Se movía tanto que, claro, llegaba a todas partes y lo tocaba todo. Vinieron a verme porque sentían que estaban en un punto de desconexión con su hijo que los asustaba, porque llegaban a enfadarse muchísimo con él cada vez que abría un cajón o que tocaba las plantas del salón. *«Es que le decimos que no lo toque mil veces al día y él erre que erre. Yo creo que nos toma por el pito del sereno»*, me decían desanimados.

Lo primero que hice fue hablarles de la necesidad de movimiento y de exploración que tienen en esa etapa y dejarles claro que no lo hacía para fastidiarlos, sino porque no podía hacer otra cosa. Pero no solo eso: que lo hiciera era muy bueno y nos estaba diciendo que era un niño sano, espabilado y conectado con el mundo que lo rodeaba. Luego revisamos cómo tenían la casa. Obviamente, no había ningún límite físico en ningún sitio que impidiera que el pequeño Oliver lo tocara todo. *«Al salir de aquí os vais a una ferretería y compráis los topes, los seguros y las baldas que hagan falta para hacer que vuestra casa sea segura y que no tengáis que decir ni un solo "no"»*.

Lo hicieron y eso, junto con la revisión de las expectativas, la información sobre esta etapa y el cambiar la mirada hacia su hijo —pasando de creer que les tomaba el pelo a que era un bebé que hacía lo que tenía que hacer a su edad— los ayudó a recuperar la calma y la conexión que habían perdido.

Es muy fácil decir «no». Es una palabra corta, simple y que nos han dicho miles de veces a lo largo de la vida, especialmente cuando éramos chiquitos. Así que sentimos como algo natural y fácil decir «no» a nuestros hijos cuando hacen algo o quieren algo que no puede ser. Pero... estrujémonos un poco el cerebro y démonos cuenta de que no siempre es necesario usar esta palabra para seguir poniendo claro el límite.

En vez de decir: «*No, no puedes ir a casa de tu amigo hoy*», podemos decir: «*Entiendo que te gustaría ir a casa de tu amigo hoy, pero ya habíamos quedado que vendrían los primos a casa. ¿Qué te parece si le preguntas si podrías ir mañana?*». En vez de decir: «*No puedes pintar con acuarelas porque vamos a cenar*», podemos decir: «*Veo que te apetece mucho pintar con acuarelas. Te propongo que cenemos primero y que luego, si aún te apetece, pintemos un ratito con acuarelas*». En vez de decir «*No toques eso, que se rompe*», podemos decir: «*Este objeto es delicado. ¿Buscamos algo con lo que jugar y que no se pueda romper?*». En vez de «*Ahora no quiero jugar contigo porque tengo que trabajar*», podemos decir: «*Me encantaría jugar contigo ahora pero tengo que trabajar un rato más. Mira, podemos poner una alarma para que suene dentro de media hora y así sabremos que en ese momento ya puedo salir del despacho y nos ponemos a jugar a lo que quieras*».

Al final, se trata de ser conscientes de la cantidad de «noes» que decimos a lo largo del día y darnos cuenta de que al final le quitamos valor sin querer. Que escuchar «no» todo el día desgasta y, si no prestamos atención, podemos incluso bajarles la autoestima porque pueden sentir que todo lo que les decimos va con un «no» delante. Se trata de tomar conciencia y decir «no» cuando sea necesario decirlo; porque, en ese momento, esa palabra tendrá un poder tal que ayudará a que el límite se transmita de una forma firme y muy clara.

Por ejemplo, si mi hija de dos años y medio está a punto de meter la mano en una olla hirviendo, mi «*¡NO!*» alto y claro tendrá un peso y una consistencia que no tendría si todo lo que me escucha decir cada día es tropecientos mil «noes». Y de paso, cuando racionamos más esta palabra, dejamos de estigmatizarla dándole un carácter más noble y menos pesado y agobiante. Porque el «no» es una palabra maravillosa que puede protegernos, puede significar auto-cuidado y puede ayudarnos a amarnos más y mejor.

Así que te animo a que te revises en este aspecto y te abras a todo lo que pueda traerte esta revisión tanto en relación con tus hijos como con tus padres o contigo misma. Feliz viaje ;).

«NO SÉ DECIR *NO*»

Aunque pueda parecerlo, no le es fácil decir «no» a todo el mundo. Hay a quien le cuesta horrores y tiende a decir que «sí» incluso cuando lo que siente dentro es un «no» como una catedral. ¿De dónde nace esa incapacidad de decir «no» a los demás? Normalmente, de una necesidad enorme de complacer. Lo he comentado al principio del libro: nacemos muy conectados con nosotros mismos cuando somos bebés, pero a medida que crecemos vamos dándonos cuenta de que a veces los demás nos quieren más o nos demuestran más amor si los complacemos. Como tenemos una necesidad innata de pertenecer y de sentirnos amados, ya de pequeños podemos empezar a hacer cosas no tanto porque sintamos las ganas o la necesidad de hacerlas, sino porque intuimos que es lo que los demás quieren o esperan de nosotros. Empezamos, entonces, a complacerlos y, de esta forma, a sentirnos más amados y validados.

Cuando, ya de adultos, tenemos hijos, entonces podemos darnos cuenta de que nos sigue costando decirles que «no» si, además, esto puede suponer una rabieta monumental o un pollo de media hora. Con lo cual, podemos tender a esquivar o aniquilar todos los «noes» aunque luego eso nos pase factura.

Si te reconoces en este punto, es importante que te des cuenta de que si dices «sí» cuando en realidad te gustaría decir «no», ese sí no es auténtico. Ese sí no está alineado, para nada, con tu sentir. Por lo tanto, digamos que es un «sí» resentido, con una gran carga dentro de falta de conexión contigo misma y de amor propio. Eso, sin duda, crea muchísimos más problemas que si hubieras dicho que «no» en un primer momento. Seguramente son unos problemas menos visibles, menos evidentes y carentes del drama que puede montar tu hijo tumbado en el suelo cuando se frustra, pero perpetúan la desconexión y lo confunden. Porque tu hijo está conectado con tu sentir, con tu ser más auténtico y nota cuándo lo que dices está alineado con él y cuándo no lo está.

Rosa tenía una niña de tres años y medio que pesaba veinte kilos y que adoraba el porteo. Su madre la había porteado felizmente durante años pero ahora se sentía agotada y a menudo discutía con su hija cada vez que la niña le pedía brazos. *«Ya no puedo cargarte, pesas mucho y me duele la espalda»*, le decía. Pero cuando la niña estaba cansada, no atendía a razones. Cuando Rosa veía que la niña se estaba empezando a enfadar, la cargaba porque tenía miedo del pollo que la peque podía montar si le seguía diciendo que no. Rosa era consciente de que era pequeña, de que estaba cansada y de sus ganas de brazos, pero a la vez se enfadaba cuando no conseguía convencerla de que siguiera caminando. La acababa cargando sin querer hacerlo y se pasaba todo el rato enfadada con la niña y reprochándole su poca empatía con ella, que tenía dolor de espalda y estaba hasta el gorro del porteo.

La peque, que no acababa de entender nada, empezaba a llorar porque se sentía mal y entonces Rosa le decía *«¿Encima que te cargo, lloras?»;* y cuanto más se enfadaba su madre, más lloraba la niña. Alguna vez habían terminado las dos igual, sentadas en el recibidor de casa y llorando las dos. ¿Qué es lo que estaba pasando aquí? Que Rosa ya no podía con su alma por el dolor de espalda y el cansancio por un porteo que ya se le hacía insostenible, pero a pesar de sentir todo eso, lo que le transmitía a la niña era un *«sí puedo»* cuando la acababa cargando. Lo hacía a regañadientes y con resentimiento, cosa que despertaba su volcán que acababa descargando en la niña.

Cuando le pregunté por qué no le decía que *no* y mantenía este límite, ella me dijo que le sabía mal por ella. *«Pero cuando la cargas sin querer... ¿qué sientes?*». «*Siento que no respeta mis necesidades, que no me tiene en cuenta, que es una egoísta, y entonces me siento desgraciada y por eso me enfado tanto...*». «*¿Es tu hija realmente la que no está respetando tus necesidades?*». Entonces empezó a llorar y respondió al cabo de un rato: «*No, soy yo. Yo no me respeto y luego me enfado con ella, como si fuera culpa suya*».

Darse cuenta de ello le permitió llorar la herida que había al respecto. La de no haberse sentido vista ni tenida en cuenta, la de sentir que tenía que complacer a sus padres para ser amada. Hizo un gran trabajo interior y poco a poco pudo ir conectando más con lo que ella sentía y necesitaba, y a su vez, transmitírselo a su hija desde un lugar auténtico que ella recibía de forma muchísimo más tranquila de lo que su madre había imaginado. Para la niña era como que las cosas ya cuadraban: lo que decía mamá coincidía y cuadraba con lo que ella notaba dentro. Cuando le decía que «no», mamá efectivamente quería decir «no», y cuando decía que «sí» no tenía que temer que ese «sí» no fuera de verdad. Eso la descargó de una sensación de ser responsable de la frustración o felicidad de su madre que le permitió estar mucho más relajada y encajar mucho mejor los límites que su madre le ponía. Pero no solo eso. Rosa aprendió a amarse y eso las benefició tanto en su relación como a ellas mismas.

Si lo que acabo de contar te ha resonado dentro de alguna forma o si te has reconocido en esas palabras, respira hondo e intenta explorar qué es lo que puede estar haciendo que te cueste tanto decir *no*. Hacerlo, en muchas ocasiones es decirte *sí* a ti misma y quizás es eso lo que te incomoda porque no tienes la costumbre, no te es familiar escucharte y respetarte, o quizás porque te han transmitido que no lo merecías.

Sea lo que sea, explóralo, sumérgete en ese sentir y cuando sepas qué es lo que ocurre y que desalinea lo que dices y lo que quieres decir en realidad, toma conciencia de ello. Luego, poco a poco y a base de validación interna y de práctica, podrás ir andando un nuevo camino que al principio te parecerá súper raro pero que poco a poco se irá haciendo más conocido, hasta que un día lo más familiar te será respetarte, amarte y vivir tu vida de una forma consciente y alineada. Tú puedes hacerlo ;).

«NO SÉ PONER LÍMITES A LOS ABUELOS»

Es normal. Creo que no ha habido ni una conferencia que haya dado en la que, en el turno de preguntas, no me hayan preguntado: *«¿Y cómo hago para poner límites a los abuelos, porque hacen lo que quieren con mi hijo?»*. Es un temazo, la verdad. Porque si ya nos cuesta lidiar con nuestros propios límites y con los que ponemos a nuestros hijos, ya no te digo los que a veces necesitamos poner a nuestros padres o, peor, a nuestros suegros. Normalmente son gente mayor, criada en otra época, hijos de otra forma de ver las cosas y del paradigma más clásico y tradicional de crianza… Unas personas a las que, además, se nos ha dicho toda la vida que teníamos que respetar y (especialmente los padres) agradecer porque, sin ellos, ya sabes: no estaríamos aquí. Se nos mezclan un montón de creencias y sentimientos —pero también de patrones con los que nos hemos relacionado con nuestros padres toda la vida— y a menudo nos hacen muy difícil poder lidiar con estos temas desde un lugar asertivo y natural. Porque en realidad no nos sale natural para nada. He visto un sinfín de parejas que tenían un montón de problemas con los abuelos (fueran padres o suegros) porque tenían distintas formas de ver la crianza y la educación, pero especialmente porque todavía había muchas dinámicas que no habían cambiado desde que eran niños. Los padres seguían tratándolos como si no supieran demasiado, como si todavía pudiesen decirles lo que tenían que hacer y cómo, y los hijos tampoco sabían muy bien dónde y cómo marcar los límites para entonar un *«Es que ya soy adulto»*.

Esto, además de provocar muchas dificultades, provoca también muchísimo dolor a todas las partes, a cada una desde su punto de vista. A veces incluso aparecen problemas de pareja porque unos abuelos se inmiscuyen mucho en la vida de los peques, por ejemplo, y el hijo o la hija no saben muy bien cómo decirles a los abuelos que deben mantenerse más al margen porque los padres son ellos. El adulto en cuestión a veces se encuentra un poco entre la espada y la pared: unos padres que nunca están contentos o que se ofenden cuando sienten o notan que no les dejan llevar la voz cantante, y una pareja que siente que no está luchando por la familia que se está creando. Vamos, tanto si lo has vivido como si no, ya puedes intuir que gestionar el tema de los límites con los abuelos es de todo menos fácil.

Hay muchas emociones que se mezclan y nuestro *background* de la infancia —que nos ha enseñado a no escuchar nuestra voz interior y transmitirla de una forma asertiva (porque hemos integrado que no era válida)— nos impide actuar desde nuestro sentir sin culpas ni dificultades. Aparecen la necesidad de complacer, el miedo a ofenderlos y, a la vez, una revolución emocional considerable porque sentimos que, al mismo tiempo, hay que hacer algo. ¡Qué bien que ocurran estas cosas! Porque es desde este punto de crisis total y de sentirnos sin escapatoria cuando nos hacemos de verdad responsables y maduros y operamos desde nuestro sentir. Bueno, no todos, claro. Hay muchos que sienten que no pueden y siguen con las viejas estrategias de evasión. Porque no es fácil, y lo comprendo perfectamente. A mi edad, todavía me cuesta decir las cosas que me remueven profundamente de una forma clara, amable y asertiva. Alguien me dijo una vez: *«Bueno, espero que dentro de unos pocos años seré plenamente consciente y estas cosas no me pasarán».* Y le respondí: *«Somos humanos y habrá cosas que nos seguirán costando y seguiremos actuando de forma inconsciente a veces».* Queremos la perfección, también en cuanto a relacionarnos con los demás y comunicarnos pero, *spoiler*, la perfección no existe y, a veces, por mucho trabajo personal que hayamos hecho, nos costará decir las cosas que nos remueven de una forma amable, serena y asertiva. Si es con nuestros padres o suegros, quizás más.

Así que es normal que nos cueste. No solo por las heridas que tal vez no están aún sanadas, sino también porque no tenemos referentes. ¿Cómo se dice a tus padres «*hasta aquí*» de una forma amable y asertiva cuando decirlo te remueve las entrañas? ¿Se lo hemos visto hacer a ellos? Seguramente no, porque no hemos aprendido durante nuestra infancia a poner límites de una forma asertiva. Por lo tanto, es obvio que será un mal trago tener que decir «*ya*». Pero, a veces, hay que hacerlo...

Cuándo poner límites a los abuelos

La respuesta es fácil: cuando crucen líneas rojas. Si no las puedes cruzar tú ni tus hijos, pues ellos tampoco. En realidad, ni ellos ni nadie. Así que si hay faltas de respeto, si (aunque sea sin querer) los ponen en una situación insegura, si los dañan de alguna forma o si te lo hacen a ti —por ejemplo, desautorizándote delante de tu hijo—, hay que poner límites. Es normal que a veces nos cueste (a ellos y también a nosotros) ponernos en el lugar que nos corresponde: nosotros en el lugar de padres que nos responsabilizamos de nuestros hijos y que estamos, digamos, en primera línea; y ellos, en un segundo plano, disfrutando de sus nietos pero sabiendo que los que deciden son los padres. Cuesta porque a veces los roles de la infancia, de cuando vivíamos juntos, todavía están muy presentes y casi nadie se ha dado cuenta de que ya no somos niños y que todo ha cambiado. Hacernos conscientes de ello nos ayudará a poder ocupar, cada cual, el lugar que le corresponde, y eso implica mucha responsabilidad. Porque, claro, si yo no quiero que mis padres hagan A o B con mis hijos pero me los cuidan hasta la saciedad, tampoco cuadra. Ya sabes, lo de «*Tiro de ellos porque los necesito y me interesa, pero critico todo lo que hacen sin buscar alternativas o responsabilizarme yo de ocupar ese lugar en el que ellos tienen tanta presencia*».

Lo sé, la sociedad y el modelo productivo que tenemos instalado en Occidente no ayuda a que conciliar vida laboral y familiar sea fácil, es cierto. Pero entonces hay que buscar otras estrategias, otras fórmulas, sin cargar a los abuelos con una responsabilidad que no les toca y por la que chocamos continuamente, amargándonos a todos. Especialmente en esos casos en los que se cruzan límites, hay mala relación y lo pasamos todos mal. Hacernos responsables es un tostón, lo sé. Ser adulto lo es, muchas veces. Pero es necesario hacerlo para no ser espectadores de nuestra vida y caer en un victimismo que nos ancle en situaciones de las que después nos es muy difícil salir.

A veces, lo que ocurre es que nos gustaría que lo hicieran todo como nosotros y, claro, no es posible; y nos metemos en cada palabra, en cada gesto y en cada porción de comida que les ofrecen a nuestros hijos. Bueno, los abuelos siempre serán los abuelos, no lo perdamos de vista, y está bien que sea así. Tienen otra edad y, a menudo, a lo que tú das mucho valor, ellos —desde una perspectiva de más años y más relatividad— no se lo dan tanto. Valora en qué es necesario poner límites y en qué cosas es mejor relajarnos y disfrutar de esa relación que tienen nuestros hijos con ellos sin poner la puntilla a todo lo que hagan o digan.

Será importante valorar no solo qué ocurre sino también la frecuencia con que lo hace, porque que la abuela le diga «*no llores*» un día puntual cuando hemos ido a comer a su casa no es lo mismo que nuestro hijo esté con ella cada día de la semana y se lo diga hasta la saciedad.

En todo caso, después de haber valorado cómo te sientes, qué no te resulta agradable ni alineado con tu sentir y qué sí, podrás tomar las decisiones correctas. A veces será la de pasar y relajarte porque se trata de cosas poco importantes, otras será la de hablar con ellos y otras veces —si crees que es imposible que te comprendan y que haya entendimiento—, la de poner un límite a la frecuencia con la que os veis, por ejemplo. Quiero que sepas que tu sentir siempre es válido, aunque percibas que no «deberías» sentirte así con tus padres o con tus suegros. Quiero que sepas que no eres ni una mala hija ni un mal yerno por sentir lo que sientes, que es fruto de un sinfín de causas-efectos que has vivido y sentido a lo largo de toda tu vida y que ahora se remueven.

Si decides hablar y poner límites, exprésate siempre desde tu sentir: «*Cuando yo estoy acompañando una rabieta, por favor, no intervengas. Cuando lo haces, me siento desautorizada y me desconecto de mi hijo porque creo que me estás juzgando aunque no sea esa tu intención*». O «*Hemos decidido que Miguel no verá dibujos porque es muy pequeño. Por favor, no se los pongas en la tele porque siento que haciéndolo no respetas la decisión que como padres hemos tomado en este tema*». Desde tu sentir se abre la posibilidad de que empatice con la emoción que le estás nombrando, mientras que desde el ataque *(«Es que tú dices, o haces tal cosa y no me gusta»)*, activas su necesidad de defensa y probablemente te ataque a ti, con lo que se crea un diálogo estéril que os desconectará todavía más.

Lo ideal sería que cada miembro de la pareja (si la tenéis) hablase con sus propios padres y no tener que decir según qué a personas con las que no tenéis tanta confianza y os puede resultar violento o más difícil. Cada pareja o cada persona sabe qué tipo de relación tiene y quiere tener con sus padres, así que tocará comunicaros primero con vosotros mismos y luego con la pareja para marcar un rumbo claro en este aspecto.

A veces lo que ocurre es que nos gustaría que los abuelos llevaran la misma crianza que la que llevamos nosotros, o que dijeran a nuestros hijos lo que les decimos, o que acompañaran sus emociones como lo hacemos nosotros, o que les dieran de comer exactamente los mismos alimentos que tenemos nosotros en la nevera, o que vieran el mundo con nuestros mismos ojos y consideraran genial todo lo que hacemos. Y eso a menudo no ocurre o sucede todo lo contrario. Quizás es momento de dejar de esperar que sean como no son y vivir el duelo de la madre o el padre que nos gustaría tener y que tal vez llevamos toda la vida esperando que sea. No lo va a ser, no lo es. Por lo tanto, a veces tendremos que vivir el duelo de la fantasía que nos habíamos creado pensando que algún día nuestra madre o nuestro padre serían como deseábamos o que nos dirían eso que tanto esperábamos. Tendremos que darnos cuenta de la ilusión que hemos vivido al respecto y empezar a vivir con los pies en el suelo viendo, de verdad, viendo a la madre o al padre que tenemos delante y no a quien creíamos tener o esperábamos tener.

Solo después de atravesar este duelo podremos empezar a aceptar a los abuelos que tiene nuestro hijo y, desde ahí, trazar de verdad una línea hacia dónde queremos ir con ellos y de qué forma. Puede parecer un trabajo personal arduo y difícil, pero te aseguro que también es revelador, necesario y muy útil para que tú misma consigas ser la adulta que has venido a ser. De esta forma, dejarás de vivir una ilusión y podrás, con lo que tienes, vivir lo que ES. Soltando toda expectativa y abrazando el ahora de una forma en la que quizás nunca lo has abrazado. Eso, sin duda, empezará a tejer una nueva relación con tus padres más adulta, más madura —y probablemente absolutamente distinta— de la que habías tenido jamás.

De esta toma de conciencia y del nacimiento de la nueva relación se beneficiarán, sin duda, todos los que os rodeen, aunque no lo sepan. Porque tu relación con ellos será más auténtica, fruto de un gran proceso de crecimiento personal. Así lo veo yo. Los conflictos con los padres o con los suegros, aunque sean duros y difíciles en muchos momentos, pueden ser el inicio de un redescubrimiento de quién eres; algo que, de otra forma, quizás no habría ocurrido jamás.

«ODIA EL COCHE Y ME CUESTA ATARLO A LA SILLITA»

Este es un límite de seguridad: ir atado a la sillita del coche, pero es cierto que hay peques que odian el coche. ¿Por qué lo odian tanto si los hay que es sentarse en el coche y dormir? Pues porque cada niño es un mundo y los hay (y no pocos) que no soportan varias cosas que implica ir en coche. Por un lado, tener que perder la libertad de movimientos. Recuerda que el movimiento libre es una necesidad básica de la primera infancia y no poder moverse como desean los incomoda muchísimo. Pero no solo eso: también los hay que odian el ruido que hace el coche, o la sensación de velocidad, o el hecho de tener a mamá o a papá delante y no tenerlos al lado distrayéndoles y dándoles la mano. Hay muchos niños que, además, se marean y no saben comprender que «*Pronto llegaremos*», o que «*Para ir a casa de la abuela tenemos que conducir un poco*». Ya ves que puede haber muchos motivos por los que un niño detesta el coche. Yo tengo una hija de cada: una era sentarla en la sillita y dormir, cosa que nos permitió ir de vacaciones muy lejos y sin problema, y otra que era sentarla y llorar. Lo odió hasta que comprendió que para ir a hacer cosas que le gustaban o encontrarnos con personas a las que quería ver, era necesario ir un rato en coche. Con mi segunda hija las vacaciones (especialmente los primeros años) volvieron a ser de proximidad, ja, ja, ja…, porque lo otro era una tortura para ella y para los demás.

El dilema viene, para muchos padres y madres, cuando su hijo o hija no quiere sentarse en la sillita. Se enfadan, arquean la espalda y, si hacen fuerza, es realmente complicado atarles sin que haya incomodidad física y emocional para todos los implicados. Pero hemos quedado en que es un límite de seguridad, así que es de los escritos en piedra; lo más seguro es que no tengamos un accidente, pero, si lo tenemos, queremos que nuestros hijos sufran el menor daño posible, así que el cinturón hay que llevarlo sí o sí. Al principio no lo entienden, pero con la rutina y los años, llegará esa edad en la que subirán al coche y será un acto mecánico. Ya no tendremos que repetir ese límite porque estará totalmente integrado y formará parte de ellos mismos.

Cuando protestan por sentarse y arquean la espalda, hay madres y padres que dudan. ¿Lo ato o un día es un día? Respuesta: lo atas, siempre. ¿Cómo? Pues primero tendrás que tirar de tu arsenal de juegos e imaginación. Si le gustan los piratas, el coche tiene que convertirse en un barco pirata y tenéis que ir a buscar un tesoro. Ponle motivación, diversión y mucho humor, que casi ni se dé cuenta de que está subiendo al coche y que hacerlo le parezca guay porque está a punto de vivir una aventura genial. Si le gustan las princesas, el coche será una carroza para ir a un baile donde también habrá hadas mágicas que os permitirán volar e ir al bosque mágico de las princesas aladas. Inventa, crea, échale imaginación y usa algunos utensilios que te ayuden en ese momento: alguna marioneta, algún juego...

Antes de entrar en el coche asegúrate de que las necesidades de tu hijo están cubiertas: que va limpio, que no tiene hambre, etc., porque a veces nos empeñamos en que suban al coche, y no quieren, y resulta que es porque tienen caca en el pañal. Primero, revisar necesidades básicas, y luego, si detrás del «*No quiero subir al coche*» hay algo más como por ejemplo «*Me llevas al cole y allí te echo de menos*» o «*En casa de la abuela, adonde vamos, no me lo paso bien*». En ese caso, valídala: «*Te entiendo, no quieres ir al cole ahora, lo sé... te gustaría pasar la mañana conmigo... me echas de menos allí ¿eh? ¿Te parece si luego, cuando te recoja, nos vamos a comer al parque tú y yo juntas?*». Validarla no significa que luego vaya a decir «*Vale, mamá, gracias y siento el pollo*», pero por lo menos se sentirá acompañada y no sola.

Si ni con juego, ni diversión, ni humor, ni juguetes, ni nada de nada quiere sentarse en la sillita, tienes que respirar hondo y, sin enfadarte ni agobiarte, atarla igualmente porque tenéis que salir. Obviamente, si es para algo totalmente prescindible, es quizás mejor abortar la misión e intentarlo en otro momento pero, si no es así, hazlo de la forma más centrada y consciente, sabiendo que estás haciendo cumplir un límite sin traspasar ninguna línea roja. No le grites, ni le amenaces, ni te enfades. Está haciendo lo que necesita para expresarte que no le gusta ahora mismo que la ates. Compréndelo, conecta con su emoción, valídala, pero, a la vez, haz lo que como madre o padre tienes que hacer en este caso: ser responsable de su seguridad.

Luego llorará mucho y se indignará. Tú mantén la calma y, sin demora, ve hacia el lugar donde tengáis que dirigiros. Quizás con la música le puedes hacer cambiar de chip. Usa algunas pausas en su llanto para validarla y conectar con ella.

Si te ocurre, quiero que sepas que te entiendo, es un rollo, pero es necesario. Una conocida mía un día me contó que estaba desesperada con el tema del coche porque cada día, al salir del cole, se tiraba más de una hora para conseguir que su hijo se sentara. Cuando empezamos a rascar el porqué se demoraba tanto en algo necesario como irse a casa para descansar, comer, etc., ella misma se dio cuenta de que el peque tenía hambre y que le estaba expresando todo su malestar. La mamá no era capaz de ponerle el límite porque como a ella le habían pegado de pequeña, sentía que de alguna forma le hacía a su hijo lo mismo que su padre a ella y, antes que atarle sintiendo que lo forzaba un poco, prefería esperar a que su hijo decidiera parar de llorar y sentarse. El problema es que el niño necesitaba que su madre pusiera fin a esa agonía de alguna forma y tomando alguna decisión, así que algunos días se pasaban así una hora y otros una hora y media: el peque llorando sin parar y la madre, algunos días, también. Él necesitaba un límite que no llegaba. Necesitaba que su madre cogiera las riendas, que comprendiera que eso que ocurría no tenía que ver con ella cuando era pequeña sino con un ahora y un aquí totalmente distinto.

Mientras lo hablamos, poco a poco fue comprendiendo que ella no lo estaba maltratando, sino que se estaba responsabilizando de su bienestar porque el niño necesitaba llegar a casa, comer y descansar, para procesar todo lo vivido por la mañana en el cole. A medida que fue poniendo el límite, su hijo fue estando cada vez mejor, hasta el punto de que, al cabo de unos días, su llanto por subir a la sillita duraba menos de cinco minutos y llegaba a casa contento y contándole cosas del cole.

Separar nuestras vivencias de la infancia de las que viven ahora y nuestros hijos e hijas es indispensable, porque si no, se nos mezcla todo y, sin darnos cuenta, entramos en nuestro niño interior y perdemos el adulto que somos, de forma que nos volvemos incapaces de tomar decisiones o hacernos responsables. Por suerte, nuestros hijos e hijas nos ayudan a que despertemos y tomemos, de nuevo, las riendas, haciendo consciente lo inconsciente y sanando así heridas que tal vez ni siquiera sabíamos que teníamos.

«¿HAY QUE OBLIGARLOS A PEDIR PERDÓN?»

Esta es una pregunta que yo también me hice cuando mi primera hija empezó a hacer cosas que no debía hacer a los demás como, por ejemplo, morderlos. Ella tenía dos años y la pobre no podía con tanta emoción que sentía cuando veía a un amiguito, así que teníamos que estar muy pendientes de ella para impedir que, en medio de un abrazo de puro amor, en vez de darle un beso, le mordiera la mejilla. Jamás hicimos que pidiera perdón ni por eso ni por otra cosa, porque era absurdo a esas edades para una niña que ni siquiera comprendía qué era el perdón.

Pedimos perdón cuando somos conscientes de lo que hicimos y lamentamos el daño provocado (aunque sea sin querer o con la mejor de las intenciones). ¿Tú crees que un niño de dos, tres o cuatro años es consciente, de verdad, de todo eso? Yo creo que la gran mayoría de las veces no, lo que pasa es que los adultos ponemos tanto empeño en lo de pedir perdón que a veces lo hacen o automáticamente —como unas palabras totalmente vacías de significado y valor— o por miedo a que nos enfademos si no lo hacen. Ven nuestras reacciones y actúan en función de estas, pero sin ser de verdad conscientes de lo que está ocurriendo.

Los obligamos a pedir perdón para quedarnos más tranquilos, porque sentimos que así les enseñamos de verdad a comportarse, pero sobre todo, porque de esta forma nos sentimos menos juzgados por los demás. He visto muchas veces que niños a los que se los ha obligado a pedir perdón, de alguna forma integran que el hacerlo los libera de toda responsabilidad y ves cómo empujan a otro y, si un adulto lo ve, piden perdón y siguen, quedándose tan anchos. No hay remordimiento, no hay una disculpa verdadera, sino que simplemente cumplen con un convencionalismo social.

Creo que para todos y todas es muy desagradable cuando alguien te pide perdón sin sentirlo de verdad, cuando lo hacen para quedar bien o porque creen que es lo que se espera de ellos pero sin arrepentirse de nada, ¿verdad? Pues si no queremos que nuestros hijos acaben haciéndolo, no los obliguemos a pedir perdón. En vez de eso, seamos ejemplo y pidamos nosotros perdón cuando nos equivoquemos, cuando los dañemos, cuando nos arrepintamos de algo que hemos hecho. Pero no como un convencionalismo o un automático que se nos activa, sino como algo REAL.

Para que sea real, pedir disculpas o perdón tiene que implicar un *«Me doy cuenta de que te he hecho daño, lo siento muchísimo porque no era esa mi intención y por eso te pido disculpas, y quiero que sepas que trabajaré para que esto no vuelva a ocurrir, porque me importas y no quiero hacerte daño jamás»*. Y esto lo digo porque a menudo a los adultos, cuando se nos dispara el automático y se nos va la pinza, y hacemos esas cosas con nuestros hijos e hijas que no queremos hacer (gritarles, pegarles, humillarlos, amenazarlos…), pedimos perdón porque nos sentimos fatal. Pero, en realidad, detrás de esas palabras no hay un verdadero compromiso para intentar no volver a hacerlo otra vez. No hay ganas de trabajarnos o buscar ayuda profesional para, así, crecer en esas cosas que siguen enquistadas y liberar a nuestros hijos de nuestro propio dolor. Muchas veces no hay nada de eso, solo una necesidad de quedarnos más tranquilos y de calmar la culpabilidad que nos corroe por dentro. Los niños, que no son tontos, si ven que vamos pidiendo perdón pero que un día, y otro, y otro, seguimos haciendo lo mismo, pronto ven que eso que decimos está vacío y ya no nos creen. El perdón está carente de significado, es algo hueco y sin valor.

Pedir perdón no puede darnos carta blanca. Esto seguramente nos viene de la religión católica: confesar los pecados, que te den el perdón y salir redimido del confesionario. Bueno, digamos que si queremos que nuestros hijos e hijas integren el significado del perdón verdadero, todo es muchísimo más profundo.

Así que mi recomendación sería que no obligues a tus hijos a pedir perdón, tengan dos años o tengan doce. Que pedir disculpas nazca de ellos mismos cuando sientan verdadero arrepentimiento de lo que han hecho y puedan darse cuenta, tomar conciencia de lo sucedido y, luego, quizás podréis hablar de cómo hacer las cosas mejor si hay una próxima vez. Podréis conectar realmente cuando lo que os decís es verdad y sale de un lugar de toma de conciencia y de cierta madurez. Por lo tanto, en niños pequeños, es realmente difícil que esto suceda. Pero no te impacientes: ellos van tomando nota todo el rato de lo que tú haces y de cómo lo haces, así que estos primeros años (especialmente, pero también después), céntrate muchísimo en ser un buen ejemplo.

Asegúrate de estar transmitiéndoles cada día todo lo que quieras que ellos hagan, los valores que quieres que integren, etc.,. Esa será tu mejor inversión y claro, implicará trabajo interior, autoconocimiento, y mucho crecimiento personal; pero, genial, porque todas estas cosas no solo te vendrán genial para la relación con tus hijos o hijas sino también para tu relación contigo misma. Así que a arremangarse y manos a la obra. Tú puedes ;)

«DISCUTIMOS MUCHO POR LOS DEBERES»

¡Ay, los deberes! Te voy a contar mi visión de los deberes, y luego comprenderás por qué te recomiendo que NO discutas por ellos. Lo primero que quiero decirte es que fui una niña que hizo muchísimos deberes y que yo, aplicada como era, supuestamente los disfrutaba. Digo supuestamente porque creo que creía disfrutarlos porque luego todo el mundo estaba súper contento de que yo fuera tan estudiosa y pulida, pero realmente no sé ni si me sirvieron de algo ni si había un disfrute genuino en hacerlos... Mucho me temo que no. Lo que sí tengo claro es que me quitaron muchas horas de juego libre, de encuentros con iguales y de disfrutar en familia. De eso sí que no tengo ninguna duda.

Los niños y las niñas van muchas horas al colegio, muchísimas, y se supone que allí ya hacen mucho trabajo curricular que es el que toca por la edad. Lo de llevarse deberes a casa a los seis, siete, ocho o nueve años me parece que no hace falta. Eso no significa que no vea bien que puedan, en casa, investigar sobre algo que en el cole se está trabajando. Si estamos abordando los volcanes y resulta que a mi hijo le encantan y en casa quiere buscar información o lo que sea para luego compartirlo en el aula, está genial. Pero no como una obligación o un trabajo mecánico de pura repetición que, al final, puede hacer sin ni siquiera prestar atención. Esta es la manera ideal para aborrecer los deberes y, por extensión, el colegio.

El aprendizaje nace de la emoción, del disfrute, la motivación y el gozo. Sin gozo, no hay aprendizaje, así que los coles y los docentes deberían tener esto muy claro para propiciar entornos motivadores, llenos de posibilidades y con un contacto muy profundo y claro con los intereses de los niños y las niñas del aula. Si los obligamos a hacer fichas a los tres años en vez de jugar libremente y aprender desde la diversión y el disfrute, estamos favoreciendo que aborrezcan este tipo de tareas y, si no vigilamos, incluso que detesten ir al cole. «¿Para qué?» deben pensar, «¡si no me lo paso bien!»

Para cambiar esta mirada respecto a los deberes tenemos que erradicar la creencia que tenemos tan instalada dentro de nosotros que dice que todo lo que sea divertido no enseña. Como si solamente desde el trabajo duro, el aburrimiento, el tostón y lo que entra con sangre y sudor pudiéramos aprender contenidos importantes para los estudios. No es así. Es más, es justamente al contrario. Cuanto más cerca esté el aprendizaje de la emoción y del gozo, más aprenderemos y, además, este aprendizaje puede no tener fin porque cuanto mejor nos lo pasamos aprendiendo, más queremos aprender. Pero para eso se necesita un cambio de paradigma también en las creencias arraigadas en cuanto a cómo se debe estudiar y aprender, además de docentes y escuelas que estén por la labor.

Dicho esto, supongamos que nuestro hijo de doce años tiene deberes. ¿Hay que obligarlo a hacerlos si no quiere? Lo primero que te diría es que con la edad que tiene, podemos hablar perfectamente de qué es lo que sucede. ¿Es que no lo motiva en absoluto el tema en cuestión? ¿Es que cree que es tonto y ya pierde interés en todo lo que signifique estudiar o hacer tareas del cole? ¿Es que va a un cole donde lo han marcado y se ha creído la etiqueta que lleva encima? ¿Es que somos nosotros mismos los que lo hemos etiquetado y le decimos un día sí y otro también que es un completo vago? ¿Es que necesita un poco de atención y de nuestra ayuda para sentirse acompañado y confiado a la hora de comprender lo que se le pide en los deberes?

Lo primero siempre es ir a la raíz, no quedarnos solamente en el síntoma *«No quiero hacer los deberes»;* y desde ahí podremos decidir cuál es la mejor respuesta y cómo podemos actuar. Veremos si como padres podemos hacer algo, si es algo que tenemos que hablar con la escuela o si lo que necesita es que dejemos de achucharlo y tener que enfrentarse a la consecuencia natural de no hacer deberes.

¿Cuál será esta consecuencia natural? Que no los llevará hechos y que tendrá que decírselo a la profesora o al profesor, y que tendrá que asumir las consecuencias posteriores que deriven de ello. Asumir que todo acto tiene una consecuencia es un gran aprendizaje de vida y si le hacemos nosotros los deberes, por ejemplo, no podrá darse cuenta de ello. A menudo nos metemos demasiado en sus vidas, intentando llevar el control de todo, como si los deberes fueran nuestros. Con eso también, de alguna forma inconsciente, revivimos nuestra etapa escolar y queremos hacerlo «bien» esta vez, y que la escuela no tenga ninguna queja de nosotros como padres o madres.

Es importante que separes tu experiencia de la de tu hijo y que permitas que viva su propio camino en cuanto a esto se refiere. Elige un colegio que sea afín a tu forma de pensar, sentir y vivir la educación, y así tendréis menos problemas de este tipo porque veréis el aprendizaje más o menos de la misma forma, y luego es como que todo está mucho más alineado. Pero si esto no ha sido posible porque no hay coles así donde vives o tu hijo no ha podido entrar en ellos, conectados con la naturaleza infantil, a sus necesidades y que vean el aprendizaje de la forma que te he contado antes, respira hondo y permite que él o ella vivan su propia experiencia. En estos casos te recomiendo preservar siempre vuestra relación como el mayor de los tesoros.

Eso significa que no discutiréis por cosas como los deberes —que tienen que ver con él, que seguramente serían más que discutibles— y que confías en cómo tu hijo quiere vivir las consecuencias naturales de sus decisiones. Esto, claro, si estamos hablando ya de ciertas edades. Si a los cuatro años le mandan fichas para hacer en casa, yo te recomiendo que te niegues rotundamente a obligarle a hacer fichas, a no ser que hacerlas le rechifle. No tengas miedo y comunica al colegio que a esta edad lo que necesita hacer tu hijo es jugar y pasar tiempo de calidad con las personas que tiene alrededor. Que aceptas que en el cole tienen sus normas y sus métodos y que allí hará las fichas, pero que no las haréis además en casa. Ni le dirás que tiene que aprender a no salirse de la raya cuando pinte. Que le permitirás aprender desde sus intereses y motivaciones y que lo dejarás experimentar el arte a su manera.

Sé que hacer eso quizás te altera un montón y no te ves capaz, o te supone una incomodidad enorme, lo entiendo. Pero, de verdad, lucha por lo que crees, vive y actúa de una forma alineada con tu sentir, sin miedo. Los hijos a veces son nuestros mejores guías hacia nosotros mismos y esto es un auténtico regalo que no podemos desaprovechar.

Si tienes una hija en Secundaria y no quiere hacer los deberes que le han mandado, además de explorar por qué, también te recomiendo que no la trates como si fuera un niña pequeña, porque esto, en plena adolescencia, le va a molestar muchísimo y os alejará. Trátala de una forma más madura, y podréis tener una conversación conectada y consciente sobre por qué le molesta tanto hacerlos.

Quizás te cuente que es porque no les ve la utilidad si ella, en un futuro, lo que quiere es crear su propia marca de ropa, o viajar por el mundo e ir trabajando de lo que le salga porque prioriza conocer nuevas culturas, o dedicarse a la talla de madera, quién sabe. Sea lo que sea, escúchala con atención: te está abriendo el corazón y necesita que acojas su sentir. Luego valídala, transmítele que comprendes que no vea utilidad en hacer unos deberes de lo que sea si no quiere hacer nunca nada con ello y cree que no le va a servir... Pero cuéntale también que, a veces, para llegar allí donde ella quiere, tendrá que hacer algunas cosas que no le encantan.

Para entrar en Económicas necesitará haber pasado el Bachillerato y la Selectividad y esos son los contenidos que entrarán en los exámenes que le permitirán estudiar lo que necesitará para llegar a cumplir el sueño de ser inversora, por ejemplo. Si, en efecto, te cuenta que aborrece todo lo que le cuentan y que tiene otros intereses, quizás podéis acordar no seguir el Bachillerato y hacer otro camino. No todo el mundo tiene que ir a la universidad, no es obligatorio. Lo importante no es que vaya o no: es que haga lo que haga, esté alineado al máximo con su sentir y con lo que ha venido a hacer y a aprender en esta vida. Apóyala y ayúdala a ir encontrando su sitio en el mundo, no desde el control y desde lo que tú crees que «debería» hacer, sino desde la conexión profunda de vuestra relación.

«ES QUE TODOS YA TIENEN MÓVIL»

Si tienes preadolescentes en casa, seguro que alguna vez ha caído esta frase, ¿verdad?: «Es que **todos** ya lo tienen y vosotros todavía no me lo habéis comprado». Y pongo el *todos* en negrita porque en su tono de voz enfatizan esa palabra. Quizás no es tu preadolescente quien te lo ha dicho, pero sí alguien que conoces para, de alguna forma, justificar la decisión que han tomado de comprarle el móvil a su hijo. En el *todos* se ampara el adolescente, pero también el adulto.

Bueno, la verdad es que estoy casi convencida que no *todos* tienen móvil y que si rascas un poco, indagas y preguntas a otras madres y padres, quizás verás que sus hijos tampoco lo tienen.

Lo que me interesa destacar aquí es que a veces, como madres y padres, nos incomoda mucho salirnos del rebaño y hacer cosas que quizás la mayoría no hace. Nos escuchamos poco y aunque hayamos tomado conciencia sobre algunos temas, el hecho de que el entorno no opine lo mismo o no actúe como lo hacemos nosotros nos inquieta y nos produce mucha inseguridad. Eso, sumado a lo mucho que puede llegar a insistir un hijo, acaban haciendo mella y muchos sucumben, a pesar de que *a priori* tenían claro que el móvil, por ejemplo, no lo iban a comprar hasta que fuera más mayor.

Son muchas cosas las que afectan, pero especialmente esa necesidad de formar parte, de pertenecer al grupo, de no sentir esa incomodidad al ver que la mayoría va por un camino y tú, y quizás unos pocos más, por otro. Eso y también el miedo de estar perjudicando, de alguna forma, a tu hijo: *«¿Y si lo excluyen del grupo? ¿Y si el hecho de no darle el móvil ahora que tanto lo pide perjudica nuestra relación, tan buena que era...? ¿Y si ser de los pocos que no lo tienen hace que tenga menos amigos?»*. Los miedos, acechan de nuevo.

Es normal y es humano y, aun así, te invito a que si algún día dices esta frase, pares un momento y reflexiones. Que todos hagan A o B no debería ser suficiente si eso no cuadra con tu fuero interno. Es decir, ¿tú qué quieres? Si no te comparas con nadie, si no miras por dónde caminan, si tienes en cuenta tu sentir, tus valores, tu forma de ver el mundo, la información que tienes y cómo quieres criar y educar a tus hijos e hijas..., entonces, ¿tú qué quieres? Porque eso es de verdad lo importante, no lo que hagan ese *todos* tan intangible.

Hay una frase que creo que a todos nos dijeron alguna vez en la infancia cuando llegábamos a casa pidiendo algo que no nos daban y respondíamos con un *«Es que todos...»*. Nos decían: *«¿Y si todos se tiran del puente, tú también lo vas a hacer?»*. ¡Qué rabia daba esa frase,

¿verdad?! Un día que se me escapó y se la dije a mi hija mayor me respondió: «*Mamá, es que no se están tirando del puente. En ese caso, obviamente, no me tiraría, yo te estoy hablando de otra cosa muy distinta*». Y tenía razón. Me sentí un poco ridícula tirando de automatismo y nunca más he vuelto a repetir esa frase, por suerte. Pero eso que de forma un poco ruda intenta hacer esa frase —pararse para analizar que el hecho de que la mayoría haga o piense algo no significa que tú debas hacer o pensar lo mismo— es a lo que deberíamos llegar. A un análisis más profundo.

Tomemos el ejemplo del móvil. Cada día se dan dispositivos móviles a niños cada vez más pequeños que no son capaces de gestionar el tiempo que los usan, que no son maduros para acceder a determinados contenidos a los que llegan, etc. Sabemos que las pantallas producen adicción y que ya hay unidades especializadas en hospitales y clínicas que atienden a niños y niñas que están enganchados. Vamos, que tenemos un problemón social del que no sé si somos del todo conscientes. Sabiendo eso y viendo que cada día se regalan móviles a niños más pequeños (de ocho o nueve años, por ejemplo), hay que parar y reflexionar qué queremos, independientemente de por dónde vaya la mayoría.

Por lo tanto, te propongo que te preguntes bien qué sientes, qué quieres, y qué te hace estar alineado: si dárselo temprano a pesar de que esto suponga quizás más desconexión y más conflictos, o si esperar y lidiar con su enfado porque no se lo das pero sabes que, si es un poco más mayor, tendrá más madurez para gestionar todo lo que implica disponer de un móvil conectado a internet.

Hay como una creencia de que al empezar el instituto ya deberían tenerlo, pero es que empiezan el instituto con once y doce años. ¿Son suficientemente maduros para hacer un buen uso del móvil? ¿Necesitan de verdad un móvil? ¿Para qué? Cada caso es un mundo y no es lo mismo un niño que no ve a sus padres hasta las ocho de la noche que otro al que lo tienen que recoger del instituto porque no puede volver a casa caminando o en transporte público. Pero incluso en el primer caso, si al terminar va a casa y desde allí podemos contactar con él, por ejemplo, quizás tampoco lo necesita.

A mi modo de ver, cada familia tiene que analizar cuáles son sus circunstancias y luego decidir si realmente su hijo necesita un móvil en su vida, teniendo en cuenta que es probable que ya tenga un ordenador, porque en el instituto es un requisito y deben tenerlo obligatoriamente. Quizás, además, también tiene una tableta en casa; vamos, que de pantallas a lo mejor ya va más que sobrado. Cada familia tendrá que ver para qué usa su hijo las pantallas y ver qué relación tiene con ellas: ¿Está enganchado? ¿Se desconecta de la familia? ¿Está de malhumor cuando hay que apagarlas? ¿Qué tipo de relaciones sociales tiene fuera de ellas? ¿Hace deporte y se mueve o es más bien sedentario?

Supongamos que efectivamente es el único de la clase que no tiene móvil y toda la clase tiene un grupo de WhatsApp, por ejemplo, en el que comentan la jugada. Aquí tendréis que ver qué dice él sobre el hecho de no estar y si eso le afecta —o creéis que le puede afectar— emocionalmente. Si decidís que lo tenga solo por eso, por no perderse la interacción que sus compañeros tienen, hacedlo también muy convencidos y marcad muy bien qué límites habrá a partir de ahora con el móvil. En qué momentos no podrá usarlo, cómo gestionaremos el tiempo de móviles en casa, etc. Dejadlo todo muy claro para que el móvil no acabe llenando de discusiones todos los espacios de relación entre vosotros.

Tienes que agarrarte al porqué de tu decisión, sea la que sea. Si decides que el móvil aún no toca y hasta los trece o catorce años no se lo daréis, ten muy claro por qué, ya que insistirá, te lo preguntará mil veces y necesita ver que es un límite muy claro con mucho cuerpo, muy consciente y muy pensado. Solo si lo ve así podrá (aunque proteste) llevarlo bien. Si decidís dárselo a edades tempranas, ten muy claro también el porqué y agárrate a eso para que te ayude también a decidir si en algún momento hay que hacer cambios. Imagina que se lo habéis dado cuando todavía es demasiado inmaduro, pongamos, por ejemplo, a los diez años, y termina gestionando fatal el tema de las pantallas y crea mal rollo dentro y fuera del móvil. Que no te dé miedo dar marcha atrás y reconocer que quizás no era el momento, y que necesita crecer, madurar y aprender muchas cosas antes de poder gestionar él mismo el uso de un aparato tan adictivo como es el móvil. Si la razón para regalárselo era el miedo a que perdiera la relación con sus amigos, y resulta que el móvil le trae muchos problemas de relaciones a través de mensajes, etc., pues quizás es necesario dar marcha atrás hasta que tenga más herramientas y sea más maduro emocionalmente.

Sea lo que sea lo que decidáis, que sean decisiones conscientes, responsables, cuestionadas, y dialogadas entre vosotros dos, los adultos progenitores. Para que lo sean, tenemos que habernos separado de nuestras sombras: nuestros miedos, nuestras propias experiencias a la misma edad, etc. No puede ser nuestro niño interior (que vivió, además, en otra época y en otras circunstancias) quien tome decisiones de este tipo, porque tu hijo notará cuándo no es tu yo adulto quien marca los límites y se revelará contra ellos. Para tomar este tipo de decisiones, y muchas otras en temas de crianza y educación, también es importante que tengas claro que tu hijo es único y tener muy presente que lo que hagan los demás no tiene por qué ser bueno para vosotros.

Para criar y educar a hijos e hijas libres hay que conseguir ser madres y padres libres, tomando decisiones conscientes, aunque suponga alejarnos de la gran corriente de crianza tradicional. Aunque suponga recibir críticas, juicios o malas miradas. Aunque suponga alejarnos de personas con las que antes nos relacionábamos pero con las que ahora ya no nos sentimos a gusto porque vivimos la realidad de maneras muy distintas.

Ser libre implica una valentía y un empoderamiento que se va ganando decisión tras decisión, ocurra lo que ocurra en tu vida. Porque lo que pasa en ella muchas veces escapa a tu control, pero sí tienes la libertad de decidir cómo actúas ante la realidad que te toca vivir. Así que, cuando tu hija de diez años te diga «*Quiero un móvil porque todos lo tienen ya*», conecta con tus valores, con tu empoderamiento, con tu libertad de elegir cómo responder a la realidad que se te presenta delante y desde ahí, alineado con el adulto que eres, responde. Conectando no con el *todos* sino con ella y con la realidad de vuestra propia familia.

«MI PAREJA Y YO NO VAMOS A LA UNA»

Temazo, ¿sí o no? Tener una pareja con quien compartimos los hijos, pero no estar de acuerdo en qué límites o en qué normas poner. Compartir la vida, pero tener visiones distintas en la crianza de los hijos y hacer cada uno un poco lo que siente y cree sin que haya para nada coherencia y sensación de trabajo en equipo. Esto que te cuento es más habitual de lo que podemos pensar, en realidad, ocurre muy a menudo. Es normal. ¿Cómo no vamos a ver la realidad de distinta manera si somos personas distintas? Lo raro sería que lo viéramos todo igual y que estuviéramos de acuerdo en todo o que hiciéramos las cosas de la misma forma.

Pero que sea normal y habitual que no estemos de acuerdo en todo con la pareja o que criemos de forma distinta no lo hace menos doloroso o complicado. Es muy doloroso no estar de acuerdo en cosas tan básicas, esenciales e importantes y es muy complicado llegar a veces a puntos de acuerdo, ya no te digo si encima la pareja está separada o divorciada y, encima, de mal rollo.

Cuando nos enamoramos y decidimos construir una vida y una familia con alguien, no sabemos realmente cómo será ese camino juntos, y menos criando a hijos. Podemos imaginar, podemos intuir, pero no tenemos ni idea de cómo reaccionaremos cada uno en determinadas situaciones, de qué sombras nos asaltarán a cada uno y de cómo lidiaremos con una vida totalmente distinta a la que tenemos cuando somos novios y todo es un proyecto. Un día llega la hora de la verdad y quizás no hemos hablado nunca de nada relacionado con la crianza y la educación de los hijos. De repente, vemos actitudes, o pensamientos, o formas de hacer las cosas que nos chirrían del otro y viceversa, y empiezan los conflictos. Ahí nos empezamos a preguntar cómo queremos educarlo y criarlo y, de repente, oh sorpresa, no hay acuerdo. *«A mí me pegaron y no he salido tan mal y a veces a los niños hay que darles un azote bien dado para que te respeten»*, o *«¿Cómo que le vas a dar el pecho hasta que queráis los dos? ¡Esto no lo habíamos hablado!»*, o *«Dejémos lo llorar y así no se acostumbrará a necesitarnos tanto»* y un largo etcétera de creencias que nos vienen dadas y que ni siquiera hemos cuestionado ni un ápice.

Estamos en pañales cambiando pañales y todo sale a la luz. Nuestras carencias, nuestras heridas, nuestras fantasías y expectativas que no suelen cumplirse…, y si además le sumas cansancio, poco tiempo de calidad juntos y estrés, el cóctel puede ser explosivo. Dependiendo de la calidad de la base que tuviera nuestra relación, podremos lidiar mejor o peor con todos estos desencuentros y sorpresas que nos encontramos en el camino.

Si con tu pareja sientes que no vais sincronizados en cuanto a los límites, ten en cuenta estas pautas.

Comunicación, información y debate

Hablad todo lo que haga falta, informaros y debatid. Si tenéis que pasar días y horas hablando de ello, hacedlo, pero intentad que sea desde la conversación constructiva, no desde vuestro niño herido que quiere tener la razón. Hablad desde vuestro sentir y escuchad al otro. Si os cuesta llevar una comunicación asertiva, hacedlo consciente: *«Parece que tenemos problemas para comunicarnos sin hablarnos mal. ¿Cómo podemos hacerlo?»* y juntos buscáis la manera.

Negociación y acuerdos

No podemos quedarnos estancados, especialmente en lo que se refiere a cuáles van a ser nuestras líneas rojas como familia. Es importante que lo habléis y las fijéis: no solo cuáles serán sino cómo las gestionaréis. Será necesario que antes cada uno cuente cuáles considera que son sus líneas rojas y, así, ponerlas en común para encontrar puntos de acuerdo. Recuerda que en una negociación, para llegar a un acuerdo, las dos partes deben ceder. Tenedlo presente para que esta negociación no sea la base de un conflicto del que no podáis salir airosos los dos.

Comprensión y aceptación

Comprender de dónde sale la forma de actuar de la otra persona y de dónde sale la nuestra nos ayuda a conectar. En el fondo, no somos tan distintos y todos llevamos a cuestas nuestra propia mochila y nuestras heridas. Saberlo, poder hablar de ello, nos ayudará a aceptar que es normal que a veces pensemos, actuemos y vivamos las diferentes situaciones de forma distinta. Ten en cuenta que si fueras la otra persona y hubieras vivido su vida, hubieras tenido sus padres, y hubieras experimentado lo que ha experimentado, probablemente harías lo mismo que hace. La comprensión, la aceptación y la compasión nos ayudarán a conectar y a encontrar puntos de acuerdo que nos hagan el camino más llevadero, fácil y amoroso.

Trabajo en equipo

Trabajemos en equipo. Ayudémonos a respetar las líneas rojas y, si uno ve que la otra persona en ese momento de gestión de un límite no está centrada y conectada, démosle el relevo. No como un «*Quítate tú que lo estás haciendo fatal*» sino como un «*Tómate un respiro que yo te cubro, porque te quiero y porque trabajamos en equipo*». Es importante que hablemos de cómo nos vamos a ayudar en estas situaciones, para no empezar a discutir sobre quién se ocupa de lidiar con este conflicto delante de los niños. Tenemos que tener nuestras señas, nuestras palabras clave para que con una sola mirada o con un solo gesto o palabra sepamos que ahora nos relevamos porque nos ayudamos en favor, no solamente de nuestros hijos, sino de nuestra familia entera. Ojo aquí con los niños interiores que se remueven y tienen tentaciones de saltar a la yugular si no respiramos un poco y tomamos conciencia.

Estamos aprendiendo juntos

No nacemos enseñados, tal vez no hemos sido nunca padres y, si lo hemos sido, jamás de este hijo que tenemos delante. Por lo tanto, todo es nuevo, aunque sea nuestro cuarto retoño, porque todos son distintos y únicos. Es importante conectar con que es un camino que estamos haciendo juntos y que no está exento de conflicto. Este, sin embargo, es inherente a la vida y no es negativo si tenemos en cuenta que nos ayuda a crecer y a avanzar.

Si no lo conseguimos, busquemos ayuda

Si siendo conscientes de todo esto —hablando, negociando e intentando funcionar como un verdadero equipo— siguen habiendo muchas fricciones que no conseguimos salvar, quizás es importante que busquemos ayuda. Ayuda en forma de información de los profesionales de la educación, o de la maestra del cole de nuestros hijos que nos da una tercera opinión, o de quien creamos que nos puede generar confianza y ayudarnos a acercar posiciones. A veces la ayuda puede venir incluso de unos amigos que también tienen hijos y que también tienen dificultades poniéndoles límites. Abrirnos y hablar de cómo nos sentimos con otras personas que pueden comprendernos y pueden estar viviendo lo mismo nos ayudará a sentirnos menos bichos raros y a poder poner un poco de humor y liviandad a la situación.

La terapia individual o de pareja siempre es una opción

A veces queda todo enquistado porque hay heridas difíciles de sanar juntos. En este caso, la terapia individual debe ser una opción que exploremos profundamente. Una terapia que ayude a quien está demasiado alterado o que actúa demasiado desde el niño interior que fue, a reencontrarse, a sanar sus heridas y a comprender y ver su dolor para no seguir vertiéndolo ni en la relación de pareja ni con la hija. También es una opción ir a terapia de pareja, poder hablar y conversar con alguien que actúe de mediador desde una perspectiva más amplia y terapéutica y que nos ayude a comunicarnos y a llegar a puntos de encuentro. Para ello, será necesario observar qué creencias tenemos sobre lo de ir a terapia y borrarlas del mapa en caso de que sean negativas y estigmatizadas. Ir a terapia debería ser lo más normal del mundo porque tan importante es acudir al traumatólogo cuando nos duele una rodilla como a un psicólogo o terapeuta de pareja cuando lo que nos duele son el corazón y el alma.

Pero supongamos ahora que estamos separados o divorciados y con quien tenemos problemas es con nuestro ex, que o no pone los límites que consideramos correctos, o no pone ninguno, o pone demasiados... ¿Cómo actuar entonces?

No tienes control sobre los demás

En caso de que no vayamos para nada sincronizados en cuanto a los límites, para mí lo más importante es que tengas siempre presente que no podrás, por mucho que lo desees, controlar a la otra persona. No podrás hacer que sea distinta o que actúe de otra manera y que eso solamente ocurrirá cuando esa persona en cuestión QUIERA. A pesar de que no te guste lo que hace, a pesar de que dinamite por los aires todo tu trabajo previo en cuanto a límites con tu hijo, seguirá haciendo lo que le parezca aunque no estés de acuerdo. Recuerda: por eso y por muchas otras cosas te separaste. La buena noticia es que por lo menos, cuando estás en tu casa, no tienes que discutir por lo mismo y aquí tú puedes transmitir a tu hijo otra forma de hacer las cosas.

Elige bien las batallas que vas a librar

Sabiendo que la otra persona hará lo que sienta, quiera y pueda hacer, lo mejor es que elijas muy bien qué batallas vale la pena librar y cuáles no. Porque en ellas es probable que gastes mucha energía y ello te mine. Como tu energía es muy importante, y la necesitas tú y también tus hijos, decide qué cosas merecen que le pongas tu energía para hablar, negociar o incluso discutir con tu ex, y qué cosas es mejor dejar correr porque no servirá de absolutamente nada. Recuerda que por mucho que te agite lo que ocurre, tener claridad para saber qué cosas puedes cambiar y cuáles no es esencial para que esta situación no te acabe atropellando.

Confía en el tiempo

Sé que cuando hay mala relación con un ex y en el tema de límites vamos a deshora, vienen muchos miedos. Si la otra persona no le pone límites y tenemos la sensación de que nuestro hijo nos ve como el ogro que siempre le está encima, podemos pensar que acabará desconectando de nosotros para siempre y, en cambio, acabará teniendo mejor relación con quien supuestamente ha «pasado» de marcar los límites a nuestro hijo. Yo siempre he pensado (y lo he visto en mi carrera profesional) que el tiempo hace el resto. El tiempo acaba por poner, habitualmente, las cosas en su sitio y los hijos no son tontos. Saben quién se ha ocupado, a quién importan y cómo. Así que haz tu parte: cría con respeto, conexión y conciencia y confía tanto en lo sembrado hasta llegar aquí como en el tiempo, que lo acabará poniendo todo en su lugar.

Cuídate

Desgasta muchísimo la impotencia de no poder dar a tu hijo lo que crees que es lo mejor para él. Cuando hay una mala relación con nuestra expareja, sufrimos (todos) y es duro ver que nuestra hija, inevitablemente, lo pasa mal con nuestras faltas de acuerdo. Hay parejas que llegan a tener muy buena relación y siguen siendo un equipo y una familia después de la separación, pero hay otras que no lo consiguen, por desgracia. El desgaste que supone que nuestra expareja haga cosas que no nos gustan en cuanto a límites, o que no tenga una visión de la crianza respetuosa y consciente, puede acabar pasándonos factura. Poca energía, decaimiento, tristeza, agobio, preocupación… son cosas que nos pueden desconectar de nosotras y de nuestra hija. Por eso, cuídate. Rodéate de gente que te comprenda y apoye, busca ayuda profesional y ten presente que es básico que estés bien; así que: haz cuanto puedas para darte aquello que necesitas.

Suelta

Tiene que llegar el momento en el que puedas darte cuenta profundamente de qué cosas no puedes ni podrás cambiar. Darte cuenta también de que tu expareja decide qué relación quiere tener con tu hija y que, aquí, tú no pintas nada. Cuando ponemos conciencia, en lo que sí podemos aportar e intervenir y en lo que no, podemos hacer el ejercicio de aceptar lo que nos toca vivir (aunque no nos guste) y soltar cualquier resistencia, dejar ir las ansias de querer que la situación sea como no es. Soltar todo el sufrimiento, toda la carga, toda la preocupación, todo el agobio, toda la frustración que nos implica la situación, para poder vivir con más ligereza, liviandad y aceptación de lo que ES ahora y aquí.

Rebeca era una mamá que me vino a ver porque lo estaba pasando fatal con su separación y, especialmente, con la frustración que le provocaba ver que su ex no ponía ningún tipo de límites a su hija de cinco años. En casa de mamá había unas rutinas, una estructura y unos límites que Rebeca intentaba transmitirle y hacer cumplir. Lavarse los dientes, acostarse a una hora decente, no comer comida basura, etc. Cuando estaba en casa de su padre era todo al revés. *«Ancha es Castilla»*, decía la madre. La niña volvía de casa de su padre removida cada fin de semana que le tocaba con él. Todo era tan distinto que es probable que no entendiera nada. Allí se acostaba a las tantas, comía chuches y un montón de cosas que su madre no le dejaba comer, veía más dibujos que en toda la semana y volvía siempre con regalos que él le hacía. Rebeca tenía la sensación de que ella era el poli malo y él, el bueno. Después de volver con su madre, la niña estaba un par de días con rabietas y enfadada y Rebeca se sentía la mala de la película. Sentía una gran impotencia por el hecho de que su ex no viera lo importante que eran los límites que ella le marcaba a su hija, pero no había nada que hacer, tenían muy mala relación y, según ella, era *«imposible hablar con él, y mucho menos de temas de crianza. Ya teníamos disparidad de criterios cuando estábamos juntos pero supongo que, al estar yo, se controlaba un poco; desde que nos separamos, es como si hiciera a propósito lo contrario de todo aquello que sabe que me importa»*.

Más allá de si lo hacía a propósito o no, nos centramos en ver qué cosas sí podía hacer ella y cuáles escapaban a su control. Nos centramos en su dolor, en la sensación de fracaso que sentía después de la separación y, sobre todo, en la culpa y en la pena que la carcomían cuando pensaba en que quizás su hija no estaba teniendo lo que necesitaba cuando ella no estaba. Porque ese dolor hay que verlo, validarlo y hacerlo consciente. Hacerlo presente, aunque sea desagradable vivirlo. Está y necesita ser visto y acompañado.

Luego, sintiéndose más acompañada y con menos peso en la mochila, pudo ir descifrando en qué podía centrarse y en qué no merecía la pena. Pudo ir aceptando, aunque al principio le removiera las entrañas, que él tenía otra forma de hacer las cosas y que, por mucho que a ella no le gustara, no tenía manera de hacerlo cambiar de opinión. Así que se centró en el tiempo que pasaba con su hija, en intentar ser la madre que quería ser. Cuando estaba con su hija, ponía toda la atención en estar presente, conectada, y darle otro referente, criándola desde el respeto, con límites conscientes y claros y, a la vez, con muchísimo amor y apego. *«Me cuesta confiar en la vida»*, me decía al principio, porque con el revés que se había llevado, tenía la sensación de que en cualquier momento la vida volvería a tumbarla. Pero poco a poco pudo ir aprendiendo un montón de la situación, se fue empoderando y fue ganando autoestima y confianza en ella, en su hija y en la vida. No le fue fácil, pero consiguió, al fin, poder ser feliz a pesar de que con su ex estaban a años luz.

«No sé cómo lo elegí, de verdad, pero supongo que todo lo vivido y lo sufrido me ha llevado hasta aquí». Y así es.

Explora

https://www.miriamtirado.com/audios-limites-explora/

Después de leer este extenso capítulo sobre casos prácticos, llega el momento de parar un instante y conectar con lo que ha ocurrido dentro de ti. Así que ve conectando con tu respiración, inhalando por la nariz y exhalando el aire por la boca, a la vez que vas sintiendo tu cuerpo. Con cada exhalación, ve soltando la posible tensión física que se haya acumulado en tu cuerpo, quizás en la espalda, en los brazos, en las piernas… como si ahora te permitieras soltar y descansar.

Conecta con tu cuerpo y observa… ¿Cómo está? ¿Te está contando algo después de todo el rato de lectura? Respira y escucha qué sucede en el plano más físico. ¿Qué dice tu cuerpo ahora y aquí? Permite que la respiración vaya llenándolo de energía al inspirar y vaciándolo de posible tensión o dolor al exhalar.

Ahora, te propongo que observes tu mente... ¿Qué ejemplo te ha resonado más o cuál ha hecho que tu mente te dijera más cosas, quizás sobre vuestra vida o familia? ¿Qué frases, qué pensamientos venían a tu mente mientras estabas leyendo? ¿Se te llevaban de la lectura? Mientras, respira, observa la actividad mental que hay ahora en tu cabeza sin engancharte a ella. Simplemente, obsérvala y respira...

Y ahora, te animo a conectar con tu sentir... ¿Qué emociones se han despertado en ti durante la lectura? ¿Y ahora? ¿Dirías que hay alguna emoción predominante en tu interior que te está intentando decir algo en estos momentos? Respira y hazle espacio, permítele ser. Respírala lentamente, como si le dijeras que puede estar aquí y ahora, que la escuchas y la atiendes. Que la ves, que sabes que necesita ahora estar aquí contigo, que la respiras para que pueda ser y haga su camino. Visualiza cómo abrazas esta emoción sin miedo, sabiendo que no es ninguna enemiga... y sigue conectando con la respiración. Inhalar y exhalar, inhalar y exhalar, como un baile tranquilo que te ancla al momento presente y que te permite despertar a situaciones, a recuerdos y a una claridad que aumentarán la calidad de tu día a día.

Respira y observa ahora tu cuerpo, tu mente y tus emociones y recuerda que ninguno es tú. Que tú eres mucho más, que todo esto ocurre mientras dentro de ti está tu ser, que es único, eterno e infinito, que se expande, ganando conciencia, claridad y serenidad para vivir una vida terrenal más plena, más consciente y más feliz. Estás en ello, respira y repítelo desde la compasión y el amor a ti. Lo estás haciendo muy bien, sigue así.

Resumiendo

- *A la hora de enfrentar cualquier dificultad que tengas en la crianza y educación, conecta profundamente contigo antes de buscar en el exterior. ¿Qué miedos tienes? ¿Qué se ha activado en ti? ¿Tienes suficiente información sobre esta etapa? Primero obsérvate, luego obsérvalo y busca la conexión.*

- *Todo se puede reparar y siempre podemos dar marcha atrás: aumentar la conciencia en la crianza y educación conllevará cambios, hazlos sin miedo.*

- *Somos humanos, no perfectos, y es normal que a veces no sepamos cómo gestionar ciertas situaciones. Si tú sola no consigues hallar la conexión contigo y con tu hija, busca ayuda profesional.*

- *Hazte preguntas inteligentes y hallarás respuestas adecuadas: ¿Qué siento que necesito? ¿Qué siento que necesita mi hijo? ¿Qué emociones se me remueven dentro y por qué? ¿Qué me impide conectar con mi hijo y ayudarlo como necesita? ¿A qué me recuerda esta situación? Confía en tu parte más intuitiva y sabia… te guiará hacia donde necesitas ir.*

- *No te compares: cada familia es única y en todas partes cuecen habas.*

- *Conecta profundamente con el ahora y aquí y aumentarás la calidad de tu presencia. Recuerda que será aquí, en este momento presente donde podrás hallar la conexión con tu hijo. Que la mente no te aparte del ahora y aquí, y conecta.*

- *Estamos aquí para aprender y esto es lo que estás haciendo.* Keep going ;)

CAPÍTULO 10:
EMPODERÁNDOLOS

CÓMO AYUDARLOS A PONER LÍMITES

En este libro te he hablado muchísimo de cómo ponerles límites a tus hijos y de cómo conectar primero con los tuyos, pero ahora toca hablar de algo también importantísimo: enseñarles a ellos a hacer lo mismo. De la misma manera que tú tienes tus propios límites y necesitas saber dónde están para poder vivir alineada y poder transmitirlos a los demás, ellos también los tienen y necesitan aprender de ellos. Pero... ¿cómo les ayudamos, especialmente si son pequeños?

Como te he contado en el capítulo 4, ellos nacen muy conectados con sus límites: los sienten y los transmiten sin ningún tipo de duda, llorando especialmente. Lo que pasa es que van creciendo y —condicionados por un montón de circunstancias (sus propias emociones, su necesidad de ser aceptados y queridos, su necesidad de pertenecer al grupo, etc.)— a veces se desconectan de sus límites o pasan por encima de ellos para complacer a los demás o por miedo a no ser aceptados. Podemos empatizar profundamente con eso porque estoy convencida de que, un día u otro, lo hemos hecho todos, ¿no crees? Yo, por supuesto, lo he hecho y me ha costado muchos años de exploración y de crecimiento personal poder conectar con cuáles eran, para así poderme respetar y poder transmitirlos a los demás de una forma asertiva.

A menudo lo que pasa es que cuando los peques crecen, igual que muchos adultos, solo transmiten los límites a los demás cuando estos ya han sido traspasados en exceso y entonces los transmiten de malas maneras. Imagina un niño que no es capaz de parar los pies a los demás y solamente lo hace al cabo de seis días de estar aguantando y, cuando lo hace, es con un estallido de ira que deja a todos alucinados. Como ese adulto que no es capaz de conectar ni pedir lo que necesita y se va entregando a los demás una y otra vez hasta que o explota en algo totalmente fuera de lugar, o enferma agotado de tanta desconexión e insatisfacción de sus propias necesidades.

Para que nuestros hijos e hijas no lleguen a ese estado de complacencia y desconexión de sí mismos, debemos prestar atención especialmente a no desconectarlos nosotros. Si sabemos que los bebés nacen conectados y que la mayor influencia se la llevan del entorno familiar y en especial de la relación con sus progenitores, tenemos que intentar ser muy conscientes de cómo no desconectarlos de lo que necesitan. Esto se consigue atendiendo a sus necesidades básicas cuando son bebés, estando presentes y conectados con ellos, permitiéndoles expresarse sin reprimirles el llanto ni meterles miedo porque no actúan como nos gustaría... Pero también (cuando son más mayores), permitiendo y validando sus emociones sin negarlas, ignorarlas o reprimirlas. Aceptar su malestar y su incomodidad como parte de esta vida, mostrándonos disponibles y conectados con su sentir, desde el adulto que somos.

Todo esto le transmite el siguiente mensaje: «*Mi sentir y mis necesidades importan. Me escuchan, me validan, me valoran y legitiman lo que siento, cosa que me hace sentir conectado y alineado a las señales que me llegan de mi cuerpo, de mi mente, de mis emociones y también de mi alma*».

Si crecen sabiendo que sus límites, su opinión y su sentir son escuchados y tenidos en cuenta por las personas que más les importan, sabrán que también pueden transmitirlo a los demás, aunque los demás no lo reciban como sus padres. Pero se sentirán legitimados y empoderados para hacerlo cuando lleguen a cierta edad. Y digo *«a cierta edad»*, porque hemos de tener en cuenta que a un niño de seis años con mucha vergüenza, aunque esté muy conectado con sus propios límites y se sepa validado y tenido en cuenta, quizás le cuesta horrores decir «basta» a alguien que le está haciendo algo que no le termina de gustar.

TIEMPO AL TIEMPO

Madres y padres debemos tener paciencia con los procesos de crecimiento nuestros hijos y no esperar que, como creemos que los hemos criado para que fueran capaces de poner límites, todas las situaciones sean para ellos como coser y cantar. Esto no es así. Obviamente les costará menos que a niños a quienes se les ha transmitido que los únicos límites válidos eran los de los adultos, y que tenían que complacer a los demás; pero, aun así, poner límites conscientemente es algo que requiere de cierta madurez.

Piensa en ti, por ejemplo. ¿Te ha resultado fácil poner límites a familia, amigos, pareja, hijos, etc.? ¿O es algo en lo que sientes que todavía estás aprendiendo? Yo puedo decirte que ahora me resulta infinitamente más fácil que antes, pero aun así siento que sigo aprendiendo, que todavía me cuesta en determinadas circunstancias y que a veces incluso me desconecto de mis propios límites y necesito volverme a encontrar conmigo misma. Siento que es como un trabajo que nunca termina y del que tenemos que ser muy conscientes, porque a la mínima que te despistas, el viejo patrón de no escucha (especialmente en las mujeres) acecha de nuevo.

Precisamente por eso, porque es algo que se va construyendo a medida que vamos madurando y aprendiendo más y más de nosotros y nosotras, siento que no podemos exigir a nuestros hijos e hijas que hagan esto en un pim pam. Entiendo que nos cueste aceptar que alguien traspasa sus límites y ellos no son capaces de decir «*así, no*». Nos hace sufrir y nos sulfura imaginar esas situaciones, pero forman parte de la vida y del aprendizaje que deben atravesar.

Así que, si queremos ayudarlos a poner límites, lo primero es hacer nuestra parte, que se centra en dos aspectos: por un lado, atender sus necesidades y escuchar sus límites y, por el otro, ser su ejemplo. Nos están observando y copiando en todo momento, aunque no nos demos cuenta ni ellos tampoco. Imagínalos, en su inconsciente, como un apuntador que va tomando nota de todo lo que hacemos, en plan: «*Vale, en esta situación tienes que enfadarte, en esta otra tienes que hablar suave, en esta otra, con gritos, con estas personas tienes que asentir y callar, con otras, puedes ser tú, etc.*». Así que asegúrate de que, en tema de límites, con tus actos les enseñas que estás conectada con tu sentir, que sabes cuáles son y que los transmites de una forma serena y conectada.

CUANDO VEAS QUE NO HA SABIDO PONER LÍMITES

Llegará el momento en que veas *in situ* o te cuente que no ha podido poner límites. ¿Qué podemos hacer en esos casos para ayudarlo? Estas ocasiones son oro para poder empoderarlo y ayudarlo a gestionar de otra forma lo sucedido en próximas ocasiones, así que no la desaproveches. En esos casos, escucha muy atentamente lo que te cuenta (si es de los que cuentan cosas en casa, que también los hay que no explican nada o muy, muy poco), cuando ha habido situaciones en las que se han saltado límites con él o con ella. Escúchalo y, por mucho que se te remueva todo por dentro, espera. Respira y espera. Cuando algo nos sulfura, tendemos a saltar rápidamente por nuestra propia emoción e intervenir buscando soluciones cuanto antes mejor. Supuestamente para ayudar a nuestro hijo pero, en realidad, es para dejar de sentirnos mal con lo que nos acaba de contar y buscar una salida a nuestra incomodidad.

Berta era una clienta que vino a verme porque su hija de siete años siempre tenía movidas con su grupo de amigas. Resulta que había una que era bastante líder y hacía que todas las demás (según Berta) bailaran a su son. Su hija, que era muy capaz de poner límites en casa y era segura de sí misma, se volvía pequeñita cuando ocurrían conflictos con la amiguita capitana del grupo. No rechistaba, y solo alguna vez era capaz de expresar que ella no estaba de acuerdo. Como no le hacían caso, cuando llegaba a casa le contaba a su madre lo sucedido con toda su indignación y dolor.

Su madre, que empatizaba mogollón con ella porque había vivido algo similar en su infancia, se removía por dentro un horror y le entraban ganas de ir al colegio para hablar directamente con la niña en cuestión y cantarle las cuarenta. Su habitual respuesta cuando su hija le contaba lo ocurrido era decirle: «*Pero bueno, ¿otra vez la ha vuelto a liar así? ¿Pero quién se ha creído que es haciéndoos a todas bailar a su son?*». Y luego, le decía a su hija: «*¿Y no se lo has contado a la maestra?*». Y cuando la niña le respondía con un tímido «*no*», ella decía: «*Pero... ¿cómo que no? ¡Tienes que decírselo! ¡Ya está bien, hombre! Y si no se lo dices tú, iré yo a hablar con la maestra, con la niña y con su madre!*». A lo que su hija le respondía: «*No, mamá, por favor, no...*» y se ponía a llorar.

Berta vio que esa situación se le estaba yendo de las manos porque la alteraba demasiado y porque empezó a ver que su hija, cuando ella le preguntaba «*¿Y cómo ha ido hoy con las amigas?*», respondía ya solo con un «*bien*» y terminaba la conversación rápidamente. Primero, lo que hicimos fue abordar su sentir y por qué se removía tanto con esa situación. Conectaba muy profundamente con su hija porque ella misma se había sentido humillada muchas veces en el colegio cuando era pequeña y ahora, ya adulta y muchísimo más empoderada, sentía mucha rabia por no haber podido poner límites a esas niñas que, de alguna forma, abusaban de su falta de herramientas, de su timidez y de su necesidad de formar parte del grupo. Y vertía toda esa rabia en la situación que estaba viviendo su hija. Saltaba su niña interior y entonces era incapaz de ver lo que estaba ocurriendo con cierta perspectiva y, desde ahí, poder ayudar a su hija.

Poco a poco, y a medida que fue sanando su historia escolar, pudo ir conectando con el sentir de su hija desde un lugar más conectado y menos agitado. Cuando la niña salía del colegio la energía de Berta ya no era inquisitoria, con preguntas como «*Y hoy... ¿qué ha ocurrido?*», y la peque lo notó. Lo notó, y empezó a contarle de nuevo los conflictos escolares. Esta vez, Berta podía escucharla sin intervenir desde su niña interior sino conectando realmente con lo sucedido, dejándola hablar. Preguntando «*¿Y cómo te has sentido?*» y dejando de dar soluciones a la segunda frase. Desde ahí, podía tirar del hilo y ver cuál era la dinámica. Desde este lugar de perspectiva y de no alteración, podía validar a su hija, no recriminarle lo que había hecho (pedir o no ayuda al adulto del aula) y animarla a buscar juntas soluciones a esa situación.

La niña se sintió más empoderada y validada y pudo empezar a gestionar la situación de forma distinta, hablando con la maestra y empezando a relacionarse con otras personas de la clase con las que no tenía estos conflictos. No dejó de jugar con su antiguo grupo, pero ahora, cuando lo hacía, podía mostrar sin tanto miedo su forma de ver las cosas y poner límites si lo consideraba necesario.

Cuando una niña nos cuenta que alguien ha traspasado algún límite y que eso los ha incomodado, enfadado o removido, es importante que validemos primero su sentir. Eso lo empodera: saber que lo que siente no es una tontería, sino que es algo legítimo que tiene todo el derecho de sentirlo, y que es normal y natural que sea así. Una frase como «*No te ha gustado que te haya dicho que no podías jugar con ellas, ¿verdad? ¿Cómo te ha hecho sentir eso?*» abre espacio para que hable y comparta sus emociones conectando con su sentir. Luego, podemos preguntarle: «*¿Qué te habría gustado poder hacer en esos momentos?*». Si nos dice «*Pegarle*», por ejemplo, podemos validar lo que siente con un «*Esto significa que estabas muy enfadada en esos momentos y que te estabas sintiendo muy mal, si tenías ganas de pegarle...*». Y si responde «*Decirle que no lo hiciera más, que no me gustaba*» podemos decir algo como «*Esto es lo que sentías, y está muy bien poderle decir eso. ¿Por qué crees que no se lo has dicho?*», y abrimos de nuevo un espacio para que nos pueda contar sus dificultades a la hora de poner límites a los demás.

Solo después de haber abierto todos estos espacios de exploración interior para ayudarla a conectar con su sentir y con sus dificultades, podemos abrir un nuevo espacio, el de búsqueda de soluciones: «*Si otro día vuelve a ocurrir lo mismo, ¿qué crees que puedes hacer de forma distinta y que te haga sentir mejor?*» o «*Si otro día te dice lo mismo, ¿qué vas a hacer esta vez?*» o «*¿Qué solución podrías encontrar si vuelve a ocurrir lo mismo otra vez?*». Y luego escuchamos qué nos responde: buscar ayuda de un adulto, decirle «*pues ya no juego más contigo, me voy*», etc.

Después de escuchar su propia visión de la resolución del conflicto, podemos preguntarle si siente que necesita que nosotros hagamos algo: «*¿Crees que si yo hablo con la maestra eso te puede hacer sentir mejor?*» o «*¿Crees que puedo ayudarte de alguna forma?*». Exploramos juntos si en esos conflictos que nos cuenta debemos intervenir de alguna forma y, por último, le recordamos que nuestro interior nos guía: a través de lo que sentimos, sabemos si eso que está ocurriendo nos hace bien o no. La empoderamos, transmitiéndole que su sentir es válido y que merece respeto y un buen trato, que estamos aquí para lo que necesite y que recuerde que, además de tener siempre a un adulto en el aula, y a nosotros, también se tiene a ella misma.

CONFLICTOS ENTRE IGUALES: INTERVENIR O NO

Cuando nuestros hijos e hijas empiezan a relacionarse con otros iguales aparecen conflictos y es entonces cuando nacen las dudas. Y aparecen muchos porque suelen empezar a relacionarse cuando son muy pequeños y muy inmaduros para gestionar de una forma asertiva esas situaciones. A veces son bebés todavía, o niños en plena fase egocéntrica en la que no saben compartir y creen que absolutamente todo es suyo. Es en esas etapas, cuando a menudo nos preguntamos «*Y ahora, ¿qué hago? ¿Intervengo o dejo que lo resuelvan ellos?*». Cuando un niño. por ejemplo. ha pegado al nuestro, o ha traspasado cualquier otro límite, también entramos nosotros mismos en conflicto, «*¿Le digo algo o que se lo digan sus padres? ¿Y si no lo han visto? ¿Se lo digo a ellos o lo gestiono yo?*», con toda la agitación que supone si vivimos las situaciones de conflicto con cierta incomodidad.

A veces eso aumenta cuando se trata de conocidos, o cuando suceden cosas similares con completos desconocidos. Cada cual sabe qué lo altera más, y es en esas situaciones en las que tenemos que poner más conciencia, para conseguir no desconectarnos de nosotros mismos ni tampoco de nuestro hijo que, sin duda, necesita de nuestra atención.

Yo soy partidaria de intervenir cuando son bebés o niños pequeños. A mi modo de ver, no tienen ni la capacidad, ni la madurez, ni tampoco las herramientas para transitar esas situaciones de una forma asertiva y más o menos justa para las partes. Pero es que, además, tampoco podrán aprender a hacerlo si no ven cómo lo hacemos nosotros. En estas situaciones va tan bien haber tenido buenos referentes en los que reflejarse y apoyarse que, si pensamos en cuando sean más mayores, estoy convencida de que les habrá venido muy bien verte a ti gestionar tales situaciones de conflicto entre iguales de una forma neutral y conectada, para poder hacerlo ellos solos más adelante.

Cuando no intervenimos a esas edades, es muy probable que acabe imperando la ley del más fuerte: quien tiene más fuerza, o menos miedo, o menos timidez, o más edad, etc., será quien resulte victorioso. Como creo que queremos transmitir otros valores, tendremos que enseñarlos desde el ejemplo de otro tipo de gestión emocional y de conflictos.

¿Y eso no es sobreproteger? No, no lo es. Sobreproteger es que a un niño que es absolutamente capaz de gestionar esa situación de una forma correcta, que tiene la madurez suficiente y las herramientas para hacerlo, le impidamos que lo haga por nuestros propios miedos o nuestra necesidad de control. No es el caso que estamos abordando. La crianza tradicional ha hecho mucho daño en este sentido. Debido a su tendencia a dejar que gestionaran ellos mismos sus propios problemas y conflictos, mientras se pensaba que así aprenderían y se harían más fuertes, ha acabado validando comportamientos injustos y un sufrimiento evitable, con lo que se pierde, además, la oportunidad de proporcionar la información, el aprendizaje y las herramientas para hacerlo de distinta forma en el futuro en un futuro.

Es curioso que encontremos perfectamente normal que para ciertas cosas haya que aprender estudiando, viendo a otros hacer lo mismo, practicando mil veces, etc., pero en temas de gestión emocional pensemos que no hace falta y que ya llegarán allí ellos por sí mismos. No podemos dejarlos así. Es nuestra responsabilidad darles un buen ejemplo no solo a la hora de acompañar nuestras propias emociones, sino también cuando acompañamos las suyas.

Porque en los conflictos entre iguales hay siempre emociones en juego. Emociones que pueden producir bloqueos y futuros miedos si no las acompañamos como necesitan, o de las que pueden aprender un montón y crecer, si lo hacemos de una forma asertiva y conectada. La gestión de conflictos entre iguales también nos atañe y son una magnífica oportunidad para sembrar la cosecha que queramos ver florecer en nuestros hijos en un futuro. Y, aunque sea con los primos y nos dé una pereza tremenda tener que gestionar según qué haya ocurrido entre ellos, lo siento: nos toca. Arremanguémonos y afrontemos también nuestras sombras cuando estas situaciones ocurren, sin miedo, sabiendo que sus conflictos harán aflorar nuestras viejas heridas y que deberemos afrontarlas como hemos hecho en otras áreas. ¡El crecimiento no para!

La mamá de Iker hacía tres meses que había parido a su bebé. Era una niña y le reclamaba muchísima atención, como es natural. Iker, por consiguiente, estaba súper removido y, a pesar de que en casa lo llevaba bastante bien, siempre que se encontraba con otros niños, la cosa acababa en lío. Cuando iban a casa de los abuelos, su madre se ponía muy nerviosa porque sabía que, con sus primos, le tocaría gestionar situaciones que no le apetecían nada. El inicio siempre era por lo mismo: juguetes que Iker no quería compartir. Ella comprendía a Iker (sus celos, su agitación interna, que estaba hasta el moño de compartirlo todo con su hermana, su rabia, su malestar...), pero también entendía a sus sobrinos, que lloraban porque estar con Iker era de todo menos agradable para ellos.

Pero lo que peor llevaba la madre era tener que lidiar luego con su hermana, quien no comprendía tanto a Iker y vivía como un ataque personal que Iker no quisiera compartir algún juguete que ni siguiera era suyo, o que hablara mal a sus hijos. La madre de Iker luego lo gestionaba con él: «*Iker, este juguete es de todos, los abuelos lo compraron para que jugarais todos y no te lo puedes quedar toda la tarde tú. Ya sé que no lo quieres compartir y te entiendo, pero tienes que hacerlo*», le decía. Mientras, veía por el rabillo del ojo como su hermana resoplaba porque opinaba que lo que necesitaba Iker era más mano dura y que le cantaran un poco las cuarenta.

La tensión entre las dos aumentaba, alimentada por unos celos infantiles que ellas mismas habían vivido y que no habían sido acompañados como las dos hubieran necesitado. Con lo cual, aún en la edad adulta una se sentía juzgada por la otra, y la otra se sentía tratada injustamente, una vez más. Su historia inconsciente revivía a través de sus hijos, cosa que hacía difícil una gestión emocional asertiva y conectada de la situación de conflicto entre los niños.

Viendo que la cosa empeoraba tanto entre los niños como entre ellas, la madre de Iker decidió evitar coincidir con ellos durante un tiempo, por lo menos en espacios cerrados donde estas situaciones se producían con más asiduidad. «*En pleno posparto y con Iker como está, no me veo capaz de gestionar estas situaciones sin acabar mal con mi hermana»*, me dijo un día. Ella sabía dónde estaba su límite y lo respetó. Mientras, la adaptación a ser una familia de cuatro se fue acomodando e Iker fue creciendo y teniendo más lenguaje y más herramientas para expresar con palabras lo que le ocurría. Al cabo de un tiempo, las situaciones de conflicto entre los primos disminuyeron y, por consiguiente, también entre las dos hermanas.

Te he contado esta historia para que veas que, en situaciones de conflicto entre iguales, los adultos también nos alteramos a veces y esta removida hace más difícil una buena gestión emocional. Por eso muchas veces hay dejadez de funciones: por miedo al conflicto, por no liarla parda en casa de los suegros, etc., y se deja gestionar a los niños las cosas por sí mismos con, a menudo, malos resultados, que provocan situaciones de injusticia que, a la vez, generan malestar también en los adultos.

Saber con qué podemos lidiar y en qué situaciones se nos hace *too much* (como a la madre de Iker) nos ayudará a tomar nuestras propias decisiones: o ir menos, o que lo gestione nuestra pareja, o buscar terreno neutral (el aire libre suele ser un muy buen aliado), etc.

Tenemos que comprender también que, muchas veces, los adultos padres de los niños en conflicto tendremos distinta forma de relacionarnos no solo con las emociones, sino también con los niños y con sus conflictos. *C'est la vie*. Y con eso también tendrás que lidiar, aunque no sea muy agradable.

CÓMO INTERVENIR

No podemos entrar a matar. Ya sabes: me sulfura lo que acabo de ver (un niño ha pegado al mío o viceversa) y salto a su yugular. No. Esto sucede muchísimo cuando los conflictos son entre hermanos. Cuando vemos a uno que se pasa con el otro, salimos con toda la caballería a poner orden. Entonces, lo más probable es que alguno de los dos se sienta desprotegido, no comprendido y vea esa gestión como una gran injusticia porque no se han tenido en cuenta sus sentimientos.

Cuando tengas que intervenir en un conflicto entre iguales (ya sea entre amigos o entre hermanos) recuerda la importancia de la neutralidad. Tienes que ver el dolor en cada uno de ellos: el que siente que tiene que compartir algo que no le apetece compartir, por ejemplo, y el del que ha estado esperando mucho rato para poder disfrutar también de aquello. Tienes que conectar con el dolor de la niña que estaba súper a su rollo dibujando y su hermano le ha roto su dibujo, y con el de este niño que quería jugar con ella y se sentía ignorado y ha buscado una forma de llamarle la atención. Tienes que darte cuenta del dolor del niño que pega y del dolor del niño a quien pegan. Porque, aunque no lo parezca, todos sufren y no podrá haber una buena resolución si se ignora algún dolor.

Desde la neutralidad, acércate a ellos y ayuda a poner límites con frases de las tres ces: claras, cortas y concisas. *«Juan, así no. No voy a dejar que le pegues.»* Si son pequeños no hace falta decir mucho más. Límite claro: *«Así no»*, y la información de que eso que quería que ocurriera no vas a permitir que ocurra. Obviamente, dependiendo de la edad podrás hablar más o menos, contar más o menos, dar más herramientas o menos, pero en todos los casos deberás conectar con lo que está debajo de la superficie. Por qué ha pegado Juan y cómo se siente el que ha recibido la torta. *«No te ha gustado que Juan te pegara, ¿verdad?»*: valida y conecta con la necesidad primera, la de antes de llegar al conflicto. ¿Qué necesidades no han sido advertidas?

Quizás Juan le ha pegado porque el otro niño le estaba molestando, y quizás el niño no intentaba molestarle sino jugar con él o llamar su atención de alguna forma. Pon palabras a eso. Enséñales cómo comunicar su sentir. *«Juan, tú has sentido que te molestaba y tú querías jugar con él, ¿verdad?»*. Haz que, desde el sentir, se active su empatía (recuerda que es poca si son muy pequeños o están en la fase egocéntrica). Tienes más posibilidades de llegar a ellos y de que aprendan algo de lo ocurrido si apelas a su sentir y a las emociones que los han llevado donde están ahora, si los validas, si conectas con ellos y si haces todo eso desde un lugar neutral, adulto y no removido.

Recuerda que, si no estás en ese centro, tu niño interior —que seguramente recuerda muchas situaciones de injusticia en la infancia con iguales— probablemente se removerá y entonces sí entrarás a saco, sin capacidad de conectar con ellos, de validar y de acompañarlos como necesitan. En lugar de eso, tu niño interior los sermoneará haciendo que desconecten totalmente de ti y que sientan que sus necesidades no son escuchadas y atendidas.

Luego, cuando todo haya pasado, el conflicto se haya resuelto y sientas que estáis conectados, hablad de lo ocurrido, buscadle soluciones para próximas veces. Pregúntale: «*La próxima vez que te sientas así, Juan, ¿qué crees que puedes hacer antes de pegar a tu amigo?*». Eso favorece y facilita que su cerebro haga nuevas conexiones neuronales, y huya de la respuesta impulsiva y automática.

Esto es un «*trabajo de picar piedra*», porque tendrán que pasar muchos conflictos y muchas intervenciones para ayudarles a resolverlos hasta que lo hagan solos, sin tu ayuda, y de una forma asertiva y conectada. Pero lo harán, no tengas ninguna duda. Es importante y básico también que no solo no pierdas la esperanza y que tengas paciencia, sino que no te dejes invadir por tu propia sombra. En vez de eso, cuando te sientas removida porque eso que ocurre con los conflictos de tu hijo te está tocando fondo, úsalo como una oportunidad de crecimiento.

Mis hijas, que tienen alta sensibilidad, cuando eran pequeñas y había situaciones de conflicto con niños con los que no tenían confianza, se quedaban quietas y no hacían nada. Si lo veía, al menos podía ayudarlas, pero cuando me contaban que les había pasado algo similar en el colegio y que nadie se había dado cuenta, sentía cómo me dolía algo muy profundo en mi interior. La pena e imaginármelas allí sin saber muy bien qué hacer me removían por dentro. Hubo muchas conversaciones, mucha validación y muchas horas de hablar de conflictos en casa. Cada noche, antes de acostarse, me contaban aquello que las había agitado ese día. Yo no tenía que preguntar nada, era como si necesitaran deshacer ese nudo antes de poder dormirse. Era genial, porque de esta forma yo estaba al día de lo que sucedía y sentía que podía serles útil, aunque en el momento del conflicto yo no hubiera podido estar allí.

Hablábamos de lo ocurrido, de cómo se habían sentido, de por qué ellas actuaban así y de por qué los demás actuaban de otras formas. Luego, buscábamos juntas soluciones y posibles resoluciones distintas para próximas ocasiones. En algún momento me entraba la duda: «*¿Algún día mostrarán de verdad su voz poniendo límites claros?*». La respuesta vino cuando, tanto con la una como con la otra, en las tutorías con las maestras, llegó el momento en que me dijeron: «*Saben defenderse a la perfección, opinar y mostrar su sentir cuando lo necesitan*». Así que sí, fue el resultado de labrar durante mucho tiempo, sembrar para luego, con paciencia y confianza, ver los frutos.

Aun así, sé consciente de que hay etapas y etapas, y que todo fluctúa. Que a veces se pueden sentir muy empoderados y les es más o menos fácil, pero luego, al año siguiente, pasa algo que los hace sentir más inseguros (cambio de grupo-clase, nacimiento de un hermano, pasar al instituto, etc.) y aquello que no les costaba tanto hace un tiempo, les vuelve a ser difícil. No pasa nada: que te encuentren allí de nuevo para ayudarlos, disponible, neutral y abierta al diálogo y a la escucha activa.

TU CUERPO ES TUYO

Para ayudarlo a encontrar sus propios límites en una edad en que quizás no los tiene todavía muy integrados, puedes empezar por uno muy claro y muy útil: tu cuerpo es tuyo. Ser conscientes de que tenemos un cuerpo que nos pertenece, que es nuestro y de nadie más, puede ser algo que lo ayude mucho a la hora de poner límites. Este límite es imprescindible también si queremos que sepa protegerse de posibles abusos físicos, así que es muy importante transmitirle ya de muy pequeño que su cuerpo es suyo y que nadie puede hacerle daño.

Para darle una buena base de conciencia corporal nos ayudará mucho el sentido del tacto. Haberlo llevado mucho en brazos o haberle porteado, haberle dado masajes, etc. Si no lo has hecho, siempre estás a tiempo de proponerle un masaje de espalda o de piernas. A través del tacto va integrando los límites de su cuerpo y le ayuda a tomar conciencia de él. Podemos también hablar de lo que nos es agradable a nuestro cuerpo y de lo que no. Hay personas a las que les gustan los masajes y otras a las que no. Hay quien ríe si le hacen las cosquillas y quien no siente nada cuando se las hacen. Todo esto nos ayudará a ir sembrando la conciencia de que tenemos un cuerpo, que cada cuerpo es único y perfecto tal y como es, y que nadie puede vulnerarlo o abusar de él.

Llegará un día en que tendrás que darle un medicamento y no querrá. Para dárselo, quizás tendréis que agarrarlo entre dos y puede ser desagradable para todos. Ese día tal vez te diga que no puedes hacer eso porque su cuerpo es suyo y es genial que te lo diga, porque significa que lo ha integrado a la perfección. Entonces, y sabiendo que no es para nada plato de buen gusto tener que obligar a un hijo a tomar un medicamento, tendrás que contarle que sí, que tiene razón, que su cuerpo es suyo y que sientes tener que contenerlo si no quiere tomárselo. Pero, y aquí entra un límite de seguridad, tienes que dárselo para que su cuerpo se recupere de la infección que tiene, por ejemplo.

Una vez haya pasado, hablad de ello, valida sus emociones y respira hondo, porque estoy segura de que todo lo ocurrido te habrá removido un poco. Te cuento esto porque algunos padres que han transmitido con convicción la propiocepción de su cuerpo a su hijo, luego, cuando han ocurrido situaciones de este tipo, se han sentido como impostores. Y no es que sean impostores, es que son madres y padres, y hay cosas que tenemos que hacer que a veces no son agradables. Si ser madre o padre fuera únicamente magnífico y agradable, estaría en contradicción con la vida misma, en la que hay luces y sombras; y ¿tener hijos no está conectado con la vida de una forma brutal? Pues ahí también tendrá que haber momentos increíbles y otros que no lo serán.

Sea como sea, transmitir a nuestros hijos que tienen un cuerpo que ellos y todo el mundo debe respetar trae unos beneficios magníficos, también en cuestión de límites. En la primera infancia, muchos peques adoran el juego de las «batallas». Es un juego muy físico en el que hacen chocar sus cuerpos y pelean agarrándose de las manos y de lo que haga falta, como si estuvieran en un *ring*. Hay quien se lleva las manos a la cabeza, como si este juego fuera desagradable, muy poco respetuoso y que implicara una cierta predilección por la violencia en sus hijos. Nada más lejos de la realidad. Este juego no tiene por qué ser malo.

Es cierto que muchas veces acaba «mal» y alguien llora porque se han traspasado los límites y se han hecho daño, pero es normal si tenemos en cuenta que todavía son pequeños y que no tienen el autocontrol corporal muy integrado. En todo caso, justamente este tipo de juego tan físico —con normas, como que no se puede pegar o hacerse daño— puede ayudar mucho a ir regulando el autocontrol en los niños e ir explorando los límites de su propio cuerpo. Obviamente, no podemos dejar que se hagan daño, pero este juego puede proveerlos de una buena base en lo que se refiere propiocepción corporal.

Así que no tengas miedo de jugar a estas cosas con tus hijos en el sofá o en la cama. No significa que tengan que acabar siendo adultos agresivos ni mucho menos. Controla tus miedos y permite que sus cuerpos se expresen con lo que necesitan. Poco a poco irán necesitando menos este tipo de juego tan físico y pasarán a nuevas etapas, pero toda la conciencia corporal que habrán elaborado e integrado mientras tanto ya estará en ellos para siempre.

Explora

https://www.miriamtirado.com/audios-limites-explora/

Termina un nuevo capítulo y ahora toca parar y escucharte de un modo profundo para ver qué se ha activado en ti mientras leías. Para ello, ve introduciendo la respiración consciente, nota cómo el aire entra por tus fosas nasales, cómo llena tu cuerpo y cómo sale después. Respira y siente el aire en ti, cómo hincha tus pulmones y va produciendo ese vaivén en tu abdomen y en tu tórax. Visualiza el aire entrando y saliendo de tu cuerpo y permite que, en cada exhalación, puedas soltar posibles tensiones que se hayan ido acumulando en él. Inspira calma y serenidad y exhala todo lo que no te ayude a conectar contigo en este instante. Inspira paz y exhala aquello que ahora ya no te sirve.

Sin dejar de respirar conscientemente, observa tu cuerpo. ¿Cómo está después de la lectura de este capítulo? ¿Cómo se han ido asentando las palabras en ti, sobre la intervención en los conflictos, sobre los límites del cuerpo? ¿Notas alguna parte de tu cuerpo más tensa o con algún bloqueo? Si es así, lleva a esa zona tu respiración y permite que el aire la impregne, como si tuviera que limpiarla, sanarla y luego, con la exhalación, saca hacia fuera esa tensión, ese posible bloqueo. Repítelo tantas veces o en tantas zonas como sientas que necesites.

Luego, te invito a que observes tu mente: ¿Qué nivel de actividad mental dirías que hay después de la lectura de este capítulo? ¿Han venido muchos pensamientos, o algunos recuerdos, o más bien sientes que has tenido la mente bastante en calma simplemente asimilando los textos leídos? Sea como sea, respíralo; y si notas que la mente va a mil y te va trayendo más y más pensamientos para engancharte y desconectarte de este momento presente, vuelve a la respiración. Puedes incluso dialogar con tu mente y decirle algo como *«Ya sé que quieres pillarme con este pensamiento, pero ahora estoy conectada al cuerpo, simplemente observándote, sin engancharme a ti. Pensamiento, te dejo pasar...».* Cada vez que venga un pensamiento para alejarte de este momento de conexión contigo, vuelve a conectar con tu respiración, que es tu ancla al ahora y aquí.

Y ahora, observa si se ha movilizado alguna emoción en ti. ¿Cómo te has sentido mientras leías? ¿Es algo que sigues sintiendo en este momento? Intenta poner nombre a la emoción o emociones que sientas que habitan en ti ahora mismo y respíralas. Hazles espacio. Procura no juzgar lo que sientes: es válido y legítimo. Obsérvalas, pero no te enganches a ellas, como si las estuvieras viendo en una pantalla de cine. Conecta con lo que sientes y pregúntate: ¿Qué te han venido a contar? ¿Qué información trae lo que sientes ahora o lo que has sentido mientras leías el capítulo? Observa y respira.

Luego, con cada inspiración, intenta hacer espacio para esa emoción o esas emociones y visualiza cómo después de obtener lo que han venido a contarte, se van disipando y vas entrando en un estado de más calma y claridad. Como si todo lo vivido en estos momentos, ahora que has podido observarlo y respirarlo, quedase más integrado en ti, sacando el máximo provecho al capítulo vivido y llevándote a un mayor despertar de la conciencia.

Resumiendo

- *Atender las necesidades de nuestros hijos, validarlos y acompañarlos emocionalmente de una forma asertiva y consciente los ayudará a poner límites a los demás, porque habrán sentido que su voz es válida y merece ser escuchada.*
- *Nuestro ejemplo también contribuirá a que puedan aprender de nosotros cómo poner límites.*
- *Para ello, sin embargo, necesitarán tiempo, ir creciendo y madurando y también vivir muchas situaciones de conflicto y aprender de él con nuestra ayuda.*
- *Si vemos que no saben poner límites a los demás, comprendamos que no es fácil, que es una tarea que requiere de crecimiento personal*

y madurez. Validemos sus emociones y procuremos que ello no remueva nuestros propios miedos.

- *No los juzguemos ni les recriminemos que no sepan poner límites. Se desconectarán de nosotros cuando más nos necesitan. Compasión, comprensión y paciencia.*

- *Cuando los niños son pequeños, la mayoría de las veces necesitan que, en conflictos entre iguales, intervengamos ayudándolos a gestionar y comprender la situación que se ha producido.*

- *Con nuestras intervenciones (especialmente si son neutrales, adultas y conscientes), podrán ir aprendiendo cómo actuar de una forma asertiva y también podrán conectar con su propio sentir y el de los demás.*

- *Tener integrado que su cuerpo es suyo y que, de alguna forma, es un templo sagrado que nadie puede vulnerar los ayudará a integrar mejor sus propios límites y tener una buena propiocepción de su cuerpo, que les permitirá protegerse mejor de posibles abusos externos.*

- *El juego físico no es malo y ayuda a muchos niños y niñas a tener una mejor propiocepción de su cuerpo y a ir practicando la regulación del autocontrol, respetando siempre unas reglas y unos límites para no dañarse ni dañar a los demás.*

CAPÍTULO 11:
EL GRAN OBJETIVO

LOS LÍMITES COMO PUNTO DE CONEXIÓN

Estamos llegando al final de este viaje alrededor de los límites y todo lo que conllevan y creo que podemos decir, sin miedo a equivocarnos, que los límites pueden ser un punto de encuentro y conexión. Para empezar, con nosotros mismos. Cuando empezamos a desapegarnos de los condicionantes que hemos ido asimilando como propios a lo largo de nuestra vida, empezamos a quitar capas. Capas de cosas que ya no nos definen, que ya no nos creemos ni nos sirven. Poco a poco, vamos escuchándonos más y teniéndonos más en cuenta. ¿Qué quiero? ¿Qué siento? ¿Qué necesito? Estas preguntas nos llevarán a respuestas que, paso a paso, nos acercarán cada vez más a la pregunta y la respuesta claves: ¿Quién soy de verdad?

El despertar a los propios límites nos ayudará a reencontrarnos y a conectar profundamente con quien realmente somos, con nuestra esencia, a un nivel que quizás ya habíamos olvidado por completo. Hallarse a uno mismo, volver «a casa» es maravilloso y tiene un impacto enorme no solo en nosotros y en nuestra vida sino también, cómo no, en las relaciones que estableceremos a partir de ahora. Porque nuestra presencia cambia cuando lo hace el nivel de conciencia. Es como si, en contacto directo con nuestro ser, fuéramos capaces de conectar más con el ser del otro y así dejar de reaccionar, permitiéndole con lo que le permitimos ser quién es y aceptándolo profundamente.

¿Te parece raro llegar aquí tras ser consciente de los límites que te han puesto a ti y de la relación que llevas con ellos desde la infancia hasta ahora? Supongo que a estas alturas del libro ya no parece tan descabellado llegar a este nivel de conexión a partir de los límites, porque, como hemos visto, es un tema crucial. De los más fundamentales en la vida de una persona, diría yo. Porque saber dónde están los propios límites implica escucha interna, implica parar y permitirnos sentir, implica reconocer que nuestra voz es válida y legítima, e implica un acercamiento a esa casita que todos llevamos dentro y que es nuestra esencia. La esencia de lo que somos, más allá de lo que pensamos, del cuerpo que tenemos o de las emociones que sentimos. Es algo más valioso y más profundo, no transitorio, que permanece más allá del tiempo y el espacio.

Así que no solo debemos poner límites porque son necesarios y nuestros hijos los necesitan como el aire que respiran, sino porque nos permitirán acercarnos más y mejor a nosotros mismos, inevitablemente. Pero también y en consecuencia, a ellos, estableciendo una conexión mayor. Porque, como has visto, es muy difícil poner límites conscientes cuando no estamos presentes, cuando no estamos profundamente anclados en el ahora y el aquí. Cuando podemos hacerlo, la calidad de nuestra presencia irradia el límite, pero también esa conexión profunda con uno mismo y con el otro; y, aunque ese límite no le guste, siente a un nivel inconsciente que estás ahí con él. Que te importa y que lo amas.

En la crianza y educación consciente, la relación padres e hijos tiene que basarse en la conexión. Es desde esta conexión donde nacerá y se podrá construir todo lo demás, y ello implica presencia plena, escucha activa, pero también el sabernos seres andando un camino juntos. Nadie pertenece al otro y, en cambio, somos imprescindibles para ayudarnos a crecer, evolucionar y trascender.

Es necesario ver a nuestra hija más allá de la niña que tenemos delante. Verla como un alma que vino a nosotros y con la que hemos hecho camino juntos y seguiremos haciéndolo incluso hasta que falte alguno. Porque la huella que dejamos unos en otros es inmensa: ese vínculo eterno que nos entrelaza para siempre y nos permite tocar eso tan trascendental y transformador que es el amor incondicional.

Cuando podemos amar al otro sin ego, sin dependencia y sin la proyección de nuestras propias carencias, podremos amarlo por el ser que es. Eso es justamente lo que necesitan nuestros hijos, nada más. Ser vistos, ser escuchados y ser amados por el ser que ya son. No el que nos gustaría que fueran, ni el que habíamos imaginado que serían. No. Solamente por el SER que son.

¡Qué fácil es decirlo y, a la vez, qué difícil soltar tanto lastre acumulado! Expectativas, condicionantes, heridas propias... todo acaba en nuestro niño interior que salta por querer ser visto, y a la vez, nos desconecta del que tenemos delante y también del ser que también nosotros somos, más allá del ego.

Yo estoy aquí: andando el camino mientras procuro darme cuenta cada día de cuándo estoy en modo «ego» o niña interior y cuándo no. Intentando frenarme cuando, si me soltara, reaccionaría inconscientemente respondiendo algo a mis hijas que ni es lo que necesitan ni lo que las ayudará. ¿Y cuándo terminará?, preguntan algunos, pensando y esperando con ilusión a que llegue el día en que todo esto sea coser y cantar. Ya sabes, ese día en el que quizás una podrá ser consciente el cien por cien del tiempo y estará en modo presencia plena *full time.*

Sin ánimo de frustrarte, tengo que decirte que yo creo que esto no termina nunca, que es, justamente ese, el GRAN aprendizaje de nuestra vida que se va gestando pasito a pasito y día a día. Claro que ganaremos en conciencia y en despertar. Claro que cada vez reaccionaremos menos impulsivamente, y seremos capaces de darnos cuenta de más cosas y de sentirnos más conectados con nosotros mismos y con los demás. ¡Solo faltaría que no hubiera evolución! Pero, con la misma seguridad que te digo que creceremos, también creo que el día menos esperado, porque habrá pasado A o B, tendremos momentos de reacción inconsciente, de poner un límite que nada tendrá que ver con lo que queremos y que después, nos preguntaremos: «*¿Cómo puedo todavía cagarla así si me sé toda la teoría?*».

Bueno, es que lo más difícil es pasar de la teoría a la práctica y hacerlo es un trabajo diario que requiere ser consciente, comprometerse y picar mucha piedra. Pero por eso estamos aquí. Porque queremos hacerlo y darle forma a una vida más plena, más consciente y más feliz, no solo con nuestros hijos sino también con nosotros mismos.

A PARTIR DE AQUÍ

A partir de aquí, seguir, porque nada termina, más bien empieza de nuevo. Empieza el camino de ser consciente cada día de tus propios límites y de los que queréis transmitir, y poner atención en hacerlo desde un lugar conectado, lejos del niño interior y, especialmente, siendo ejemplo. A partir de aquí, hablar mucho: comunícate mucho con tu pareja (si la tienes) para que podáis hacer este camino con el máximo de sintonía, pero también habla con tus hijos (si ya tienen edad para tener conversaciones de este tipo). Comunicarnos desde el sentir y desde esta conexión profunda con el ahora y aquí que compartimos. Esto significa que cuando hablo contigo, hablo contigo. No atiendo nada más, te miro, te escucho, te permito hablar, no me impaciento, no miro el móvil y te transmito que ahora mismo hablar contigo es lo más importante para mí.

A partir de aquí, toca seguir quitando capas, seguir dándonos cuenta de la cantidad de creencias que fuimos asimilando y etiquetando como veraces pero que nos alejaban de lo que de verdad sentíamos y necesitábamos. Toca ir más y más profundamente para no perder de vista nunca nuestra propia casita, aunque eso implique ir a contracorriente y hacer o pensar cosas que no son *mainstream*.

A partir de aquí, toca ser valientes y mantenernos alineados con nuestro sentir, con nuestra voz interior, con nuestra intuición. Toca escucharla para que, si nos dice algo, no la aniquilemos porque no cuadra con lo que sentimos que padres, familia o sociedad esperan de nosotros. Y ser valiente a veces es cansado, especialmente cuando sientes que remas a contracorriente. Ese cansancio y esa sensación de *«no puedo más»*, si llega, también es normal. A ratos tendrás la motivación por las nubes y una claridad abrumadora; y en otros momentos querrás meterte debajo de las sábanas y decir *«no estoy»*. Es la vida: momentos de mucha luz y otros de oscuridad, no pasa nada. Lo importante es que te comprendas y te valides, que te permitas también estar mal a ratos. Sí: estar mal también está bien y es normal. Y si lo estás mucho, sé consciente de que no tienes por qué pasarlo sola, que puedes pedir ayuda y que ese grito de socorro es válido y legítimo. Que hay personas que te pueden ayudar y que para eso es la vida: para caer, levantarse, aprender y crecer.

A partir de aquí, llega la revisión, la toma de conciencia de todo lo leído y ver qué cosas crees que te han alterado con más fuerza y quizás debes cambiar. Ahora toca arremangarse y ponerse manos a la obra si todavía no lo has hecho, y ojalá sea desde un lugar de ganas, ilusión y claridad, y no desde la culpa por no haber hecho no sé qué antes.

Esto ocurre: lamentamos no haber sabido o no haber hecho las cosas de forma distinta hace años. ¿Y cómo las íbamos a hacer de diferente modo si todavía no éramos los que somos ahora? Comprendo este sentimiento, también lo he tenido algunas veces, pero rápidamente me repito que no podía hacerlo diferente porque yo no era la que soy y que, para serlo, tenía que pasar por todas esas experiencias y equivocarme. Tenemos el error en muy mala posición y es gracias a él que podemos aprender a hacer las cosas de diferente modo una próxima vez. Gracias a equivocarnos, a darnos cuenta de que quizás esa situación no la gestionamos de la mejor forma, buscamos ayuda, o leemos, o hablamos con una amiga que nos puede dar otro punto de vista o echar un cable. Todo lo vivido nos empuja a aprender, crecer y evolucionar y luego, cuando miramos atrás y vemos esos puntos rojos en que quizás no estuvimos a la altura, lamentamos quienes fuimos. Pero no fue consciente, seguramente. Actuamos por automatismo, por no ser conscientes, por ignorancia porque no teníamos el nivel de conciencia que tenemos ahora ni tampoco las herramientas de que sí disponemos en estos momentos. Lo hicimos tan bien como supimos y pudimos en ese instante.

Comprender que todo cambia continuamente, incluidos nosotros, nos ayudará a aceptarnos como los seres humanos que somos: con sus virtudes y sus defectos, con sus aprendizajes y cagadas. Solo cuando podamos aceptar eso podremos tratarnos con compasión, dejar el látigo a un lado y conectar con esa persona que fuimos en ese momento concreto en el que nos hubiera gustado hacer las cosas distintas. Luego, podremos abrazarnos profundamente y ver la situación desde una perspectiva más amplia, más compasiva y más consciente: eso nos permitirá ver todo el camino recorrido hasta llegar aquí hoy. Honrar el camino andado y celebrar cada paso es también un hito importante que te motivará y te servirá de apoyo en el presente y en el futuro.

Jolín, lo estás haciendo muy bien. ¡Estás leyendo un libro de límites! ¡Ahora! ¿Te das cuenta? ¡Quieres aprender, cuestionarte, conectar más y mejor con tu hijo! Solo por eso ya puedes sentirte súper orgullosa de ti misma.

A partir de aquí… a seguir caminando, porque lo estás haciendo muy bien.

COMPROMISO Y EMPODERAMIENTO

Después de darnos cuenta de dónde venimos, dónde estamos y adónde queremos ir, tenemos que, de alguna forma, firmar un pacto con nosotros mismos. Un compromiso que nos ayude a mantener el foco y nos empuje a perseverar. Porque necesitarás paciencia, perseverancia y mucho foco para ir recorriendo día a día el camino de los límites conscientes, que te obligará a revisarte y a reconducir la situación cuando sientas que se te está desdibujando el camino.

El compromiso es vital y, cuando es verdadero y sentido, tiene una fuerza tal que nos empuja hacia donde queremos ir con ímpetu y nos empodera. Desde ese empoderamiento, esa claridad y esa fuerza podremos cada vez sentirnos mejor porque sabemos, vemos y notamos los beneficios de andar un camino más alineado con nosotros mismos. Nuestra autoestima va subiendo porque nos amamos más, porque nos respetamos más, porque nos hemos comprometido con nosotros y con nuestros hijos, esos a quienes tanto amamos, y eso nos hace sentir bien.

Entramos, poco a poco, en un círculo virtuoso que dibuja una espiral poderosa y magnífica que se amplifica a medida que vamos caminando en ella. Todo esto es importante, porque la infancia nos necesita coherentes y conectados, conscientes y presentes. Esto es lo único que puede hacer de este mundo un lugar mejor: tener relaciones entre padres e hijos más sanas, más equilibradas, más conscientes y más felices. Eso que empieza en cada casa y en cada uno de nosotros, pero que tiene un impacto amplificador porque cada relación revierte en muchas otras, ahora y también con el pasar de los años.

La clave está en cada casa: en cada adulto que despierta y se da cuenta de que la infancia merece ser respetada y acompañada emocionalmente desde el adulto consciente que podemos todos ser. Los niños y las niñas necesitan que los criemos y los eduquemos no desde nuestra propia historia, nuestras heridas y nuestro ego que pide ser amado y correspondido, sino desde el adulto centrado y consciente que los sabe seres individuales y libres. Porque este es el objetivo último: que sean libres y puedan ser los que han venido a ser.

LIBERTAD

Buena parte de mi vida la pasé sin ser libre a pesar de toda la libertad que me daban mis padres y de la que tuve después, ya independizada de ellos. Hubiera podido serlo, pero no lo era. Me sentía atada a muchas cosas: a mi pasado, a mis creencias, a mis miedos, al qué dirán, al qué pensarán de mí, a la responsabilidad que siempre me había pesado sobre mis hombros… Había tantas cosas que no me permitían ser libre que no me daba cuenta de que la primera de ellas era yo misma.

Hubo un momento en el que ya no podía sostener más esa prisión en forma de capas encima de mi ser que, inconscientemente, había ido poniendo yo misma, pero también mi familia, la escuela, la cultura, la sociedad, etc. Era como una sensación de angustia casi permanente. Un runrún, lo llamaba yo. Un malestar que se traducía en una especie de nudo interior que no me dejaba volar y que no me permitía vivir alineada, serena y feliz.

«*No estoy bien*», le dije un día a mi madre, «*no soy feliz*». Tenía unos dieciocho o diecinueve años, no lo recuerdo bien, y entonces empezó (en una época en la que nadie decía que iba a terapia y menos a esa edad) mi camino hacia mí misma. Y fui quitando capas, dándome cuenta de muchas cosas que habían pasado, que había vivido y sentido pero que no había tenido ni la fuerza, ni el valor, ni las herramientas, ni el acompañamiento para transitarlas de una forma asertiva en su momento. Lloré mucho durante ese tiempo, la verdad, y a ratos sentía que estaba harta de mirar hacia adentro y no poder mirar hacia adelante. Pero sabía, a la vez, que era necesario. Pasaron los años y esas ganas de quitar capas para encontrarme no cesó. Empecé a meditar porque a pesar de que estaba infinitamente mejor y el runrún había disminuido infinito, a veces todavía lo sentía dentro.

Descubrí los *kirtan*. Se trata de una práctica espiritual en la cual se cantan mantras en sánscrito acompañados de música (armonium, tablas...) y al cabo de un tiempo cantando (veinte, treinta minutos, depende) se hace el silencio, cierras los ojos y entras en meditación. Una vez al mes iba a cantar *kirtan* porque podía mezclar dos de las cosas que más me gustaban en ese momento: cantar y meditar. Un día, durante el rato de meditación tuve como una epifanía: fue como si de repente pudiera conectar conmigo misma a un nivel al que nunca había llegado antes. Como si llegara a casa y pudiera, al fin, quitarme todo el peso que había cargado encima, todas las capas, todo el runrún...

Fueron unos minutos que tuvieron un gran impacto en mí, en los que conecté profundamente con mi ser y me sentí, por primera vez, libre. Cuando abrimos los ojos, cada cual empezó a compartir lo sentido. Cuando me tocó a mí me invadió la emoción y solamente podía llorar y decir «*Estoy bien, no os preocupéis, estoy mejor de lo que nunca he estado*». Eran lágrimas de felicidad y no podía ni pararlas... ¡Menuda experiencia! Se me pone la piel de gallina recordándola, porque fue allí y ese día cuando me di cuenta de qué significaba la libertad para mí: ser quien había venido a ser. Sin pedir perdón, sin vergüenza, sin miedo, sin capas.

Desde ese día, y gracias también a la maternidad, intento poner conciencia para no desconectarme de quién soy, para vivir, para hacer o para decir... lo que está alineado con mi alma. Eso no significa que todo sea fácil o bonito. Me pasan cosas que no son agradables también, claro, así es la vida, pero soy libre de decidir cómo decido transitarlas. Todos lo somos. No podemos cambiar la realidad que ocurre delante de nosotros, pero podemos optar desde dónde relacionarnos con ella.

Desde esta profunda sensación de libertad y conexión con nuestro propio ser, podremos hacer también libres a nuestros hijos e hijas. Obviamente, no dejándoles hacer todo lo que quieran (eso no es libertad sino dejadez e irresponsabilidad), sino permitiéndoles que sientan sus propias emociones, escuchando su propia voz, permitiéndoles que sean ellos mismos aunque eso nos incomode y a veces incluso no nos guste, porque no son como lo habíamos imaginado.

Estamos en el siglo XXI: ha llegado la hora de permitirnos SER porque no hay tiempo que perder. Mereces escucharte, tenerte en cuenta, explorar los rincones en ti que ni siquiera todavía conoces, mereces hacer las cosas que te hacen sentir bien y decir «no» a aquellas personas, situaciones, cosas, alimentos, etc., que te restan energía.

Mereces conectar contigo, encontrarte, respetarte y amarte, y convertirte en la persona más importante de tu vida. Y desde esta conexión y plenitud de ser, mereces también experimentar la poderosa vivencia de poder conectar con tus hijos. Así, desde la libertad de ser tú, podrás darles la fuerza, herramientas y apoyo para que también ellos experimenten la libertad de ser ellos mismos.

Y así, juntos, llevar vuestra relación a otro nivel más pleno, más conectado, más consciente y mucho, mucho más feliz.

Que los límites conscientes te lleven muy lejos, hacia adentro y hacia afuera. Te lo deseo de todo corazón.

Explora

https://www.miriamtirado.com/audios-limites-explora/

Inhala... exhala... Quizás todavía con las últimas frases resonando en tu interior, te invito a respirar profunda y conscientemente en este último *Explora* del libro. Ha sido intenso y has llegado hasta aquí... Vamos a conectar con el cuerpo para ver qué tal estás ahora, en este instante y qué cosas te cuenta. Así que centra tu atención en el aire, en cómo entra por tus fosas nasales y como sale después por la boca. Si quieres, al exhalar, puedes soltar un sonido de descarga, como si soltaras tensiones de tu cuerpo... Respira y con cada exhalación ve relajándote y soltando posibles tensiones que haya.

Ahora fíjate si hay alguna parte de tu cuerpo que te duela o que esté llamando tu atención. Obsérvala... ¿Qué ocurre? ¿Hay tensión? Si es así, llévale el aire y, al exhalar, visualiza cómo esa tensión se disipa y sale de tu cuerpo como el aire... Siente tu cuerpo físico, que es lo que te permite vivir esta vida terrenal, y agradécele que esté aquí, que te ayude cada día a vivir. Conecta con gratitud y respira lentamente sintiendo cómo el aire carga tu cuerpo de energía y gratitud. Observa y respira...

Ahora te invito a que centres tu atención en tu mente... ¿Qué nivel de actividad mental ha habido durante la lectura? ¿Y ahora? No tienes que hacer nada más que observar, sin engancharte a tus pensamientos ni dejar que se te lleven de este momento presente. Tú mantente anclado a tu respiración, poniendo mucha atención en el aire y sintiendo cómo entra y sale de tu cuerpo. Observa tus pensamientos como parte del juego de la mente e intenta, si puedes, ir bajando su volumen... para ir entrando en un estado de más silencio, de más conexión interior. Observa y respira. Si hay algún pensamiento que se ha repetido durante la lectura o que sigue ahora aquí contigo, obsérvalo y mira qué viene a contarte... obsérvalo y suéltalo...

Suéltalo para ir entrando en contacto ahora con tu sentir, con tus emociones... ¿Cómo te sientes ahora que está a punto de acabar el libro? ¿Cómo se han colocado en ti las últimas palabras? Observa la emoción o las emociones que ahora están viniendo a visitarte y respíralas. Obsérvalas y respira profundamente, como si les estuvieras haciendo espacio para que puedan ser, y luego, marcharse cuando ya no necesiten contarte nada más. Recuerda que las emociones son como las olas del mar, que vienen y van; si están, es que tienen cosas que contarnos y que debemos atender... No son enemigas, al contrario, así que las escuchamos, las acogemos, las atendemos y luego, las soltamos...

Respira y, con cada inhalación, visualiza cómo entra en ti calma y paz y cómo, al exhalar, puedes soltar todo aquello que ahora ya no sirve y necesitas dejar atrás. Inspiras calma y paz y exhalas todo lo obsoleto, todo lo que no te hace bien ni te ayuda a ser quien eres de verdad. Con cada inhalación vas sintiéndote más centrado, y con cada exhalación logras más conexión y más libertad.

Quédate el rato que necesites en este estado de conexión y en silencio. Permítete permanecer unos instantes en la seguridad y plenitud de tu «hogar», tu esencia, tu ser. Vuelve aquí cada vez que lo necesites, aquí siempre encontrarás la paz.

Resumiendo

- *Los límites conscientes, lejos de desconectarnos de nuestros hijos, nos conectan no solo con ellos, sino también con nosotros mismos.*
- *Es necesario hacer un trabajo profundo de compromiso con nosotros mismos y con nuestros hijos que nos sirva de ancla y así tener bien puesto el foco, la fuerza y la perseverancia que necesitaremos para andar este camino que a ratos será fácil y, otras veces, no tanto.*
- *La infancia y la adolescencia merece adultos comprometidos, respetuosos y conscientes, que se liberen de sus propias heridas y cargas y se muestren disponibles, presentes y centrados para acompañarlos en los retos que les deparará la vida.*
- *La primera libertad es la que cada uno nos damos a nosotros mismos cuando nos permitimos ser quienes somos de verdad. Encontrarnos puede no ser una tarea sencilla, especialmente cuando vamos cubiertos de capas que nos han servido durante un tiempo, pero es necesario si queremos criar a hijos e hijas libres, que puedan ser los que han venido a ser.*

- *Los límites conscientes nos ayudan a llevar la relación entre padres e hijos a otro nivel, más pleno, más conectado y más consciente. Puede resultar arduo en algunos momentos, pero da unos frutos que todos merecemos disfrutar y vivir. Atrevámonos a hacer el trabajo y a gozar del camino que tengamos que recorrer juntos, sabiendo que es dándonos la mano como llegamos más lejos.*

AGRADECIMIENTOS

A ti, que me estás leyendo, te doy las gracias de todo corazón. Gracias por llegar hasta el final y por dejarme explicar largo y tendido uno de los temas más complejos e importantes de la crianza y educación conscientes. Gracias por estar siempre presente al otro lado cuando me he sentado a escribir cada línea. Te imaginaba, escuchándome y preguntándome, y esto me hacía la escritura más conectada contigo y más placentera. Tú no lo sabes, pero yo he viajado contigo mientras escribía para que mis palabras, cuando las leyeras, te llegaran más hondo. Ojalá lo haya conseguido.

Agradezco a mis editoras que confiaran en mí cuando les dije que teníamos que cambiar el tema que habíamos decidido inicialmente para este libro. «*Siento por dentro, con una fuerza enorme, que el tema del que tengo que hablar es el de los límites conscientes*», les dije. Gracias por escuchar mi voz.

Gracias a todas las familias que confían en mí para que las ayude a conectar con sus hijos a través de mi trabajo. Para mí es una responsabilidad, a la vez que un honor, poder hacer de puente para que madres, padres, hijos e hijas, puedan comprenderse mejor y vivir vidas más plenas juntos.

Agradezco infinito a mi amplia familia que esté siempre a mi lado, apoyándome y celebrando cada paso que doy, sea en el ámbito que sea. Especial mención a mi abuela, incondicional seguidora y lectora. Tenerla es un regalo que valoro y agradezco cada día de mi vida.

A mis hijas, un GRACIAS en mayúsculas, especialmente en este libro y en este tema. Porque con ellas vi lo difícil que me era poner límites claros y conscientes, y con ellas aprendí. Porque me rebatían —y me rebaten todavía— mis incoherencias y me obligan a volver a mi centro y reencontrar mi camino. Porque me ayudan a ser quien de verdad soy y porque, desde que ellas están en mi vida, soy mejor persona.

Gracias a mi compañero de vida por todas las conversaciones sobre límites, por nuestras cagadas y nuestros aciertos. Por llamarnos al alto cuando hacemos agua y por actuar como un equipo que a veces juega en tercera regional y otras gana la Champions. La vida juntos es apasionante.

Y, por último, gracias a la vida por llevarme hasta aquí y hasta ti, que tienes este libro en las manos. Poder hacerlo escribiendo es un auténtico regalo que agradezco con todo mi corazón y que celebro como si no hubiera un mañana.

Gracias, gracias, gracias.

Ecosistema digital

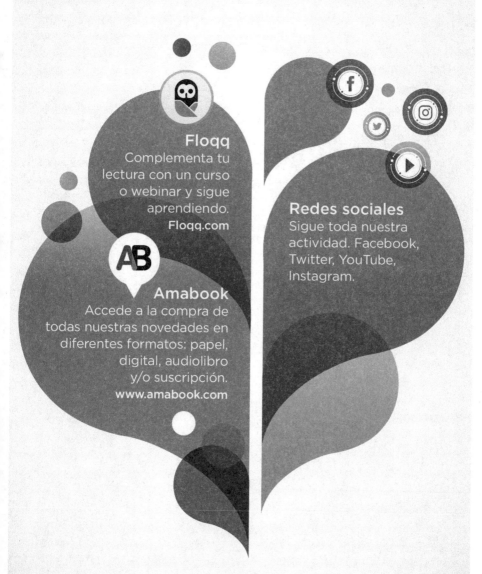

Floqq
Complementa tu lectura con un curso o webinar y sigue aprendiendo.
Floqq.com

Amabook
Accede a la compra de todas nuestras novedades en diferentes formatos: papel, digital, audiolibro y/o suscripción.
www.amabook.com

Redes sociales
Sigue toda nuestra actividad. Facebook, Twitter, YouTube, Instagram.